투자에 대한 생각

Columbia Business School
Publishing

투자에 대한 생각

월스트리트의 거인들이 가장 신뢰한
하워드 막스의 20가지 투자 철학

하워드 막스 지음 | 김경미 옮김

비즈니스맵

투자에도 철학이 필요하다

지난 20년간 나는 투자와 관련된 중요한 내용을 기록한 메모를 고객들에게 종종 보내고 있다. 처음 메모를 보내기 시작한 것은 투자회사인 TCW(Trust Company of the West)에서였고, 1995년 대체투자 전문회사인 오크트리캐피털매니지먼트(Oaktree Capital Management)를 공동 설립한 이후로는 이곳 회사에서 보내고 있다. 나는 메모를 이용해 내 투자철학을 제시하고, 재정 운용 방식을 설명하며, 최근 일어난 사건들에 대한 의견도 개진한다. 그런 메모들이 이 책의 핵심을 이루고 있으며 책 중간중간에 자주 등장하는데, 그렇게 한 이유는 그 속에 담긴 교훈들이 메모를 쓴 당시나 지금이나 똑같이 유용하다고 믿기 때문이다. 다만 메모를 책으로 옮기는 과정에서 메시지를 좀 더 분명히 하고자 약간의 수정을 했다.

'가장 중요한 원칙'은 정확히 무엇일까? 2003년 7월, 나는 투자에서 꼭 필요하다고 생각하는 요소들을 한데 모아 '가장 중요한 것'이라는 제목으로 메모를 작성했다. 그 글은 이렇게 시작된다. "우리 고객이거나 앞으로 고객이 될 수 있는 사람들을 만나면, 내가 다음과 같이 이야기한다는 것을 알았다. '가장 중요한 것은 X입니다.' 그리고 10분 후에는 '가장 중요한 것은 Y라고 할 수 있지요'라고 말하다가, 어느새 Y는 Z가 되는 식이었다."

메모에는 결국 '가장 중요한 것'이 18가지나 언급되었다. 위의 메모를 작성한 이래 내가 가장 중요하다고 생각하는 것들을 약간 수정하기는 했지만, 그 모든 것들이 하나같이 중요하다는 근본적인 생각에는 변함이 없다.

성공적인 투자를 위해서는 서로 다른 여러 측면을 동시에 신중하게 살펴야 한다. 어느 하나만 빠뜨려도 결과는 만족스럽지 못할 수 있다. 투자에서 가장 중요한 것이라는 주제로 책을 쓰게 된 계기가 바로 그것이다. 벽돌 하나하나가 모여 튼튼한 벽이 되고 집이 되듯이, 이 책에서 말하는 '가장 중요한 것' 하나하나가 모여 성공적인 투자의 기반이 되어줄 것이다. 다시 말하지만, 이 중에 중요하지 않은 것은 없다.

애초 투자 설명서를 쓸 생각으로 시작한 책이 아니기 때문에, 이 책에는 주로 나의 투자철학이 담겨 있다. 이 철학은 내 삶의 신조이자, 내 투자 인생에서 종교와 다름없다. 그것은 나를 계속해서 발전시켜주는 지침이었기에, 나는 이를 전적으로 신뢰한다. 확신하건대, 내가 여러분에게 전하는 메시지들은 가장 오래 남을 것이며, 미래에도 여전히 가치 있을 것이다.

이 책은 투자 방법을 설명하지 않으며, 투자 성공을 위한 절대 비법이나 단계별 훈련 같은 것도 설명해주지 않는다. 또한 상수(일정한 수)나

고정비율을 포함하는 가치평가 공식도 없다. 물론 숫자가 전혀 안 나오는 것은 아니지만, 간간히 등장하는 숫자나 공식은 독자로 하여금 좀 더 옳은 결정을 내릴 수 있도록, 또한 너무나 많은 사람들이 걸려드는 함정으로부터 피할 수 있도록 하기 위한 하나의 도구일 뿐이다.

나의 목표는 투자를 단순화하는 것이 아니다. 사실 내가 가장 확실히 하고 싶은 것은 '투자가 얼마나 복잡한 것인가'를 사람들에게 이해시키는 것이다. 투자를 단순한 것처럼 말하는 사람들은 그 말을 믿을 수도 있는 사람들에게 대단히 큰 피해를 끼친다. 나는 투자와 관련된 수익, 리스크, 프로세스에 대해 보편적인 사고를 견지한다. 내가 특정 자산군이나 전략을 언급하는 것은 나의 요점을 설명하는 데 필요하기 때문에 언급하는 것뿐이다.

나는 앞서 성공적인 투자를 위해서는 서로 다른 여러 측면을 동시에 신중하게 살펴야 한다고 언급했다. 가능한 한 이 책에서 모든 주제를 동시에 다루고 싶었지만, 안타깝게도 언어의 한계로 인해 한 번에 한 가지 주제씩 다루기로 했다.

그 시작으로 우선 투자 행위가 발생하는 시장 환경에 대해 이야기했다. 그 다음에는 투자자에 대해 설명했으며, 투자 성공이나 실패에 영향을 미치는 요소, 성공 가능성을 높이기 위해 해야 할 일들에 대해 설명했다. 마지막 장에서는 앞에서 설명한 서로 다른 개념들을 취합해 하나로 요약했다. 나의 철학이 '여러 가지를 동시에' 하는 것인데다, 일부 내용은 하나 이상의 장(章)과 연관이 있기 때문이다. 그러므로 내용이 반복되더라도 너그러이 양해를 부탁하는 바이다.

이 책의 내용이 독자들에게 참신하고, 생각을 가다듬게 하며, 한발 더 나아가 논쟁의 여지를 줄 수 있기를 바란다. 누군가 내게 "책 정말 재밌게 읽었어요. 제가 이제까지 읽었던 것들이 다 옳았네요"라고 한다면, 나의 시도는 실패한 것이다. 내 목표는 독자가 전에는 생각해본 적 없는 투자 문제에 대해 서로의 의견과 사고방식을 나누는 것이기 때문이다. 따라서 "한 번도 그런 식으로 생각해본 적 없었어요"라는 말을 들으면 더없이 기쁠 것이다. 나는 특히 책을 쓰면서 수익을 내는 방법보다는 투자와 관련된 리스크와 그 리스크를 제한하는 방법을 논하는 데 더 많은 시간을 할애했다. 내게 리스크는 투자에서 가장 흥미롭고, 도전할 만하고, 또 꼭 필요한 측면이기 때문이다.

오크트리캐피털매니지먼트를 움직이는 원동력이 무엇인지 알고 싶어 하는 잠재 고객들이 가장 많이 하는 질문이 있는데, 표현은 조금씩 달라도 그 내용은 같다. 즉 "당신이 이룬 성공의 비결은 무엇인가?" 하는 것이다. 이에 대한 나의 대답은 간단하다. 바로 효과적인 투자철학이다. 40년이 넘는 세월 동안 갈고닦아온, 문화와 가치를 공유하는 매우 숙련된 개인들에 의해 양심적으로 시행되어온 우리만의 투자철학이다. 그렇다면 투자철학은 어디에서 오는가? 확실한 한 가지는 처음부터 완벽한 형태를 갖춘 철학을 가지고 투자를 시작하는 사람은 없다는 것이다. 철학은 다양한 원천으로부터 오랜 시간 축적된 사고의 총체여야 한다. 삶의 교훈을 통한 배움 없이는 유용한 철학도 생기지 않는다. 나의 경우 아주 운이 좋았던 덕에 살면서 다양하고 유익한 교훈을 많이 얻을 수 있었다.

나는 대학교와 대학원에서 경영을 전공했는데, 당시의 시간들이 내게는 매우 유용하고도 자극적인 경험이었다. 펜실베이니아대학교 와

튼스쿨 학부 과정 동안에는 질적(qualitative) 분석 위주의 기초적인 수업을 경험했고, 시카고대학교 경영대학원에서는 양적(quantitative) 분석 위주의 이론 수업을 경험했다. 그중에 가장 주요했던 것은 수업 시간에 배운 특정 사실이나 프로세스가 아니라, 투자 사조와 관련된 두 개의 주요 학파를 알게 되어 그들의 이론을 내 방식에 어떻게 조화시키고 통합시킬 것인가를 고민했던 것이다.

여기서 중요한 점은, 내가 가진 정도의 철학은 조금만 깨어있는 정신으로 인생을 살면 가질 수 있다는 것이다. 다만 세상에서 무슨 일이 일어나고 있는지, 그로 인한 결과가 어떤 상황으로 이어질지를 인식하고 있어야 한다. 그래야 비슷한 상황이 재발했을 때 앞서 얻은 교훈이 도움이 될 수 있다. 그렇지 못할 경우 대부분의 투자자들은 호황과 불황이 반복되는 경제 주기 속에서 반복적인 희생양이 될 수밖에 없다.

나는 "경험이란, 당신이 원했던 것을 가지지 못했을 때 당신에게 주어지는 것"이라는 말을 꼭 하고 싶다. 호황은 우리에게 쓸모없는 교훈만 준다. 투자는 쉬운 것이고, 당신은 투자의 비밀을 알고 있으며, 리스크에 대해서는 걱정할 필요가 없다고 말한다. 그렇기에 가장 값진 교훈은 불황에서 얻을 수 있다. 그런 점에서 나는 운 좋게도 특별한 시대를 살았다. 1970년대에는 아랍의 석유 통상금지(1973년 제1차 석유파동), 스태그플레이션, 니프티50(Nifty Fifty : 1969년부터 1973년까지 미국 증시를 주도했던 최우량 50개 상장종목─옮긴이)의 폭락, '주식의 죽음(death of equities)'으로 불리던 시기를 겪었고, 1987년에는 다우존스 산업평균지수가 하루아침에 22.6퍼센트 폭락한 블랙먼데이를 겪었다. 1994년에는 금리 폭등으로 인해 금리에 민감한 채권이 폭락하는 사태를 맞았고, 신흥 시장의 위기, 러시아의 모라토리엄 선언과 같은 사건도 발생했다. 1998년에는 롱텀캐피털매니지먼트(Long-Term Capital Management)의 파산, 2000~2001년에는 테크주 거품 붕괴, 2001~2002년에는 회계 부정 사건이 있었고, 2007~2008년에는 글로벌 금융위기 등을 겪었다.

정말로 많은 사건이 발생했던 1970년대를 살았던 것이 나의 투자철학을 형성하는 데 특히 주요했다. 1970년대에 투자직을 갖기란 사실상 불가능했는데, 그 이유는 격동의 1970년대를 버텨내려면 이미 그전에 투자 일을 시작했어야 하기 때문이다. 1960년대에 투자 일을 시작한 사람들 중에 테크주 거품이 발생한 1990년대 후반까지 일을 한 사람은 몇 명이나 될까? 아마 많지 않을 것이다. 대부분의 전문 투자자들은 1980년대나 1990년대에 이 산업에 뛰어들었기 때문에, 당시의 투자자들은 주가 하락폭이 5퍼센트(1982~1999년 가장 큰 하락폭이었다)를 초과할 수 있다는 사실을 몰랐다.

당신이 투자와 관련해 폭넓은 독서를 했다면, 특히 탁견을 가진 사람들의 훌륭한 글에서 많은 것을 배웠을 것이다. 내가 가장 인상적으로 읽었던 것은 찰스 엘리스(Charles Ellis)의 '패자의 게임'이라는 제목의 〈파이낸셜 애널리스트 저널(The Financial Analysts Journal)〉 기사와, 존 케네스 갤브레이스(John Kenneth Galbraith)의 《금융 도취의 짧은 역사(A Short History of Financial Euphoria)》, 나심 니콜라스 탈레브(Nassim Nicholas Taleb)의 《행운에 속지 마라(Fooled by Randomness)》이다. 이 글들 모두 나의 투자철학을 형성하는 데 큰 도움을 주었다.

마지막으로 나는 매우 운 좋게도 몇 명의 훌륭한 사상가들로부터 직접 가르침을 받았다. 존 갤브레이스에게서는 인간의 약점에 대해 배웠고, 워렌 버핏에게서는 인내와 역발상에 대해, 찰리 멍거로부터는 합당한 기대의 중요성에 대해, 브루스 뉴버그로부터는 잠재 시나리오와 그에 따른 결과에 대해, 마이클 밀켄으로부터는 의식적인 리스크 감수에 대해, 릭 케인으로부터는 '덫'을 놓는 것(큰 수익을 올릴 수도 있지만, 큰 손실을 입을 가능성도 있는 저평가된 투자 기회)에 대해 배웠다. 또한 피터 번스타인, 세스 클라먼, 잭 보글, 제이콥 로스차일드, 제레미 그랜섬, 조엘 그린블라트, 토니 페이스, 오린 크레이머, 짐 그랜트, 더그 카스와의 협력을 통해 많은 이익을 얻기도 했다.

기쁜 사실은 위에서 언급한 모든 요소들을 내가 직접 경험했다는 것과, 이를 충분히 이해하고 결합하여 나만의 투자철학으로 완성시켰다는 점이다. 그리고 내가 오랫동안 몸담고 있는 조직을 위해(따라서 나의 고객들을 위해) 이 철학을 유용하게 쓸 수 있었다는 점이다. 물론 목적을 달성하는 데에는 여러 방법이 있으므로 나의 투자철학이 유일한 정답은 아니겠지만, 나는 적어도 우리에게는 잘 맞는다고 생각한다.

마지막으로, 1983년부터 1993년까지 나와 한 팀을 이루었던 오크트리 공동 설립자들이 훌륭하게 각자의 일을 수행해주지 않았다면, 나의 투자철학도 큰 의미가 없었을 것이라는 말을 잊어서는 안 되겠다. 내가 운 좋게 함께할 수 있었던 그들의 이름은 브루스 카쉬, 셸던 스톤, 래리 킬, 리처드 메이슨, 스티브 카플란이다. 나는 언제나 말보다 '행동'이 우선이며, 특히 투자 세계에서는 더 그렇다고 확신한다. 나의 파트너들과 오크트리 동료들의 공로가 없었다면, 이 책에서 내가 독자 여러분과 함께하려 하는 투자철학은 주목을 끌지 못했을 것이다.

차례

01

심층적으로 생각하라

> 투자의 특성 중 하나는 누구나 좋은 성과를 낼 수는 없다는 것이다. 물론 일반 투자자들도 최소한의 노력과 실력으로 제법 괜찮은 성과를 거둘 수는 있다. 그러나 그 정도의 수준에 이르려면 많은 실전 경험과 예지를 갖춰야 한다. ●벤저민 그레이엄, 《현명한 투자자》의 저자
>
> 모든 것은 가능한 한 간단하게 만들어야 하지만, 지나치게 간단해서도 안 된다. ●앨버트 아인슈타인
>
> 쉽게 여기지 마라. 쉽다고 생각하는 사람이 어리석다. ●찰리 멍거, 버크셔해서웨이 부회장

훌륭한 투자자가 될 수 있는 조건을 가진 사람은 많지 않다. 배우면 가능한 사람도 있겠지만 이는 모든 사람에게 해당되는 것은 아니며, 가능한 사람일지라도 투자의 모든 것을 알 수는 없다. 효과적인 투자 전략이라도 경우에 따라 유효할 뿐 매번 효과적이지는 않기 때문이다. 투자를 한 가지 알고리즘으로 간소화할 수도 없으며, 컴퓨터에만 의지할 수도 없다. 또한 아무리 투자의 대가라 해도 항상 옳을 수는 없다.

이유는 간단하다. 투자에서 늘 적용 가능한 규칙이란 없기 때문이다. 환경은 통제 불가능하고 상황이 똑같이 반복되는 일은 드물다. 또한 투자자 심리가 시장에서 중요한 요소로 작용하고 많은 변수에 영향

을 받기 때문에 인과관계를 신뢰할 수 없다. 한 가지 투자 전략이 한동안은 효과가 있겠지만, 너도나도 그 전략을 따르면서 결국 실효성이 떨어지고, 이윽고 새로운 투자 전략의 필요성이 대두된다. 다른 투자자들이 모방하는 전략은 효과가 떨어지기 때문이다.

경제학과 마찬가지로 실수가 발생할 수 있다는 점에서 투자는 과학보다 예술(art)에 가깝다.

오늘날 우리가 명심해야 할 가장 중요한 것 중 하나는, 경제학은 한 치의 오차가 없는 과학이 아니라는 점이다. 과학에서는 대조군 실험이 가능해야 하고, 확신을 가지고 과거의 실험 결과를 반복할 수 있어야 하며, 실험의 인과관계를 지속적으로 신뢰할 수 있어야 한다. 그런 의미에서 보면 경제학은 과학과는 거리가 있다고 할 수 있다.

'효과가 있을까?', 2009년 3월 5일 메모

이처럼 투자가 과학보다는 예술이라는 점에서, 나는 투자를 공식화할 수 있다는 말은 이 책이든 다른 어디에서든 절대로 하지 않는다. 내가 가장 강조하고 싶은 것 중에 하나는, 일정하고 기계적인 투자 전략보다는 직관적이고 유연한 투자 전략을 세워야 한다는 것이다.

▶ ▶ ▶

투자의 본질은 당신이 성취하려고 노력하는 것이 무엇인가에 있다. 누구나 평균 수익은 달성할 수 있다. 이를테면 전체 종목을 조금씩 사모으는 인덱스펀드에 투자하면, 시장 수익을 달성할 수 있을 것이다. 더도 말고 덜도 말고 시장만큼만 하면 된다. 그러나 성공하는 투자자들은 그 이상을 원하고 시장을 이기고 싶어 한다.

나는 시장이나 다른 투자자들보다 높은 수익을 내는 것이 성공적인 투자라고 생각한다. 그러기 위해서는 운이 됐든, 탁월한 통찰력이 됐든 둘 중 하나는 필요하다. 그러나 요행을 바라는 것은 좋은 투자 전략이라고 할 수 없으며, 자신의 통찰력에 집중해야 한다. 농구에 관한 속담 중에 "선수의 키는 지도할 수 없다"라는 말이 있는데, 이는 코치가 아무리 선수를 지도해도 그 선수의 타고난 키에는 영향을 미치지 못한다는 뜻이다. 마찬가지로 통찰력은 누가 가르친다고 해서 생기는 것이 아니며, 여느 기술들이 그렇듯이 투자에 대한 이해력이 그저 남들보다 뛰어난 사람들이 있는 것뿐이다. 다시 말해, 벤저민 그레이엄이 유려한 화법으로 강조했던 투자자들에게 꼭 필요한 '약간의 현명함'이 이들에게는 있는 것이다(물론 그것은 노력의 산물이기도 하다).

누구나 돈을 벌고 싶어 한다. 경제학의 모든 것은 누구나 이윤을 추구한다는 믿음(이윤 추구의 보편성)을 기반으로 하고 있다. 자본주의도 마찬가지다. 이윤 추구가 동기가 되어 사람들은 더 열심히 일하고, 자신이 가진 자금으로 모험을 하기도 한다. 또한 이윤 추구의 결과로 인류는 많은 물질적 발전을 이루고 이를 누려왔다. 그러나 그 보편성 때문에 시장을 이기기가 어렵다. 오늘날 수백만의 사람들이 각자의 투자 수익을 위해 경쟁하고 있다. 누가 승자가 될 것인가? 남보다 한발 앞선 사람이 승자가 될 것이다. 무리에서 남보다 앞선다는 것은 더 많이 배웠거나, 체육관이나 도서관에서 더 많은 시간을 보냈거나, 영양 상태가 더 좋거나, 노력을 더 하거나, 체력이 더 좋거나, 각종 장비를 더 많이 갖추고 있음을 의미한다. 그러나 투자에서는 이런 것들이 중요한 요소로 작용하지 않는다. 그보다는 통찰력 있는 사고, 내 식으로 말하자면 '2차적 사고(second-level thinking)'가 더 중요하다.

투자를 계획 중인 사람이라면 그 준비 단계로 재정과 회계에 관한 공부를 하거나, 관련 기사나 책을 다양하게 읽을 수도 있고, 운이 좋다면 투자 프로세스를 잘 아는 누군가로부터 멘토링을 받을 수도 있다. 하지만 그들 중에서 평균 이상의 수익을 지속적으로 올리기 위해 꼭 필요한 탁월한 통찰력, 직관, 가치에 대한 감각, 심리 파악 능력 등을 가질 수 있는 사람은 많지 않다. 그렇기 때문에 2차적 사고가 필요한 것이다.

▶ ▶ ▶

기억하자. 투자의 목적은 평균이 아니라 평균 이상의 수익을 내는 것이다. 따라서 다른 투자자들보다 한발 앞선 사고, 더 효과적이고 더 고차원적인 사고를 해야 한다. 다른 투자자들이 현명하고, 정보를 많이 가지고 있고, 컴퓨터 활용도 잘한다면, 우리가 할 일은 그들에게는 없는 경쟁력을 갖는 것이다. 그들이 생각하지 못하는 것을 생각하고, 그들이 못 보는 것을 보고, 그들에게 없는 통찰력을 발휘하며, 그들과 다르게 반응하고 행동해야 한다. 다시 말해, 옳은 판단을 하는 것은 성공 투자를 위한 필요조건이지 충분조건이 아니다. 다른 투자자들보다 더 옳은 판단, 즉 남들과 '다르게' 생각해야 한다.

그렇다면 2차적 사고란 무엇인가?

1차적 사고(first-level thinking) : "좋은 회사니까 주식을 사자."
2차적 사고(second-level thinking) : "좋은 회사긴 하지만, 모두가 이 회사를 과대평가하고 있어. 그 바람에 주식이 고평가돼서 비싸군. 팔자!"

1차적 사고 : "성장은 둔화되고 물가는 계속해서 상승할 전망이야. 주식을 팔아치우자."
2차적 사고 : "전망이 어두워. 모두가 패닉 상태에서 주식을 팔고 있어. 사자!"

1차적 사고 : "이 기업의 수익이 감소할 거야. 팔자."
2차적 사고 : "이 기업의 수익이 사람들이 예상하는 만큼 감소하지는 않을 거야. 어닝 서프라이즈(earnings surprise : 깜짝 실적)로 주가가 반등할 수도 있고. 사자!"

이처럼 1차적인 사고는 단순하고 피상적이어서 누구나 할 수 있다. 그렇지만 누구나 할 수 있기 때문에 탁월한 성과는 낼 수 없다. 1차적 사고에 필요한 것은 "이 회사의 전망이 밝으니 주가가 오르겠군"처럼 미래에 대한 의견뿐이다. 그러나 2차적 사고는 심오하고 복합적이며 난해하다. 2차적 사고를 하는 사람들은 결정을 내릴 때 다음과 같이 많은 것들을 계산한다.

- 예측 가능한 결과에는 어떤 것들이 있는가?
- 그중 어떤 결과가 나올 것이라고 생각하는가?
- 내 예측이 맞을 가능성은 얼마나 되는가?
- 시장은 어떻게 예측하는가?
- 시장의 예측과 내 예측은 어떻게 다른가?
- 자산의 현재 가격은 시장이 예측하는 미래 가격에 비해 적절한가? 나의 예측과 비교해서는 어떠한가?
- 가격에 반영된 시장 심리가 지나치게 낙관적이거나 비관적이지는 않은가?
- 시장의 예측이 맞다면, 또는 내 예측이 맞다면 자산 가격은 어떻게 될 것인가?

1차적 사고와 2차적 사고에 드는 노동력의 차이는 클 수밖에 없으며, 2차적 사고가 가능한 사람들은 1차적 사고를 하는 사람들에 비해 훨씬 적다. 1차적 사고를 하는 사람들은 단순한 공식과 쉬운 답을 찾는 반면, 2차적 사고를 하는 사람들은 성공적인 투자와 단순함이 대립 관계에 있다는 것을 알고 있다. 투자를 단순화하려고 최선을 다하는 사람들(전문 투자자)의 도움을 받지 말라는 말이 아니다. 나는 그들 중 일부를 '용병(mercenary)'이라고 생각한다. 그런 용병들 중에서도 주식중개인들은 당신이 투자는 누구나 할 수 있는 것이라고 생각하기를 바란다. 물론 거래당 10달러의 중개수수료만 내면 말이다. 한편 뮤추얼펀드회사들은 투자는 당신이 하는 게 아니라 자기들이 하는 것이라고 당신이 생각하기를 바란다. 이 경우 당신은 펀드매니저가 적극적으로 투자 전략을 세워 실행하고 운용하는 액티브펀드에 자금을 투자하고 비싼 수수료를 지불해야 한다.

투자를 단순화하기 위해 노력하는 사람들 중에는 '전도자(proselytizer)' 유형도 있다. 그들 중에는 투자에 대해 가르치는 교수도 있고, 순수한 의도에서 자신이 상황을 통제할 수 있다고 스스로를 과대평가하는 전문가들도 있다. 그러나 내가 보기에 그들은 자신의 실적을 종합해보지 않거나, 과거의 실패를 모르는 척하거나, 자신이 입는 손실을 운이 없는 탓으로 돌리는 사람들이다. 결국 투자의 복잡성을 이해하지 못하는 사람들이라는 말이다. 내가 운전할 때마다 듣는 라디오 방송의 객원해설가 한 명이 이런 말을 한 적이 있다. "어떤 제품에 대해 기분 좋은 경험을 한 적이 있다면 관련주를 사세요." 하지만 성공적인 투자자가 되기 위한 조건에는 그보다 훨씬 많은 것들이 있다.

1차적 사고를 하는 사람들은 동일한 사안에 대해 1차적 사고를 하는 다른 사람들과 같은 식으로 생각하고 같은 결론에 도달한다. 그러므로 이런 사고방식으로는 월등한 성과를 거둘 수 없다. 투자자 집단이 곧 시장이기 때문에 모든 투자자들이 시장을 이길 수 있는 것도 아니다. 제로섬의 투자 세계에서 경쟁을 하기 전에, 투자자는 자신이 상위 절반에 들어갈 수 있는 마땅한 근거가 있는지 스스로에게 물어봐야 한다. 보통의 투자자들보다 좋은 성과를 내기 위해서는 시장의 예측을 뛰어넘을 수 있어야 한다. 당신이라면 그렇게 할 수 있는가? 그렇다면 왜 그렇게 생각하는가?

▶ ▶ ▶

문제는 정확한 판단 아래 남들과 다른 예측을 했을 때만 이례적인 성과를 기대할 수 있다는 것이다. 그러나 남들과 다른 예측을 하기 어렵고, 그 남다른 예측이 정확하기도 어려우며, 그에 따라 행동하는 것도 어렵다. 지난 수년간 많은 사람들이 다음 표와 같은 상황에서 취한 행동이 자신들에게 어떤 영향을 끼쳤는지를 얘기해주었다.

다른 사람들과 같은 방식으로 투자를 해서는 그들보다 나은 성과를 기대할 수 없다. '독특함'이 목적 자체가 되어서는 안 되겠지만, 투자에 필요한 사고방식이 될 필요는 있다. 다른 투자자들과 자신을 차별화하기 위해서는 사고의 내용과 과정이 남달라야 한다. 이를 간단한 표로 정리해보았다.

	1차적 행동(관행적)	2차적 행동(이례적)
결과가 좋을 때	평균 정도의 좋은 성과	평균 이상의 성과
결과가 나쁠 때	평균 정도의 나쁜 성과	평균 이하의 성과

물론 상황이 이렇게 간단명료하지는 않겠지만 위의 상황이 일반적이다. 투자자가 일반적인 행동을 하면 그것이 좋은 쪽이든 나쁜 쪽이든 평균적인 성과를 얻을 것이다. 투자자가 이례적(2차적)인 행동을 할 경우에만 결과가 이례적일 것이고, 마찬가지로 투자자의 판단력이 뛰어나다면 평균 이상의 성과를 얻을 것이다.

'최고의 투자자가 되기를 망설이지 마라', 2006년 9월 7일 메모

결론은 간단하다. 월등한 투자 성과를 달성하려면 가치에 대한 관점이 남다르고 정확해야 한다는 것이다. 물론 쉽지 않은 일이다.

자산을 실제 가치보다 저가로 매수하는 것은 매우 기분 좋은 일이다. 그렇다면 효율적 시장에서 어떻게 하면 저가 매수의 기회를 찾을 수 있을까? 남다른 분석력과 통찰력, 예지력을 발휘해야만 한다. 하지만 '남다르다'는 바로 그 점 때문에 이는 소수에게만 해당되는 얘기다.

'수익을 내는 방법', 2002년 11월 11일 메모

평균 이상의 투자 성과를 거두기 위해서는 평범한 투자자와는 달라야 한다. 즉, 다른 투자자들보다 더 현명하게 사고해야 한다. 즉 남들과 다르면서 남들보다 더 나아야 한다. 이것이 2차적 사고다.

투자 프로세스를 간단한 것으로 여기는 사람들은 대체로 2차적 사고의 필요성을, 심지어 그런 사고방식이 있다는 것도 인식하지 못한다. 그로 인해 많은 사람들이 누구나 성공적인 투자자가 될 수 있다고 믿는 오류를 범하게 된다. 다시 한 번 말하지만, 누구나 성공적인 투자자가 될 수는 없다. 다행인 것은 시장에는 1차적 사고를 하는 투자자들이 대부분이며, 그로 인해 2차적 사고를 하는 사람들의 수익이 증가한다는 점이다. 지속적으로 뛰어난 투자수익을 달성하려면, 당신도 이들 중 한 명이 되어야 한다.

시장의 효율성을 이해하라

> 이론적으로는 이론과 실제 사이에 차이가 없지만, 실제로는 차이가 있다.
>
> ●요기 베라

시카고대학교 경영대학원에서 태동하여 시카고학파로 불리는 금융과 투자에 관한 새로운 이론은 1960년대 등장했다. 1967년부터 1969년까지 이 학교의 학생이었던 나는 이 새로운 이론이 시작된 곳에 있었고, 그렇게 해서 시카고학파 이론은 나의 사고에 지대한 영향을 미치게 되었다. 시카고학파 이론에는 투자를 이야기할 때 빠지지 않는 중요한 개념들이 포함되어 있었는데, 예를 들면 위험 회피, 위험 요소로서의 변동성, 위험 조정 수익, 체계적 위험과 비체계적 위험, 알파(펀드매니저가 시장수익률을 상회하는 수익을 올렸을 때 이를 표현한 수치-옮긴이), 베타(개별 주식이나 포트폴리오의 민감도를 나타내는 상대적 지표-옮긴이), 랜덤워크 가설(random walk hypothesis : 시장과 주가는 과거나 패턴에 제약을 받지 않고 독립적으로 움직인다는 가설-옮긴이), 효율적 시장가설(efficient market hypothesis : 주가가 이용 가능한 모든 정보를 반영하며, 시장은 새로운 정보에 즉각 반응한다고 보는 가설-옮긴이) 등이 있다. 시카고학파 이론이 소개되고 초기 몇 년 동안 효율적 시장가설이 투자 분야에서 특히 큰 영향력을 끼친 것으로 입증되었다. 그 영향력이 상당했기에 여기서 그 내용을 집중적으로 다뤄보고자 한다.

효율적 시장가설이 주장하는 것은 다음과 같다.

- 시장에는 많은 참가자가 있으며, 이들은 관련 정보에 대체로 균등하게 접근한다. 이들은 현명하고, 객관적이며, 의욕이 넘치고, 노력을 아끼지 않는다. 이들이 사용하는 분석 모델은 널리 알려져 있고, 이미 사용하고 있다.
- 시장 참가자들의 집단적인 노력 때문에 각 자산의 시장 가격에 모든 정보가 즉시, 그리고 충분히 반영된다. 또한 시장 참가자들이 지나치게 저가인 자산은 즉시 매수하고, 반대로 너무 고가인 자산은 즉시 매도할 것이기 때문에, 자산 가격은 절대적으로나 상대적으로나 공정하게 매겨진다.
- 그러므로 시장 가격은 자산의 내재가치를 정확하게 평가한 것이며, 어떤 참가자도 평가가 잘못된 경우를 지속적으로 발견하여 그로부터 이익을 보는 일은 있을 수 없다.
- 그러므로 자산은 다른 자산과 비교하여 '적정(fair)'한 위험 조정 수익을 낼 것으로 기대되는 가격에 팔린다. 위험한 자산일수록 매수자의 관심을 유발하기 위해 높은 수익을 제시해야 한다. 시장이 가격을 정해 그 가격이 통용되면 '공짜 점심'을 제공하지 않을 것이다. 즉, 리스크가 증가하지 않으면 수익도 증가하지 않을 것이다.

이것이 더도 덜도 아닌 효율적 시장의 핵심을 정석대로 요약한 것이다. 그러면 이번에는 내 의견을 말해보겠다. 이 이론에 대해 이야기할 때 나 역시 '효율적'이란 단어를 사용하기는 하지만, 나는 이를 정보 수집에 있어서의 정확성보다는 빠르고 신속하다는 의미로 사용한다.

투자자들은 모든 새로운 정보를 평가할 때 최선의 노력을 기울이기 때문에, 자산 가격은 해당 정보의 중요도에 대한 시장의 관점을 즉각 반영한다는 데 동의한다. 그러나 나는 이런 시장의 견해가 꼭 맞을 것이라고 생각하지는 않는다. 2000년 1월에 야후(Yahoo) 주가는 237달러였으나, 1년이 채 안 된 2001년 4월에 11달러로 폭락했다. 이 경우 두 번 다 시장이 옳았다고 주장하는 사람이 있다면 말이 안 되는 논리를 펼치는 것이다. 최소한 두 번 중에 한 번은 틀렸어야 하기 때문이다. 그렇다고 해서 많은 투자자들이 시장의 실수를 발견하고, 그에 따라 행동할 수 있었다는 의미는 아니다. 효율적 시장의 가격이 이미 시장의 예측을 반영하고 있다면 시장의 예측을 공유하는 것으로는 평균 수익만을 달성할 수 있을 것이다. 즉 시장을 이기려면 색다르거나 시장의 예측과 반대되는 견해를 가져야만 한다.

핵심은 좀 더 효율적인 시장이 종종 자산을 잘못 평가하더라도, 시장의 예측과 다르면서 좀 더 정확한 견해를 지속적으로 갖기란 쉽지 않다는 점이다. 다른 사람들과 같은 정보를 가지고 같은 심리적 영향을 받는다면 말이다. 시장이 옳지 않더라도 주류 시장을 이기기가 몹시 어려운 이유도 바로 이 점 때문이다.

'알파란 무엇인가?', 2001년 7월 11일 메모

효율적 시장가설로부터 도출할 수 있는 가장 중요한 결론은 '시장을 이길 수 없다'이다. 시카고학파의 시장에 대한 견해는 이 결론의 논리적 기반이 될 뿐만 아니라, 뮤추얼펀드 실적에 대한 연구도 이 결론에 힘을 실어준다. 극소수의 뮤추얼펀드만이 이 같은 결론으로부터 차별화된 성과를 낼 수 있었다. 별 다섯 개를 받은 펀드들의 경우는 어떠냐고 묻는 사람도 있을 것이다. 펀드 약관에 있는 다음의 주의 사항을 한 번 읽어보자.

"뮤추얼펀드는 상대적 평가에 의한 평점을 받습니다. 그러므로 평점이 시장지수와 같은 객관적인 기준을 이길 수 있음을 의미하지는 않습니다."

그렇다면 좋다. 우리가 귀가 닳도록 들어온 유명한 투자자들은 어떤가? 첫째, 1년 내지 2년 실적이 좋았던 것만으로는 아무것도 입증하지 못한다. 운만 따라주면 어떠한 결과라도 나올 수 있기 때문이다. 둘째, 통계학자들은 충분한 기간 동안 정보를 수집하기 전에는 그 무엇도 통계적인 유의도를 입증할 수 없다고 주장한다. 나의 경우 지난 64년간의 수치를 기억하고 있다. 하지만 그렇게 오랫동안 돈을 관리하는 사람은 거의 없다. 마지막으로 훌륭한 투자자 한두 명의 등장이 시장을 이기기 어렵다는 이 이론이 틀렸음을 입증하는 것은 아니다. 주식투자계의 워렌 버핏들이 많은 주목을 받는다는 사실은, 지속적으로 초과 성과를 내는 투자자의 사례가 매우 이례적인 것임을 보여준다.

시카고학파 이론이 미친 가장 큰 영향 중 한 가지는 인덱스펀드라는 소극적인 투자 기법의 탄생이었다. 즉 '고평가나 저평가된 증권에 적극적으로 베팅하는 포트폴리오 매니저들이 시장을 이길 수 없다면, 그들에게 왜 비용(위탁 수수료와 관리 수수료의 형태)을 지불해야 하는가?'라는 의문을 품은 투자자들이 주가지수에 영향력이 큰 주식이나 채권 등 종목별 비중에 따라 투자하는 펀드에 투자 비중을 늘린 것이다. 이 방법으로 투자자들은 해마다 (소수점 이하 둘째 자리 퍼센티지 정도의) 아주 낮은 수수료만 지불하고서 시장 수익을 올린다.

나중에 다시 언급하겠지만, 모든 것에는 주기가 있으며 이는 '관행적 통념(accepted wisdom)' 역시 포함된다. 효율적 시장가설은 1960년대 순조롭게 출발하여 수많은 신봉자들을 생산했다. 그러나 이후 이 가설에 대한 반대 의견이 제기되었고, 이 이론의 적용 가능성에 대한 일반적인 견해는 부침을 거듭하고 있다.

▶ ▶ ▶

나 역시 이 이론에 대해 의구심을 가지고 있는데, 특히 수익과 리스크와 관련된 부분에서 그렇다.

투자 이론에 따르면, 사람들은 천성적으로 위험을 회피하기 때문에 대체로 더 많은 위험보다는 더 적은 위험을 부담하려고 한다. 따라서 이들로 하여금 더 위험한 투자를 할 수 있도록 하려면 조금이라도 더 큰 수익을 보장해야 한다. 시장은 잘 알려진 사실과 일반적인 인식을 기반으로 투자 대상의 가격을 조정하기 때문에, 더 위험한 것일수록 더 큰 수익을 약속하는 것처럼 보인다.

이론상 효율적 시장에는 시장을 이기는 투자 기술(오늘날 흔히 '알파'라고 부르는 것)이 없기 때문에 투자 간에, 또는 포트폴리오 간에 생기는 수익 차이는 리스크의 차이나 마찬가지다. 따라서 효율적 시장가설 신봉자에게 눈이 번쩍 뜨일 만한 투자 실적을 보여준다면, 이런 대답을 듣게 될 것이다. "수익이 높다는 건 눈에 안 보이는 리스크가 있다는 거겠지요." 또한 "그걸 입증할 만큼 오랜 기간 수집한 데이터가 없으시죠?"라는 질문에 대한 답을 준비해야 한다.

이따금 우리는 모든 상황이 잘 풀리고, 더 위험한 투자가 약속대로 더 큰 수익을 내는 시기를 경험한다. 그런 평탄한 시기는 사람들로 하여금 더 큰 수익을 올릴 수 있는 방법은 좀 더 위험한 투자를 하는 것밖에 없다고 믿게 만든다. 이처럼 결과가 좋을 때 쉽게 잊어버리는, 그렇지만 간과해서는 안 되는 사실이 있다. 위험한 투자일수록 더 높은 수익을 기대할 수 있다면, 그 투자는 더 위험하게 여기지 않는다는 것이다. 결국 사람들은 매우 중요한 교훈을 얻게 된다. 세상에 공짜 점심은 없다는 것을, 즉 위험을 무분별하게 수용해서는 절대로 안 된다는 것을 말이다. 또한 투자 이론이 가진 한계에 대해서도 상기하게 된다.

▶ ▶ ▶

이것이 효율적 시장가설이 함축하고 있는 내용이며, 중요한 문제는 이것이 과연 옳은가 하는 것이다. 정말로 시장을 이길 수 없는가? 이기려고 노력하는 사람들은 시간을 낭비하고 있는 것인가? 투자운용사에게 수수료를 지불하는 고객들은 돈을 낭비하고 있는 것인가? 투자와 관련된 대부분의 것들과 마찬가지로, 이 질문들에 대한 답도 간단하지 않다. 확실히 '그렇다', '아니다'로 대답할 수 없는 문제인 것이다.

나는 효율적 시장가설이 들을 가치가 없는 것이라고는 생각하지 않는다. 원칙적으로 합리적이고 산술 능력이 있는 수천 명의 사람들이 자산에 대한 정보를 수집하고 이를 부지런하고 객관적으로 평가한다면, 그 자산 가격은 내재가치에서 크게 벗어나서는 안 된다. 가격이 잘못 매겨지는 경우가 자주 발생해서도 안 된다. 시장은 이기기 어려운 것이어야 하기 때문이다.

사실, 일부 자산군은 매우 효율적이다. 이들 중 대부분은

- 자산군이 잘 알려져 있고 이를 추종하는 사람이 많다.
- 사회적으로 용납되고, 논란의 여지가 없으며, 금기시되지 않는다.
- 적어도 표면상으로 자산의 장점이 확실하고 이해하기도 쉽다.
- 자산군과 그 구성 요소에 대한 정보가 공평하게 공개된다.

이런 조건들이 충족된다면, 자산군이 의도적으로 제외되거나 오해받거나 저평가되어야 할 이유가 없다.

외환을 예로 들어보자. 통화 대 통화의 흐름을 결정하는 것은 무엇인가? 그것은 미래 성장률과 물가상승률이다. 어떤 한 사람이 다른 사람들보다 이에 대해 훨씬 더 많이 아는 것이 가능한가? 그렇지는 않을 것이다. 그것이 가능하지 않다면, 통화 거래를 통해 꾸준히 평균 이상의 위험 조정 수익을 달성할 수 있는 사람은 없어야 한다.

뉴욕증권거래소와 같은 주요 주식시장은 어떠한가? 수백만의 사람들이 수익을 열망하며 예측하는 이런 곳에서는 모두들 비슷한 정보를 입수한다. 사실 시장을 규제하는 목적 중에 하나가 모든 투자자로 하여

금 동시에 한 회사의 정보를 얻을 수 있게 하기 위함이다. 수백만이나 되는 사람들이 비슷한 정보를 토대로 비슷한 분석을 한다면, 주가가 잘못 형성되는 일이 얼마나 자주 있을 것이며, 누군가 주가가 잘못됐다는 것을 알아차리는 경우는 얼마나 자주 있을 것인가? 이에 대한 답을 하자면 그런 경우는 많지 않다는 점이며 신빙성도 없다. 하지만 이는 2차적 사고의 근간이다.

2차적 사고를 하는 사람들은 우수한 성과를 올리기 위해서 자신이 각각의 정보나 분석, 또는 두 가지 모두에서 더 탁월한 능력이 있어야 한다는 것을 안다. 따라서 판단 착오를 하지 않기 위해 조심한다. 나는 투자계에 발을 들여놓은 지 얼마 안 되는 앤드류라는 아들이 있는데, 그는 현재의 사실과 미래에 대한 전망을 바탕으로 귀가 솔깃한 투자 아이디어를 많이 내놓는다. 무엇보다 훈련도 잘돼 있다. 투자와 관련된 판단을 할 때 앤드류가 하는 첫 번째 질문은 항상 똑같다. "그건 누구나 다 아는 내용 아닌가요?"

2차적 사고를 하는 사람들의 이론에는 비효율성이 존재한다. 비효율성이라는 말은, '투자자는 시장을 이길 수 없다'는 믿음에 대한 반기로 지난 40년 동안 널리 사용되었다. 나에게 시장이 비효율적이라는 말은, 시장이 투자자들에게는 기회가 될 수도 있는 실수를 종종 한다는 것을 거창하게 표현한 것이다.

그렇다면 그런 시장의 실수는 어디에서 오는 것일까? 효율적 시장 가설의 근간을 이루는 다음의 가정들을 살펴보자.

- 시장에는 열심히 노력하는 많은 투자자들이 있다.

- 그들은 현명하고, 근면하고, 객관적이며, 의욕이 강하고, 투자에 필요한 장비도 잘 갖추고 있다.
- 그들 모두 활용 가능한 정보를 입수할 수 있으며, 기회는 대체로 비슷하게 주어진다.
- 그들 모두 모든 자산을 대상으로 하는 매수, 매도, 공매도에 참여할 수 있다.

위와 같은 이유로 효율적 시장가설은 모든 사용 가능한 정보가 문제 없이, 효율적으로 통합되어 가격에 반영될 것이고, 가격과 가치의 불일치가 발생할 때마다 그런 불일치를 없애기 위해 제재를 받을 것이라고 주장한다.

그러나 시장 가격이 항상 옳을 수는 없다. 위에서 제시한 네 가지 가정을 살펴보면 한 가지 부족한 것이 눈에 띈다. 바로 객관성이다. 인간은 단순한 계산기가 아니다. 대부분의 사람들은 객관성을 잃게 만드는 탐욕, 공포, 시기, 그 밖에 다른 감정에 영향을 받기 때문에 언제라도 커다란 실수를 할 수 있다.

마찬가지로 네 번째 가정은 어떠한가? 투자자들은 어떠한 자산이라도 그것을 소유하고 공매도할 수 있다고는 하지만 현실은 매우 다르다. 대부분의 투자 전문가들이 "나는 주식 부서에서 일한다" 또는 "나는 채권 매니저다"라고 소개하는 것처럼 이들은 특정 부서에서 일한다. 그리고 공매도를 내는 투자자의 비율은 매우 낮다. 그럼 자산군 간에 상대적인 가격이 잘못 형성되는 것을 막을 수 있는 결정을 내리고, 이를 시행하는 것은 대체 누구인가?

통찰을 가진 사람은 실수와 잘못된 가격으로 특징지어지는 시장을 이길 수 있다. 이렇듯 비효율성은 초과 성과 발생의 원인이자 필요조건이기는 하지만, 그런 성과를 보장하지는 않는다.

내가 보기에 '비효율적 시장'은 다음 중 적어도 한 가지(어쩌면 모두)로 특징지을 수 있다.

- 시장 가격이 종종 잘못 책정되는 경우가 있다. 정보 입수와 분석이 매우 불완전하기 때문에, 시장 가격이 때로 자산의 내재가치보다 훨씬 높거나 훨씬 낮은 경우가 생길 수 있다.
- 하나의 자산군에 대한 위험 조정 수익이 다른 자산군의 위험 조정 수익과 많이 다를 수 있다. 자산은 종종 공정하지 않은 가격으로 평가되기 때문에, 하나의 자산군이 다른 자산군에 비해 지나치게 높거나 지나치게 낮은 위험 조정 수익을 낼 수 있다.
- 어떤 투자자들은 계속해서 다른 투자자들보다 나은 수익을 달성할 수 있다. 즉 상당히 잘못된 평가가 있을 수 있고, 기술, 통찰력, 정보 접근 등에 있어서 시장 참가자들 간에 차이가 있기 때문에, 잘못된 평가를 발견하고 그로부터 지속적으로 이익을 취할 수 있는 가능성이 있다.

마지막 내용은 무엇을 의미하고, 무엇을 의미하지 않는지의 측면에서 볼 때 매우 중요하다. 비효율적 시장이 참가자들에게 반드시 만족할 만한 수익을 보장하는 것은 아니다. 그러나 기술의 차이를 바탕으로 해서 어떤 이들은 승자가 되고, 어떤 이들은 패자가 되는 근본적인 원인(잘못된 가격)을 제공한다. 가격이 크게 잘못될 수 있다는 것은 저가로 매수할 수 있는 기회도 있지만, 가치에 비해 비싼 가격을 지불할 수도 있다는 의미가 된다. 비효율적 시장에서 누군가가 매수를 잘했다면, 곧 다른 누군가가 너무 싸게 팔았다는 의미이다. 포커와 관련된 명언 중에 이런 말이 있다. "모든 게임에는 얼간이가 한 명씩 있는데, 당신이 45분 동안 게임을 하고도 누가 얼간이인지 알아내지 못했다면, 얼간이는 바로 당신이다." 비효율적 시장에서의 투자도 바로 이와 같다.

'알파란 무엇인가?', 2001년 7월 11일 메모

▶ ▶ ▶

효율성 대 비효율성에 관한 거대 담론에서 나는 어떠한 시장도 완벽하게 두 가지 중 하나는 아니라는 결론을 내렸다. 즉 어느 한쪽이 아니라 정도의 문제인 것이다. 나는 비효율성이 제공하는 기회에 진심으로 감사해하는 한편, 시장 효율성이라는 개념 또한 존중하고 주류 증권시장이 지극히 효율적일 수 있기 때문에, 상승 종목을 찾느라 노력하는 것은 대체로 시간 낭비라는 강한 믿음을 가지고 있다.

결국 나는 흥미로운 결론에 이르렀다. 효율성이란 그다지 보편적인 것이 아니므로 뛰어난 실적이라는 것을 포기해야 한다는 것이다. 동시에 효율성이란 변호사들이 말하는 '반박 가능한 추정'과 같은 것이어서, 누군가 그렇지 않다는 것을 입증하기 전까지는 진실로 추정해야한다. 그러므로 우리는 효율성이 우리에게 해가 되지 않는다는 것을

34

입증할 타당한 근거가 없다면, 효율성이 우리의 성과를 방해할 것이라는 추정을 해야 한다.

효율성을 존중한다면 어떠한 행동을 취하기 전에 해야 할 질문이 더 있다. '실수와 잘못된 가격이 투자자의 결연한 노력으로 사라졌는가, 아니면 여전히 존재하는가, 그리고 그 이유는 무엇인가?' 하는 점이다. 다음과 같이 생각해보자.

- 아무리 저가의 자산이라도 앞다투어 가격을 올릴 만반의 준비가 되어 있는 투자자들이 수천 명이나 있음에도 불구하고, 저가 매수의 기회가 존재해야 하는 이유는 무엇인가?
- 리스크에 비해 수익이 매우 높다면 보이지 않는 리스크를 간과하고 있는 것은 아닌가?
- 자산을 팔려는 사람이 당신에게 초과 수익을 제공할 수 있는 가격에 왜 자산을 내놓으려 하겠는가?
- 자산을 매각하는 사람보다 당신이 정말로 그 자산에 대해 더 많이 알고 있는가?
- 정말 괜찮은 제안이라면 왜 다른 누군가가 이미 채가지 않았는가?

명심해야 할 것이 또 있다. 지금 효율성이 존재한다고 해서 앞으로도 계속 그럴 것이라고 생각해서는 안 된다는 것이다.

결론은 이렇다. 비효율성은 성공적인 투자를 위한 필요조건이다. 완벽하게 효율적인 시장에서 초과 성과를 내는 것은 동전 던지기와 같아서 성공 가능성은 높게 잡아도 50 대 50이다. 투자자가 유리하기 위해서는 기본 프로세스에 존재하는 비효율성을, 즉 불완전성과 잘못된 가격을 이용할 수 있어야 한다.

하지만 비효율성이 존재한다고 해도 그것만으로 초과 성과가 나오는 충분조건은 될 수 없다. 다만, 가격이 공정하지 않고 실수가 있을 수 있기에, 어떤 자산은 너무 가격이 낮고 어떤 것은 너무 높을 수 있다. 이때 비싼 것보다 싼 것을 꾸준히 매입하기 위해서는 다른 투자자들보다 통찰력에서 앞서야 한다. 그러면 다른 투자자들이 찾을 수 없거나, 찾지 않을 것에서 최고의 투자 대상을 발견할 수 있다. 그러므로 시장은 이길 수 없는 것이라고 다른 투자자들이 믿도록 내버려두자. 모험을 하지 않을 사람들의 기권이 모험을 할 사람들에게 기회를 줄 것이다.

▶ ▶ ▶

시장 효율성의 개념을 포함하는 투자 이론은 물리 법칙과 같은 보편적 사실인가? 아니면 현실에는 해당되지 않는 학문적 개념인가? 결국 이것은 균형의 문제이며, 그런 균형은 알고 있는 상식을 적용하는 데서 나온다. 나의 투자 경력에서 중요한 전환점은 시장 효율성의 개념에도 일리가 있으므로, 노력과 기술이 최고의 결과를 약속하는 비교적 비효율적인 시장에서도 노력을 제한할 필요가 있다는 결론을 내렸을 때 찾아왔다. 이론 덕분에 그런 결론을 내릴 수 있었고 주류 시장에서 시간을 낭비하지 않을 수 있었다. 하지만 적극적인 운용에 반대하는 주장을 온전히 수용하지 않기 위해서는 이론이 가진 한계를 이해해야 했다.

다시 말해, 나는 이론이 우리의 결정에 필요한 정보를 제공해야지 결정을 좌우해서는 안 된다고 생각한다. 그렇다고 이론을 전적으로 무시한다면 큰 실수를 저지를 수 있다. 다른 사람들보다 많이 아는 것이 가능하고, 투자 인구가 조밀한 시장을 계속해서 이기는 것이 가능하다는 생각은 스스로에게 독이 될 수 있기 때문이다. 우리는 리스크를 무시하고 수익만을 바라고서 증권을 매입할 수도 있고, 서로 관련된 증권 50주를 매입하고는 분산투자했다고 착각할 수도 있다.

반면 이론을 전부 믿으면 저가 매수 기회를 찾으려 노력조차 하지 않을 수도 있고, 투자 프로세스를 컴퓨터에 떠넘길 수 있으며, 실력 있는 개인의 기여를 인정하지 않을 수도 있다. 비교하자면 이런 식이다. 효율적 시장을 믿는 재무학 교수가 제자와 산책을 하며 이런 대화를 나누고 있다. "저기 땅에 떨어져 있는 게 10달러짜리 지폐가 아닌가요?" 제자가 묻는다. "아닐 걸세. 그럴 리가 없지. 10달러짜리 지폐라면 이미 누군가 집어가지 않았겠나?" 교수가 대답한다. 말을 끝낸 교수는 그 자리를 떴고, 제자는 땅에 떨어진 10달러짜리 지폐를 주어 시원한 맥주를 사서 마셨다.

'알파란 무엇인가?', 2001년 7월 11일 메모

가치란 무엇인가?

투자에서 확실히 성공하려면, 가장 먼저 내재가치의 정확한 평가가 이루어져야 한다.
정확한 내재가치 평가 없이 투자자로서 지속적인 성공을 희망하는 것은 말 그대로 희망일 뿐이다.

가장 오래되고 가장 단순한 투자 규칙이 있다. 그것은 바로 "싸게 사서 비싸게 팔라"는 것이다. 그야말로 명백함의 극치가 아닐 수 없다. 누가 그 이상을 바랄 수 있는가? 그러면 이 규칙이 의미하는 것은 무엇인가? 말 그대로 뭔가를 싼 가격에 사서 비싼 가격에 팔아야 한다는 것이다. 그렇다면 대체 어떤 것이 비싼 것이고 어떤 것이 싼 것인가?

우선 표면적으로 보았을 때 매수가가 매도가보다 낮아야 한다. 그러나 매도는 미래에 이뤄지고 매수는 지금 하는 것이기 때문에, 오늘 얼마에 사는 것이 적절한 것인지 알기 힘들다. 따라서 비싼 것과 싼 것에 객관적인 기준이 있어야 하는데, 그 기준은 자산의 내재가치를 바탕으로 할 때 가장 효과적이다. 이제 의미가 확실해졌다. 내재가치보다 싼 가격에 사서 그보다 비싸게 팔면 된다. 물론 그러기 위해서는 내재가치가 무엇인지를 잘 알아야 한다. 가치를 정확하게 평가하는 것이야말로 투자에서 꼭 필요한 선결 과제다.

▶ ▶ ▶

증권 투자에 이용되는 모든 방법은 크게 두 가지 기본적인 유형으로 나눌 수 있다. 기업의 가치를 분석하는 기본적 분석과 증권 가격의 동향을 분석하는 기술적 분석이다. 다시 말해, 투자에는 두 가지 기본적인 선택이 가능하다. 증권의 기본적인 내재가치를 분석해서 가격이 가치와 동떨어질 때 매매하거나, 아니면 미래의 증권 가격 동향을 예측하여 매매를 결정하는 것이다.

나는 후자, 즉 기술적 분석을 믿지 않으므로 이것부터 간단히 언급해보고자 한다. 기술적 분석 또는 과거의 주가 동향 분석은, 내가 이 업계에 뛰어든 이래 훨씬 그 이전부터 꾸준히 실시되어 왔지만, 현재는 하향세에 있다. 오늘날 과거의 주가 패턴에 대한 분석은 기본적 분석을 보충하기 위해 사용되고는 있지만, 가격 동향을 위주로 결정을 내리는 사람들은 전보다 많이 줄었다.

기술적 분석이 쇠퇴한 원인 중에 하나는 랜덤워크 가설에 있다. 이 가설은 시카고학파 이론에서 나온 것으로 1960년대 초반 유진 파머(Eugene Fama) 교수의 주도 하에 발전되었다. 랜덤워크 가설에 의하면, 과거의 주가 동향은 미래의 주가를 예측하는 데 아무런 도움이 되지 않는다. 동전을 던지듯 임의적으로 일어나는 프로세스이기 때문이다. 동전을 던져 10번 연속으로 앞면이 나온다고 해도, 다음에 또 앞면이

나올 가능성이 여전히 50 대 50임을 우리 모두는 안다. 마찬가지로 이 가설에 의하면, 주가가 지난 10일 동안 올랐다는 사실 하나만으로는 내일 주가가 어떻게 될 것인지에 대해 알 수 없다는 것이다.

기술적 분석과 마찬가지로 과거의 주가 동향에 의지하는 또 다른 유형으로 주가 흐름을 좇아가는 모멘텀 투자(Momentum Investing)가 있다. 이것 역시 랜덤워크 가설에 반하는 개념인데, 내가 어떤 평가를 할 수 있는 입장은 아니다. 내가 보기에 이 전략을 실행하는 투자자들은 상승 중인 것은 계속해서 상승세를 탄다는 가정 아래 행동하기 때문이다.

모멘텀 투자는 투자자들로 하여금 주가가 계속 상승하는 강세장에 참가하도록 하지만 여기에는 불리한 점이 많다. 그중 하나는 "영원히 지속되지 않는 것에는 결국 끝이 있기 마련이다"라는 경제학자 허브 스타인(Herb Stein)의 말에서 알 수 있다. 상승세가 지속되지 않는다면 모멘텀 투자자에게는 무슨 일이 일어날까? 이 투자 기법은 투자자들이 하락을 피해 적기에 매도할 수 있도록 어떻게 도울 것이며, 하락장에서 투자자들에게 어떤 행동을 하도록 만들 것인가?

모멘텀 투자가 지적인 투자 기법이 아닌 것은 확실한 것 같다. 가장 좋은 예로, 1998년부터 1999년 동안 데이트레이더가 증가했던 사례를 들 수 있다. 이들 대부분은 본업이 따로 있는 아마추어 투자자들로 TMT(Tech, Media, Telecom)주들이 강력한 테마를 형성할 당시, 이에 투자하여 쉽게 돈을 벌겠다는 희망을 가지고 있었다. 데이트레이더들은 하루를 넘겨 포지션을 보유하는 법이 거의 없었는데, 그렇게 함으로써 손실이 발생할 수 있었기 때문이다. 그래서 관찰 중인 주가가 몇 시간 후면 오를지 내릴지 하루에 몇 번씩 추측하고는 했다.

사람들이 어째서 이런 결정을 내리는지 나로서는 이해할 수가 없었다. 이런 식의 행동이라면, 다음번에 모퉁이를 돌아 나오는 사람이 남자일지 여자일지를 맞추는 것과 대체 무엇이 다르단 말인가? 내가 보기에 이런 당일치기 거래자들은 10달러에 산 주식을 11달러에 팔면 성공적이라고 생각하는 사람들이며, 그 다음 주에 다시 그 주식을 24달러에 사서 25달러에 팔아치우고, 일주일 후에 똑같은 주식을 39달러에 다시 사서 곧바로 40달러에 파는 사람들이다. 이 과정에서 자신의 실수를 발견하지 못한 투자자라면(30달러의 수익을 올릴 수 있는 것을 3달러 수익에 그치는 실수) 더 이상 이 책을 읽는 수고를 하지 않기를 바란다.

▶ ▶ ▶

기본적 분석 과정에 충실하지 않은 모멘텀 투자와 같은 단순한 투자 방식을 제외하면, 우리에게는 기본적 분석에 속하는 두 가지 투자 전략이 남는다. '가치투자'와 '성장투자'가 그것이다. 간단히 말해, 가치투자자의 목적은 증권 가격이 현재의 내재가치보다 쌀 때 사는 것이고, 성장투자자의 목적은 미래에 가치가 빠르게 상승할 증권을 찾는 데 있다.

가치투자자들에게 자산이란 일시적인 개념이 아니다. 자신이 혹은 타인이 그것에서 투자할 만한 매력을 찾아냈기 때문이다. 그들에게 자산은 확인 가능한 내재가치를 지닌 유형의 존재로, 그들은 내재가치보다 싼 가격에 살 수 있을 때라야 매입을 고려한다. 따라서 그들에게 현명한 투자는 내재가치 평가를 바탕으로 이루어져야 하며, 이때의 평가는 이용 가능한 모든 정보를 바탕으로 철저하게 이루어져야 한다.

'가장 중요한 것', 2003년 7월 1일 메모

증권(또는 그 회사)을 가치 있게 만드는 것은 무엇인가? 많은 것이 있을 수 있지만 자원, 경영진, 공장, 소매상, 특허, 인재, 브랜드 인지도, 성장 가능성, 그리고 무엇보다 소득과 현금 유동성을 창출할 수 있는 능력이다. 사실상 대부분의 분석 방법에 따르면, 앞의 8가지 요소가 중요한 이유는 8가지 전부가 소득과 현금의 유동성으로 귀결되기 때문이다.

가치투자는 유형자산과 현금 유동성과 같이 실재하는 요소를 중요시한다. 투자 수완이나 유행하는 방식, 장기적 성장 가능성과 같은 무형자산에는 무게를 크게 두지 않는다. 그래서 가치투자자들은 유형자산에 초점을 두고 집중적으로 분석한다. 심지어 가치투자 유형 중에는 '순운전자본 투자(net-net investing)'라는 방식이 있는데, 이는 어떤 기업의 순운전자본이 시가총액보다 클 때 그 기업(주식)을 매수하는 것이다. 순운전자본이란 현금, 매출채권, 재고자산과 같은 기업의 유동자산에서 유동부채를 차감한 잔액을 말한다. 그러므로 이론상 투자자는 기업의 주식을 전부 살 수 있고, 유동자산을 현금화할 수 있으며, 부채를 청산하고도 기업과 약간의 현금을 남길 수 있다. 결국 투자자가 수중에 있던 자본으로 비용을 지불하고도 돈이 남으니 그 기업을 공짜로 매수한 것이나 다름없다.

가치투자가 추구하는 것은 저가 매수다. 가치투자자들은 소득이나 현금 유동성, 배당금, 유형자산, 기업 가치와 같은 재무지표를 특히 눈여겨보며, 이를 기반으로 주식을 싸게 매수하는 것을 중요하게 생각한다. 그런 점에서 가치투자자들의 첫 번째 목적은 기업의 현재가치를 수량화하여 증권을 매우 싸게 살 수 있을 때 매입하는 것이다.

성장투자는 가치투자의 인내심과 모멘텀 투자의 성급함 사이 어디쯤엔가 자리한 투자 전략이라고 할 수 있다. 성장투자의 목적은 장밋빛 미래를 가진 기업을 찾는 것이다. 기업이 가진 현재의 특성보다는 잠재력을 더 중요시한다.

이 두 가지 투자 전략의 차이점을 요약하면 다음과 같다.

- 가치투자자들은 주식의 현재가치가 현재 가격에 비해 높다는 확신에서 주식을 매수한다(내재가치가 미래에 크게 성장할 것 같지 않아도 매수한다).
- 성장투자자들이 주식을 사는 이유는 가치가 미래에 빠르게 성장하여 상당히 높게 평가될 것이라고 믿기 때문이다(주식의 현재가치가 현재 가격에 비해 낮더라도 매수한다).

그러므로 내가 보기에 선택의 문제는 가치와 성장 사이에 있는 것이 아니라, 현재가치와 미래가치 사이에 있는 것이다. 성장투자는 미래에 실현될 수도 있고 실현되지 않을 수도 있는 기업의 실적에 투자하는 것인 반면, 가치투자는 기업의 현재가치 분석을 토대로 투자하는 것이다.

'중도(The Happy Medium)', 2004년 7월 21일 메모

가치투자를 고수하는 투자자는 미래에 대한 추측을 피하게 되고, 성장투자는 미래에 대한 추측만으로 하는 것이라고 말할 수 있으면 참으로 간단하겠지만, 이는 상당한 과장이라고 할 수 있다. 한 기업의 현재가치를 규명하려면 그 기업의 미래에 관한 견해가 필요하고, 결과적으로 예측 가능한 거시경제 환경, 경쟁력 있는 제품 개발, 과학기술의 발전 등을 고려해야만 한다. 내재가치만큼 지불한 안전한 투자일지라도 기업의 자산이 적자를 내는 운용이나 잘못된 인수를 통해 낭비된다면 실패를 면치 못할 수 있기 때문이다.

이처럼 가치와 성장 간에 두드러지는 차이점은 없으며 두 가지 모두 미래를 대상으로 한다. 가치투자자들은 기업의 잠재적인 성장에 대해 생각하고, GARP(Growth At Reasonable Price) 방식은 전적으로 가치에만 전념한다. 이는 어디까지나 정도의 문제이기는 하지만 다음과 같이 표현해도 무방할 것 같다. 성장투자는 미래와 관련 있는 것이고, 가치투자는 현재 고려할 사항들을 중요하게 생각하지만 미래와의 관계도 피할 수 없다는 것이다.

▶ ▶ ▶

성장투자의 극단적인 예를 들기 위해 니프티50가 미국 증권시장을 주도하던 당시로 가보겠다. 당시 니프티50의 유행은 가치투자의 개념과 반하는 전형을 보여주었고, 투자자들이 얼마나 성장투자에 치중했는지 잘 보여준다.

1968년 나는 첫 직장이었던 퍼스트내셔널씨티뱅크(First National City

Bank : 지금의 씨티뱅크)에서 투자 연구부서의 신입사원으로 채용되어 투자 관리 업무를 보게 되었다. 당시 씨티뱅크는 '니프티50 투자'로 알려진 방식을 따르고 있었는데, 이 전략의 주목적은 장기 수익 성장 가능성이 가장 큰 기업들을 찾는 것이었다. 씨티뱅크의 투자매니저들은 성장률 외에도 성장 예측이 현실화될 가능성이 높음을 의미하는 성장의 질(quality) 또한 강조했다. 기업이 빠른 속도로 양질의 성장을 하고 있다면, 주식에 얼마를 지불하든 그것은 문제되지 않는다는 것이 회사의 공식 견해였다. 현재 지표를 바탕으로 주식이 비싸다면 몇 년만 기다리면 그 가격만큼 성장할 것이기 때문이다.

당시도 지금처럼 성장주 포트폴리오는 제약, 기술, 소비재 쪽에 치중되었고, 씨티뱅크의 포트폴리오도 IBM, 제록스, 코닥, 폴라로이드, 머크(Merck), 일라이릴리(Eli Lilly), 에이본(Avon), 코카콜라, 필립모리스, 휴렛패커드, 모토롤라, 텍사스인스트루먼트(Texas Instruments), 퍼킨엘머(Perkin-Elmer)처럼 인지도 높은 브랜드를 모두 성장 전망이 밝은 훌륭한 미국 기업에 포함시켰다. 이 기업들이 잘못될 리는 없을 것이라고 여겨졌기 때문에, 이들 기업의 주식에 돈을 지불하는 일에 망설일 필요가 없었다.

그로부터 20년의 세월이 빠르게 흘렀고, 그 당시를 생각해보자. 위 기업들의 이름이 나열된 리스트에서 무엇이 보이는가? 당시 코닥과 폴라로이드 같은 기업은 누구도 예측하지 못했던 과학기술의 발달로 사업의 근간이 큰 타격을 입었고, IBM이나 제록스같이 움직임이 느린 기업들은 새로운 경쟁자들에게 사냥하기 좋은 먹잇감 신세가 되었다. 내가 투자업계에 종사한 지 42년이 된 이래, 과거 퍼스트내셔널씨티뱅크가 작성한 미국 최고의 기업 리스트는 도태와 파산이라는 악재를 맞아왔다. 오랫동안 고집해온 성장과 성장에 대한 정확한 예측 능력에 한계를 보여준 것이다.

가치투자에 비해 성장투자는 크게 상승할 종목을 찾는 데 집중한다. 하지만 그 상승이 가까운 장래에 일어나지 않는다면 미래를 짐작하느라 불확실성을 감수해야 하는 이유는 무엇인가? 여기에는 의심의 여지가 없다. 현재보다 미래를 아는 것이 더 어려우므로 성장투자자의 성공률은 낮을 수밖에 없지만, 성공하기만 하면 그로 인해 얻는 것은 더 많을 것이기 때문이다. 어느 기업이 가장 훌륭한 신약을, 좋은 컴퓨터를, 흥행하는 영화를 내놓을까를 정확히 예측하여 얻은 대가는 상당한 것이어야 한다. 일반적으로 성장에 대한 판단이 옳으면 그로 인한 상승 잠재력(upside potential : 기대할 수 있는 잠재적 가격 상승)은 좀 더 드라마틱하고, 가치에 대한 판단이 옳으면 그로 인한 상승 잠재력은 좀 더 지속적이다. 내가 추구하는 것은 '가치'이며, 이 책도 그런 드라마보다 지속성을 중요시한다.

▶ ▶ ▶

가치투자가 좋은 결과를 지속적으로 낼 수 있다면 가치투자가 쉽다는 의미일까? 이에 대한 대답은 "그렇지 않다"는 것이다. 가치투자에서는 가치를 정확하게 평가하는 것이 무엇보다 중요하다. 정확한 평가 없이 투자자로서 지속적인 성공을 희망하는 것은 말 그대로 희망에 지나지 않으며, 가치에 비해 더 많이 지불하거나 더 적게 지불하게 될 것이다. 당신이 가치를 초과하는 비용을 지불한다면, 이를 상쇄하기 위해서는 엄청난 가치 상승이 있거나, 강세 시장의 도움을 받거나, 아니면 당신보다 보는 눈이 없는 매수자(greater fool : 이른바 바보 중의 바보)가 나타나야 한다.

그뿐만이 아니다. 가치투자를 하기로 결심하고 증권이나 자산의 내재가치를 분석한다면, 다음으로 중요한 것은 그 자산을 계속 보유하는 것이다. 투자 세계에서는 무엇에 대해 옳은 것이 지금 당장 옳다고 입증되는 것과 전혀 상관없기 때문이다.

투자자로서 지속적으로 옳은 일을 하기는 어렵다. 또한 지속적으로 옳은 일을 때맞춰 하기란 아예 불가능하다. 대다수 가치투자자들의 바람은 자산의 가치에 대해 옳은 판단을 하는 것과, 이를 가치보다 더 싸게 살 수 있을 때 사는 것이다. 그러나 오늘 그렇게 한다고 해서 당장 내일부터 돈을 벌 수 있는 것은 아니다. 즉 가치에 대한 확고한 신념이 있어야만 수익이 발생하지 않는 기간을 버텨낼 수 있다.

당신이 어떤 물건의 가치를 80달러로 평가했는데, 그것을 60달러에 살 수 있는 기회가 있다고 가정해보자. 실제 가치보다 훨씬 싼 가격에 살 수 있는 기회가 매일 오는 것은 아니니, 당신은 이 기회를 마땅히 잡아야 한다. 워렌 버핏은 이런 기회를 "1달러짜리를 50센트에 사는 것"이라고 표현했다. 그러므로 일단 산 다음, 잘 샀다고 만족하면 된다. 하지만 당장의 성공을 기대하지는 마라. 종종 계속되는 불황 속에서 매수를 했다가 얼마 지나지 않아 손실을 보게 될 수도 있다. 이 같은 투자와 관련된 중요한 격언 하나가 생각난다. "시대를 너무 앞서 나가면 오히려 일을 그르칠 수 있다."

자, 이제 80달러의 가치가 있는 증권이 60달러에서 50달러로 떨어졌다. 당신이라면 어떻게 하겠는가?

우리는 미시경제학 입문에서 수요곡선이 우하향한다는 것을 배운다. 가격이 오를수록 수요는 줄기 때문이다. 다시 말해, 사람들은 어떤 것의 가격이 비쌀수록 원하지 않게 되고, 쌀수록 더 원하게 된다. 상품을 세일하는 상점들이 장사가 잘되는 것도 그런 이유에서다.

대부분의 곳에서는 이런 방식이 통용되지만 투자 세계에서는 항상 그렇지만은 않다. 많은 사람들이 자신이 매수한 주식의 가격이 오를수록 더 큰 애착을 느끼는 경향이 있다. 그리고 가격이 떨어지면 애착도 줄면서 매수를 왜 했는지 후회하기 시작한다. 이 때문에 보유하거나, 또는 더 싸게 더 많이 매수하는 것(이를 투자자들은 '물타기' 또는 '평저화(averaging down)'라고 부른다)이 어렵게 되고, 하락세가 계속될 것으로 확실시될 때 특히 그렇다. 60달러에 좋았던 물건이면 50달러로 떨어졌을 때는 더 좋을 것이고 40달러, 30달러로 떨어질수록 훨씬 더 좋을 것이다. 그러나 이는 말처럼 쉬운 것은 아니다. 손실에 마음 편해 할 사람은 아무도 없고, 결국 인간이라면 '옳은 건 내가 아니라 시장이 아닐까' 하고 의심하게 된다. 위험은 다음과 같은 생각을 하기 시작할 때 극대화된다. '정말 많이 떨어졌네. 0까지 떨어지기 전에 빠져나가야지.' 바로 이런 생각이 저점을 만들고, 사람들로 하여금 그 지점에서 매도하게 만든다.

수익이나 배당금, 가치평가, 사업 운영에 대한 정보가 없는 투자자들은 적절한 시기에 올바른 결정을 내리기 어렵다. 주변 사람들 모두가 주식을 사서 돈을 벌기 때문에, 언제 주가가 너무 비싼 것인지 알 수 없어서 시장에 동참하려고 하지 않는다. 그리고 시장이 급락할 때 이들은 가격이 폭락한 주식을 보유하거나 매수할 배짱 역시 없다.

'비이성적 과열', 2000년 5월 1일 메모

가치평가에 대해 정확한 의견이 있으되, 그에 대한 신념이 약하면 큰 도움이 안 된다. 한편 가치평가에 대해 정확하지 않은 의견을 갖고 있으면서, 그에 대한 신념이 확고하면 문제는 훨씬 더 심각해진다. 정확한 판단과 그에 맞는 신념의 결합이 얼마나 어려운지를 보여주는 대목이다.

▶ ▶ ▶

대부분의 투자자들(물론 아마추어 투자자들도 포함해서)에게 소위 자백약(truth serum : 사람들에게 진실을 말하게 하는 효과가 있는 약–옮긴이)을 주고 다음의 질문을 한다고 가정해보자. 즉 "당신의 투자 전략은 무엇인가?"라고 질문하면, 반드시 나오는 대답은 "가격이 오를 주식을 찾는다"일 것이다. 하지만 진지하게 수익을 추구한다면 보다 더 실재하는 것을 기반으로 해야 한다. 내 생각에 그 실재하는 것들 중에 가장 훌륭한 후보가 바로 내재가치이다. 내재가치의 정확한 평가는 지속적이고, 이성적이며, 잠재적으로 수익을 낼 수 있는 투자를 위해 꼭 필요한 기본 요소이다.

가치투자자들이 가장 큰 수익을 올릴 때는, 실제 가치보다 싸게 자산을 매입할 때, 물타기에 성공할 때, 자신의 분석이 옳다는 것을 입증할 때이다. 그러므로 하락장에서 수익을 내기 위해 필요한 요소 두 가지는 다음과 같다. 첫째, 내재가치에 대한 자신만의 견해가 있어야 한다. 둘째, 끝까지 그 견해를 고수해야 하고, 설사 자신이 틀렸음을 시사하는 가격 하락이 발생하더라도 자신의 견해대로 사야 한다. 아, 세 번째 요소도 있다. 그것은 바로 그 견해가 옳은 것이어야만 한다는 것이다.

가격과 가치 사이의 관계를 이해하라

투자의 성공은 '좋은 자산을 사는 것'이 아니라, '자산을 잘 사는 것'에서 나온다.

당신이 가치투자의 효과를 확신하게 되었고, 주식이나 다른 자산의 내재가치를 평가할 수 있는 능력이 있다고 해보자. 더불어 그 평가가 옳기까지 하다. 그러나 여기서 끝이 아니다. 앞으로 어떤 조치를 취해야 할지 알기 위해서는 자산 가격을 가치와 비교해서 볼 수 있어야 한다. 가치와 가격 사이에 건전한 관계를 확립하는 것은 성공적인 투자의 핵심이다.

가치투자자에게 투자의 시작은 가격이어야 한다. 너무 비싸게 매입하고도 나쁜 투자는 아닐 만큼 좋은 자산은 없으며, 충분히 싸게 매입하고도 좋은 투자가 아닐 만큼 나쁜 자산은 없다는 것이 거듭 증명된 바 있다. "우리는 A만 산다"라거나 "A는 최고의 자산군이야"라고 단호하게 말하는 것은, 마치 "우리는 어떤 대가를 치르더라도 A를 산다. B와 C 또는 D를 사기 이전에 어떤 대가를 치르더라도 A를 살 것이다"처럼 들린다. 그러나 이는 잘못된 판단일 뿐이다. 어떤 자산군이나 투자 대상도 고수익을 올릴 수 있는 선천적 권리를 가지고 있지 않다. 자산은 가격이 적당할 때만 매력적일 수 있는 것이다.

내가 만약 내 차를 팔겠다고 당신에게 제안하면, 당신은 구입 여부를 결정하기 전에 가격부터 물을 것이다. 마찬가지로 가격의 적정성에 대해 신중하게 고려하지 않고 투자를 결정하는 것은 참으로 어리석은 일이다. 1990년대 후반 테크주 사례에서 볼 수 있듯이, 사람들은 소유하고 싶은 것의 가치를 평가함에 있어 충분히 고려하지 않고 매입을 결정해 버린다(또한 1970년대와 1980년대 초기 정크본드(junk bond) 사례에서 볼 수 있듯이, 충분히 고려하지 않고 매입하지 않겠다고 결정해 버린다). 이에 대한 나의 결론은, 가격을 고려하지 않은 선택을 두고 옳고 그름을 평가하는 것은 의미가 없다는 것이다.

'가장 중요한 것', 2003년 7월 1일 메모

▶ ▶ ▶

어떤 자산을 살 때 그 자산의 가치에 합당한 가격을 지불하면, 그 자산의 리스크를 고려했을 때 그에 합당한 수익을 기대할 수 있다는 것이 효율적 시장가설의 기본 전제이다. 이는 완벽히 이치에 맞는다. 하지만 적극적인 투자자들은 합당한 위험 조정 수익 따위에는 관심이 없다. 이들이 바라는 것은 주목받을 만한 수익을 내는 것뿐이다(당신이 적정 수익에 만족하는 투자자라면 인덱스펀드 같은 소극적인 투자를 통해 골치 아픈 문제들을 줄이는 것이 어떤가?). 어떤 것을 내재가치에 맞는 가격을 주고 사는 것은 사실 크게 자랑할 일은 아니다. 그러나 가치에 비해 더 많이 지불하는 것은 실수임에 틀림없다. 지나치게 비싸게 주고 사서 성공까지 가려면 아주 열심히 노력하든가, 큰 운이 따라야 한다.

앞에서 언급한 니프티50를 기억하는가? 한창때 니프티50를 충실히 따랐던 기업들의 주가수익비율(PER)은 80~90배에 달한다. 이는 2차 대전 이후 주식의 평균 주가수익비율이 15배 전후였던 것과 매우 비교되는 수치다. 니프티50 추종자 중 누구도 가치가 과잉 평가되는 것에 걱정하지 않는 듯 보였다.

그로부터 불과 몇 년 후 모든 것이 변했다. 1970년대 초 주식시장은 침체되었고, 1차 오일파동(oil embargo), 치솟는 물가와 같은 외부 요인이 상황을 암울하게 만들었으며, 니프티50 종목들은 폭락했다. 80배에서 90배를 기록하던 주가수익비율은 몇 년 만에 8배에서 9배로 폭락했는데, 이는 미국 최고의 기업들에 투자하던 투자자들이 90퍼센트의 돈을 잃었다는 것을 의미한다. 이들이 훌륭한 기업에 투자한 것은 맞다고 볼 수 있지만, 결과적으로 잘못된 가격을 지불했던 것이 문제였다.

오크트리에서 우리는 종종 이런 말을 한다. "잘 사기만 하면 절반은 판 것이나 다름없다." 즉 보유 자산을 얼마에, 언제, 누구에게, 어떤 방법으로 팔지에 대해 고심하느라 많은 시간을 보내지 않아도 된다는 의미이다. 자산을 저가에 매수했다면 위의 문제들은 저절로 해결될 것이다. 내재가치의 평가가 정확하다면, 시간이 흐르면서 자산의 가격이 자산의 가치와 부합되어야 한다.

기업의 가치는 얼마나 될까? 결국 이 한마디로 가치투자의 핵심을 요약할 수 있다. 기업의 철학이 좋아서라거나, 사업이 좋아서 주식을 사는 것만으로는 충분하지 않다. 합리적인 가격(싸면 더 좋고)에 사야만 한다.

'버블닷컴', 2000년 1월 3일 메모

그렇다면 이제 해야 할 질문은 다음과 같다. 가격에는 어떤 요소가 포함되어야 하는가? 잠재 매수자가 가격이 적당한지 확실히 알기 위해서는 무엇을 보아야 하는가? 물론 내재가치가 바탕이 되어야 하겠지만, 증권 가격은 크게 두 가지 요인에 의해 영향을 받을 것이다. 그것은 심리와 기술적 요인이다. 단기 등락의 경우 주로 이 두 가지 요인에 의해 결정된다.

대부분의 투자자들이 이 기술적 요인에 대해 잘 모른다. 기술적 요인은 증권의 공급과 수요(거래량)에 영향을 미치는 (가치와 같은 기본적 요소와 상관없는) 기타 요소이다. 두 가지 예를 들어보겠다. 주식시장의 붕괴로 주식 강제 처분(부채 상환을 위해 어쩔 수 없이 주식을 매도하는 것—옮긴이)을 해야 하는 상황이 발생하면, 부채가 있는 투자자들은 마진콜(margin call : 주식담보대출 또는 선물 계약의 예치 증거금이나 펀드의 투자 원금에 손실이 발생할 경우 이를 보전하라는 요구—옮긴이)을 받아 주식을 모두 매각 처분하고, 포트폴리오 매니저들이 매수할 수 있도록 뮤추얼펀드로 자금이 유입된다. 두 경우 모두 사람들은 가격에 상관없이 증권 거래를 해야 하는 상황에 처하게 되는 것이다.

단언하건대, 이 기간 동안 가격에 상관없이 강제로 매각해야 하는 사람으로부터 매수하는 것보다 더 좋은 것은 없다. 지금까지 우리가 했던 최고의 거래들 중에 많은 경우가 이런 식으로 일어났다. 이때 두 가지 생각해볼 것이 있다.

- 어쩔 수 없이 매도하는 사람에게서 매수하고, 어쩔 수 없이 매수해야 하는 사람에게서 매도하는 것은 직업이 될 수 없다. 이런 경우는 흔치 않으며 위기나 거품이 발생하는 극단적인 상황에만 일어나기 때문이다.
- 어쩔 수 없이 매도하는 사람에게서 매수하는 것은 최고의 상황이지만, 반대로 어쩔 수 없이 매도하는 사람이 되는 것은 최악의 상황이다. 그러므로 최악의 시기에도 상황을 잘 정리하여 주식을 팔지 않고 보유할 수 있어야 한다. 그러기 위해서는 장기 자본과 강한 의지력이 필요하다.

이제 가격에 큰 영향을 끼치는 두 번째 요인으로 넘어가겠다. 바로 심리다. 심리의 중요성에 대해서는 아무리 강조해도 지나치지 않다. 따라서 이후 몇 개의 장을 할애해 투자자 심리와 그로 인해 발생하는 현상에 대처하는 방법에 대해 논의하겠다.

가치를 평가하는 핵심이 숙련된 재무 분석에 있는 반면, 가격과 가치의 관계(그에 대한 예측도 함께)를 이해하는 핵심은 대체로 다른 투자자들의 심리를 간파하는 데 있다. 투자자 심리는 단기적으로 증권 가격의 기본 요소(가치)와 관계없이 얼마든지 영향을 끼칠 수 있다.

투자에서 가장 중요한 분야는 회계나 경제학이 아니라, 심리학이다. 중요한 것은 현재 누가 이 투자 대상에 관심을 두고 있으며, 누가 관심을 두지 않는가이다. 미래의 가격 동향은 해당 자산을 매입하고 싶어 하는 사람이 앞으로 더 많아질지, 아니면 더 줄어들지에 달려 있기 때문이다. 투자는 일종의 인기도 테스트로 가장 위험한 행동은 최절정의 인기에 있을 때 자산을 사는 것이다. 그 시점이면 자산에 대한 장점과 호평이 이미 가격에 포함되어 있고, 매입할 사람은 더 이상 남아 있지 않게 된다. 아무도 관심을 보이지 않을 때 사는 것이 가장 안전하고 잠재 수익도 가장 높다. 충분한 시간을 두고 기다리면 투자대상의 인기, 가격 등이 오를 수밖에 없다.

'투자하기 좋은 시기에 대한 단상', 1994년 1월 24일 메모

투자자 심리가 매우 중요하면서도, 완벽하게 파악하기가 극도로 어려운 영역이라는 것은 여전히 확실하다. 첫째 심리란 뜬구름 같은 것이고, 둘째 다른 투자자들의 심리를 압박하고 행동에 영향을 미치는 심리적 요인들이 당신의 심리 또한 압박할 것이기 때문이다. 이 책의 뒷부분을 보면 알겠지만, 이런 영향 때문에 사람들은 훌륭한 투자자가 해야 할 행동과 반대로 움직이는 경향이 있다. 따라서 스스로를 보호하는 차원에서라도 시장의 심리를 이해하기 위해 시간과 에너지를 투자해야 한다.

내재가치는 당신이 증권을 사는 날 증권 가격을 결정하는 요인 중에 하나일 뿐이라는 점을 반드시 이해하고, 심리와 기술적 요인을 자신의 이점으로 활용할 수 있어야 한다.

▶ ▶ ▶

성실한 가치투자의 정반대는 가격과 가치 사이의 관계가 철저히 무시된 채 발생한 거품을 아무 생각 없이 좇는 것이다. 모든 거품은 작은 진실로부터 시작된다.

- 튤립은 아름답고 귀하다(17세기의 네덜란드 튤립 투기 사례).
- 인터넷이 세상을 바꿀 것이다.
- 부동산은 계속해서 상승할 것이며, 우리에겐 살 집이 필요하다.

소수의 현명한 투자자들은 이런 진실을 이해하고(어쩌면 예견하고) 자산에 투자하여 수익을 내기 시작한다. 그러면 다른 사람들이 이 상황에 대해 파악하고 (아니면 단지 사람들이 돈을 버는 것을 알고서) 그들을 따라 같은 자산을 사면서 자산의 가격은 오른다. 하지만 가격이 좀 더 오르면서 투자자들은 쉽게 돈을 벌 수 있을 거라는 가능성에 더욱 격앙되어 시장 가격이 적당한지에 대해서는 점차 생각하지 않게 된다. 앞에서 말한 극단적인 상황이 발생하는 것이다. 어떤 물건의 가격이 오르면 사람들이 이를 덜 찾기 마련이지만, 투자에서는 가격이 오를수록 더 찾는 경향이 있다.

예를 들어 2004년부터 2006년까지 사람들은 주택과 아파트에 대해 좋은 점만을 생각했다. 주택 소유라는 아메리칸드림에 동참하고 싶다는 열망, 물가 상승의 혜택을 누릴 수 있을 것이란 기대, 주택담보대출 이자가 싸고 소득공제를 받을 수 있다는 사실, 그리고 '주택 가격은 계속 오르기만 할 것'이라는 생각이 일반적으로 인정되는 상황이었다. 그러나 그 다음 이야기가 어떻게 전개되는지는 우리 모두 잘 알고 있다.

'손실이 날 리가 없지'라는 식의 부적절한 사고방식은 결국 어떤 결과를 낳았는가? 테크주 거품에서 매수자들은 다른 누군가가 자신의 주식에 더 큰 돈을 지불할 것이라는 확신이 있었기 때문에, 주가가 너무 비싸지는 않은지에 대해 걱정하지 않았다. 그러나 불행하게도 '더 큰 바보' 이론(The greater fool's Theory)에도 한계는 있다. 마침내 가치에 대한 평가가 작동되기 시작하면서 궁지에 몰린 사람들은 자신들이 초래한 결과를 받아들여야만 했다.

- 주식의 긍정적인 면들이 진짜라고 해도, 가치보다 큰 금액을 지불하면 손실이 발생할 수 있다.
- 그런 긍정적인 면들, 그리고 다른 사람들이 누리고 있는 것으로 보이는 엄청난 수익 때문에 테크주를 사지 않겠다고 결심한 사람들도 결국엔 굴복하게 된다.
- 자산 관련 종목, 집단, 시장의 '고점'은 시장 참가를 거부했던 마지막한 사람이 주식을 사면서 찍게 된다. 그 시기는 대체로 주식의 내재가치 변화와 무관하다.
- '가격이 너무 비싸'는 '이제 떨어질 거야'와 같은 말이 아니다. 비싼 가격이 오래갈 수도 있고, 그보다 더 비싸질 수도 있다.
- 결국, 그래도 내재가치가 문제가 된다.

'버블닷컴', 2000년 1월 3일 메모

문제는 거품이 생기면 '매력적인'이 '어떤 대가를 치르더라도 매력적인'으로 바뀐다는 것이다. 사람들은 종종 다음과 같이 말한다. "값이 싸지는 않지만 과잉 유동성(excess liquidity : 통화량 공급이 수요보다 큰 상태-옮긴이)이나, 다른 많은 이유들 때문에 가격은 계속 오를 거야." 이 말을 다르게 표현하면 이렇다. "받을 수 있는 만큼 다 받는군. 하지만 더 오르겠지." 그러나 이런 근거를 바탕으로 매수하거나 보유하는 것은 극도로 위험하며, 결국 거품이 발생한다.

거품이 발생하면 시장 모멘텀(market momentum : 주가가 한 방향으로 꾸준히 움직이는 경향-옮긴이)의 열풍이 가치와 적정가가 있던 자리를 차지하고, 탐욕은 (다른 사람들이 쉽게 돈을 버는 것 같은 모습을 그냥 보고만 있어야 했던 고통도) 분별력을 흐린다.

요약해보면, 확실한 가치를 기반으로 한 투자 전략이 가장 신뢰할 만하다. 반대로 가치를 무시한 채 이익만을 위해 다른 어떤 것(거품)에 의지하는 방법은 가장 신뢰할 수 없는 방법이다.

▶ ▶ ▶

투자수익을 낼 수 있는 방법에 대해 몇 가지 정리해보면 다음과 같다.

- 자산의 내재가치 상승으로 얻는 혜택 : 문제는 가치 상승을 정확히 예측하기 어렵다는 점이다. 게다가 상승 잠재력에 대한 일반적인 견해가 자산 가격에 대체로 반영되기 때문에, 당신의 견해가 시장이나 직장 상사의 견해와 다르지 않다면 당신은 이미 그런 잠재력에 대해

비용을 지불하고 있을 가능성이 크다. 어떤 투자에서는, 즉 사모펀드(private equity)와 부동산 투자에서는 소위 '지배주주(control investor)'들이 가치를 상승시키기 위한 노력으로 자신의 자산을 적극적으로 운용할 수 있다. 이는 충분히 시도할 만한 가치가 있지만 시간이 소모되고, 불확실하고, 상당한 전문성을 요하는 일이기도 하다. 그리고 이미 좋은 기업이라면 더 이상의 상승이 힘들 수도 있다.

- 레버리지 이용 : 문제는 레버리지를 이용한다고 해서 더 나은 투자가 되는 것이 아니며, 수익 가능성을 증가시키지도 않는다는 것이다. 대신 수익이나 손실을 확대시킬 뿐이다. 그리고 시장에서 가격이 하락하고 유동성이 감소하는 경우, 레버리지가 들어간 포트폴리오가 계약상의 가치평가를 만족시키지 못해 금융기관이 그 즉시 자금을 회수한다면 파산할 위험이 따른다. 지난 몇 년간 레버리지는 고수익 뿐만 아니라 규모가 큰 대부분의 폭락, 붕괴와 관련이 있었다.

- 가진 자산을 가치보다 비싸게 매각하는 것 : 모든 사람들이 자신이 매각하려고 내놓은 자산에 매입자가 선뜻 가치 이상의 액수를 지불하기를 바란다. 하지만 그렇게 호락호락 속아주는 사람이 있기를 기대해서는 안 된다. 가치에 비해 너무 저가인 자산이 적정 가치를 지향하는 것과 달리, 적정 가격이거나 너무 고가인 자산에 가치 상승을 기대하는 것은 매입자의 입장에서 보면 불합리한 상황을 요구하는 것이다.

- 가치에 비해 저가로 사는 것 : 내 생각에는 이 방법이 가장 믿을 수 있는 수익 창출 수단이다. 내재가치보다 저가로 매입하는 것과 자산 가격이 가치를 지향하도록 하는 것은 뜻밖의 행운을 필요로 하지 않

는다. 단지 시장 참가자가 현실을 직시하는 것이 필요할 뿐이다. 시장이 제대로 기능할 때 가치는 가격 형성에 큰 영향력을 행사한다.

투자수익을 낼 수 있는 모든 방법들 중에 저가 매수가 가장 신뢰할 만하다는 말을 위에서 했지만 이조차도 확실한 것은 아니다. 현재가치에 대해 잘못 평가할 수도 있고, 가치를 하락시키는 사건이 발생할 수도 있기 때문이다. 또는 사고방식이나 시장이 퇴보하여 자산이 가치보다 훨씬 못 미치는 가격에 팔릴 수도 있다. 그도 아니면 가격과 내재가치가 하나로 합쳐지는 데 생각보다 오랜 시간이 걸릴 수도 있다. 존 메이너드 케인스(John Maynard Keynes)가 지적했듯이, "시장은 생각만큼 합리적이지 않아서, 당신의 (부채) 상환 능력이 바닥날 때까지 비합리적인 상태로 있을 수 있다."

가치보다 싸게 사려는 노력이 실패할 때도 있지만, 그것이 우리가 할 수 있는 최선의 선택이다.

리스크란 무엇인가?

> 위험이란, 일어날 일보다 더 많은 일이 일어날 수 있음을 의미한다.
> ●엘로이 딤슨, 런던비즈니스스쿨 교수

투자는 정확히 한 가지로 이루어진다. 바로 미래를 상대하는 것이다. 문제는 우리 누구도 미래에 대해 확실히 알지 못하므로 리스크를 피할 수 없다는 것이다. 따라서 리스크에 대처하는 것은 투자의 필수 요소다. 가격이 오를 투자 대상을 찾는 것은 그리 어려운 일만은 아니다. 만약 당신이 이런 대상을 충분히 찾을 수 있다면, 당신은 옳은 방향으로 가고 있는 것이다.

그러나 리스크에 확실하게 대처하지 않는다면 장기간 성공하지는 못한다. 그렇기에 첫 번째로 해야 할 일은 리스크를 이해하는 것이며, 두 번째는 리스크가 높을 때 그것을 인지하는 것이고, 가장 중요한 세 번째는 리스크를 제어하는 것이다. 리스크는 매우 복잡하고 중요한 문제이므로 세 개의 장에 걸쳐서 집중적으로 분석하겠다.

▶ ▶ ▶

리스크 평가가 투자 프로세스에서 필수적으로 다뤄야 할 요소라고
말하는 데는 세 가지 중요한 이유가 있다.

첫째, 리스크는 나쁜 것으로 간주되며, 대부분의 신중한 사람들은
이를 회피하거나 최소화하고 싶어 한다. 재무이론의 기본 전제 중 하
나가 사람들은 자연스럽게 위험을 회피하는 경향이 있기 때문에, 리스
크가 많은 것보다는 적은 것을 택한다는 것이다. 따라서 특정 투자 대
상을 고려하고 있는 투자자는 자신이 선택한 대상에 얼마큼의 리스크
가 존재하는지, 그 리스크를 감수할 수 있을지에 대해 판단해야 한다.

둘째, 어떤 투자 대상을 고려하는 중일 때 당신의 결정은 잠재 수익
뿐만 아니라, 그에 수반되는 리스크도 직시하려는 노력을 해야 한다.
투자자라면 누구나 리스크를 기피하기 때문에, 투자자들에게 보다 큰
리스크를 부담하게 하려면 보다 높은 예상 수익을 제시함으로써 이들
을 끌어들여야 한다.

예를 들어 미국 국채와 소기업 주식이 모두 연 7퍼센트 수익이 날
것으로 예상된다고 할 때, 모두가 리스크가 낮은 미국 재무부 채권을
사려고 몰려들 것이고(이 때문에 결과적으로 가격은 오르고 예상 수익은 감소하게
될 것이다), 소기업 주식은 팔아치우려고 할 것이다(따라서 가격은 하락하고
수익은 증가하게 될 것이다). 이처럼 상대적인 가격을 조정하는 과정, 즉 경
제학자들이 말하는 소위 '평형화(equilibration)'는 리스크에 비례하는 예
상 수익을 제공해야 한다. 그러므로 투자자가 투자에 수반되는 절대량
의 리스크를 부담할 수 있을지를 결정하는 것 이상으로 꼭 해야 할 두

번째 일은, 투자수익이 그에 따르는 리스크 감수를 정당화하는지 알아내는 것이다. 수익은 투자와 관련된 이야기의 절반만을 말해주므로 리스크 평가는 꼭 필요하다.

셋째, 투자 결과를 검토할 때 결과 하나만으로도 많은 것을 알 수 있기는 하지만, 투자를 하면서 감수했던 리스크 역시 꼭 평가해야 한다. 가령 '투자 결과는 안전한 수단과 위험한 수단 중에 어떤 것을 통해 도출되었는가? 채권을 통해서인가, 아니면 주식을 통해서인가? 규모가 크고 인정받는 회사를 통해서인가, 아니면 작고 불안한 회사를 통해서인가? 유동 주식과 유동 채권을 통해서인가, 아니면 3자배정 사모펀드를 통해서인가? 레버리지의 도움을 받았는가, 받지 않았는가? 포트폴리오는 집중과 분산 중 어떤 전략을 택했는가?'를 평가해야 한다.

거래 명세서를 받고 그해 자신의 투자가 10퍼센트의 수익을 올린 것을 확인한 투자자들은 자신의 매니저가 잘한 건지 못한 건지 알 수 없다. 보다 확실한 결론에 이르려면 매니저가 얼마큼의 리스크를 감수했는지를 알아야 한다. 즉 '위험 조정 수익'을 평가할 수 있어야 한다.

[그림 5.1]은 투자업계 어디서든 쉽게 볼 수 있는 그래프로 리스크와 수익 사이의 관계를 나타낸 것이다(65페이지 참조). 그래프에서 우상향하는 자본시장선(capital market line)은 리스크와 수익의 양의 관계를 의미한다. 시장은 스스로 이 같은 상황을 만들어 리스크가 큰 자산일수록 높은 수익을 제공한다. 그렇지 않다면 리스크가 큰 자산을 누가 사려고 하겠는가?

리스크-수익 관계를 간단명료하게 나타낸 위 그래프로부터 불행히도 많은 이들이 잘못된 결론을 도출하는 실수를 저지름으로써 곤경에

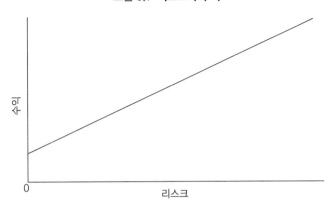

그림 5.1 **리스크와 수익**

(세로축: 수익, 가로축: 리스크, 원점: 0)

빠졌다.

특히 경기가 호황일 때는 모든 사람들이 이런 말을 듣는다. "리스크가 높은 투자일수록 수익도 높다. 만약 당신이 더 큰 수익을 올리고 싶다면, 정답은 더 큰 리스크를 부담하는 것이다." 하지만 리스크가 높을수록 수익을 많이 보장하는 것은 절대 아니다. 왜냐고? 이유는 간단하다. 위험한 투자일수록 수익도 확실히 크다면, 이는 확실한 투자이지 위험한 투자가 아니기 때문이다.

좀 더 명확히 말하면, 자본을 유치하기 위해 리스크가 큰 투자들은 더 큰 수익을 낼 수 있다는 전망, 약속, 기대감을 제공해야만 한다. 그러나 더 큰 예상 수익이 실제 현실이 될 것인지에 대해서는 뭐라 할 말이 없다. 내 방식대로 다시 그린 자본시장선([그림 5.2] 참조)을 참고하면 수익과 리스크의 관계를 좀 더 쉽게 이해할 수 있을 것이다.

위 그래프에서 알 수 있듯이, 리스크가 클수록 투자 결과는 불확실해진

그림 5.2 **리스크와 수익**

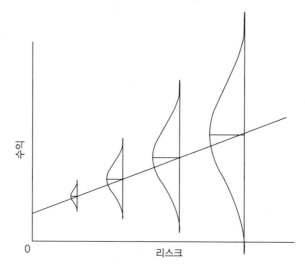

다. 즉 수익의 확률분포(가능한 모든 확률변수)가 더 넓다. 적정 가격으로 투자하는 경우 리스크가 클수록 다음을 포함해야 한다.

- 기대 수익의 증가
- 수익이 하락할 가능성
- 경우에 따른 손실 가능성

[그림 5.1]과 같이 전통적인 리스크와 수익 그래프는 리스크와 수익 사이의 양의 관계는 보여주되, 그 관계가 얼마나 불확실한지는 보여주지 않는다는 점에서 문제가 있다. 또한 리스크가 클수록 수익도 크다는 점을 끊임없이 시사함으로써 수많은 사람들에게 불행을 안겨주었다. 그런 점에서 내가 제시한 그래프가 투자자들에게 좀 더 도움이 되기를 바

란다. 리스크와 예상 수익 사이의 양의 관계뿐만 아니라, 리스크가 증가함에 따라 수익에 대한 불확실성과 손실 가능성이 증가한다는 사실을 알 수 있을 것이다.

'리스크', 2006년 1월 19일 메모

▶ ▶ ▶

다음에 살펴볼 중요한 일은 다름 아닌 리스크를 정의하는 것이다. 리스크에는 정확히 어떤 것들이 포함되는가? 이는 리스크의 동의어인 '위험'이라는 뜻을 가진 단어들, 즉 'danger, hazard, jeopardy, peril'에서 힌트를 얻을 수 있다. 그러나 이 단어들 모두 리스크를 정의하는 데는 도움이 되겠지만 우리에게 필요한 답을 주지는 못한다.

그럼에도 불구하고 재무이론([그림 5.1]의 리스크-수익 그래프와 위험 조정의 개념을 만든 것과 같은 이론)에서는 리스크를 정확히 변동성(즉 가변성이나 편차)이라고 정의한다. 그러나 변동성, 가변성, 편차 그 어느 하나도 '위험'하다는 느낌을 전달하지는 못한다.

자본시장 이론을 발전시킨 학자들에 따르면, 변동성은 투자의 불확실성을 나타내므로 리스크는 변동성과 같다. 나는 이 리스크의 정의에 반론을 제기한다. 학자들이 고의든 아니든 편의상 변동성을 리스크의 대체 개념으로 지정했다는 것이 내 의견이다. 이들에게는 객관적이면서, 과거를 통해 확인이 가능하고, 미래에 대해 추정이 가능한 계산을 하기 위해 숫자가 필요했다. 변동성은 이를 충족시키지만 다른 유형의 리스크는 수치로 나타낼 수가 없다. 그러나 이 모든 것의 문제는, 대부분의 투자자들이 가장 신경 쓴 것이 변동성이 아니었다는 것이다.

리스크에는 많은 종류가 있지만 변동성은 그중에서 가장 리스크와 거리가 멀다. 이론에 의하면 투자자들은 변동성이 큰 투자일수록 더 많은 수익을 요구한다. 그러나 시장이 투자비용을 정하는 방식이 변동성이 큰 투자일수록 높은 수익을 창출하는 것이라면, 그런 변동성-수익 관계를 요구하는 사람들이 있어야 하는데 나는 아직 그런 사람을 만나본 적이 없다. 오크트리에서, 그리고 다른 어떤 곳에서도 누군가가 "가격을 보니 큰 변동이 있겠군. 사면 안 되겠어"라거나 "이번 분기에 하락할지도 모르니 안 살 거야"라고 말하는 것을 들어본 적이 없다. 그러므로 나로서는 변동성이 투자자들이 가격이나 예상 수익을 결정할 때 고려하는 리스크라고 믿기 어렵다.

나는 투자자들이 변동성에 대한 우려보다는 자본금 손실에 대한 걱정이나, 수익률이 너무 낮아서 투자를 하지 않는다고 생각한다. "돈을 잃을지도 모르니 좀 더 큰 상승 잠재력이 필요해"가 "가격 변동이 있을지도 모르니 좀 더 큰 상승 잠재력이 필요해"보다 훨씬 더 말이 된다. 따라서 리스크는 절대적으로 돈을 잃을 가능성이라고 확신한다.

'리스크', 2006년 1월 19일 메모

나와 오크트리, 내가 아는 모든 현실적인 투자자들이 걱정하는 것은 영구 손실에 대한 가능성이다. 그러나 리스크에는 이것 말고도 많은 종류가 있으므로, 우리는 모든 종류의 리스크를 의식해야 한다. 리스크가 당신에게 영향을 미칠 수도 있고, 다른 사람들에게 영향을 미쳐 당신에게 수익을 올릴 수 있는 기회를 줄 수도 있으니 말이다.

투자 리스크는 다양한 유형으로 나타난다. 그중에는 어떤 투자자에게
는 문제가 되지만 나머지 투자자에게는 문제가 되지 않는 리스크도 있
고, 어떤 투자 대상에는 안전할 수 있지만 나머지 투자 대상에는 위험
할 수 있는 리스크도 있다.

- 목표에 못 미치는 것 : 투자자들의 요구는 저마다 다르고 각각의 투자
  자들에게 그런 요구가 충족되지 못하는 것은 리스크로 인식된다. 가
  령 은퇴한 경영자가 생활비를 충족하기 위해서 연 4퍼센트의 수익이
  필요하다면 6퍼센트는 예상 밖의 수익이 된다. 그러나 연평균 8퍼센
  트가 되어야 하는 연금펀드의 수익이 장기적으로 6퍼센트밖에 안 되
  면 심각한 리스크가 된다. 이 리스크는 절대적이고 객관적인 것이 아
  니라, 개인적(상대적)이고 주관적이다. 이처럼 다른 사람들에게는 전
  혀 위험하지 않은 투자가, 어떤 사람들에게는 위험할 수도 있다. 그
  러므로 이런 것은 시장이 더 큰 예상 수익의 형태로 보상을 원하는
  리스크일 리 없다.
- 저조한 성과 : 고객의 자산관리 계좌가 얼마나 잘 운용되고 있는지와
  상관없이, 고객으로부터 더는 나올 돈이 없는 것을 투자매니저가 알
  고 있지만, 고객의 계좌가 일부 지수를 따라가지 못하면 손실이 생길
  것이 확실하다고 가정해보자. 이를 '벤치마크 리스크(benchmark risk)'
  라고 하는데, 이런 경우 투자매니저는 해당 지수를 모방하는 것으로
  손실을 피할 수 있다. 그러나 초과 성과를 포기하기 싫은 모든 투자

자들과, 지수를 따르지 않기로 한 투자자들은 상당히 성과가 저조한 시기를 보내게 될 것이다. 사실상 최고의 투자자들 가운데 많은 이들이 자신의 전략을 지나치다 싶게 고수하기 때문에, 그리고 어떤 전략도 늘 효과가 있는 것은 아니므로 이들 역시 저조한 성과 때문에 힘든 시기를 겪을 수 있다. 특히 혼란스러운 시기에 숙련된 투자자들은 수익률을 떨어뜨리지 않기 위해 충분한 리스크를 감수하지 않는 리스크를 받아들인다(1999년 워렌 버핏과 줄리안 로버트슨(Julian Robertson)의 사례를 보라. 그해 저조한 성과는 테크주 거품에 동참하지 않았음을 의미하는 일종의 훈장이었다).

- 경력 리스크 : 저조한 성과 리스크의 극단적인 형태로, 자금을 관리하는 사람과 자금의 주인이 다를 때 이 리스크가 증가한다. 매니저 (또는 에이전트)는 자신에게 오지 않을 수익에 대해 크게 신경 쓰지 않지만, 자칫 직장을 그만둬야 할 정도의 손실이 발생하는 것에 대해서는 극도로 민감할 수 있다. 결론은 확실하다. 에이전트를 해고시킬 수 있을 정도로 수익을 위태롭게 할 수 있는 리스크는 감수할 가치가 없다.

- 이례성 : 다르다는 것이 리스크가 될 수 있다. 다른 사람의 돈을 관리하는 사람들은 이례적인 행동으로 실패하여 해고를 당하는 것보다, 절대적 기준으로 어디에 위치하든 상관없이 그저 평균 성과를 내는 것에 더 마음 편할 수 있다. 많은 사람들이 이 리스크에 대한 걱정으로 인해 눈에 띄는 결과로부터 멀어지기도 하지만, 과감하게 남다른 방식을 선택하는 사람들은 그 이례성 때문에 좋은 기회를 만들기도 한다.

- 비유동성 : 어떤 투자자가 3개월 안에 수술비용이 필요하거나 1년 안에 집을 사야 한다면, 이 투자자는 그에 맞는 유동성을 가진 투자를 해야 할 것이다. 그러므로 이 투자자의 리스크는 투자금 손실이나 변동성, 또는 위에서 언급한 것 중에 그 어느 것도 아니다. 이 투자자에게는 필요할 때 투자 대상을 적정가로 현금화할 수 없는 것이 리스크이며, 이 또한 개인적인 리스크이다.

'리스크', 2006년 1월 19일 메모

▶ ▶ ▶

이번에는 '무엇이 손실 위험을 낳는가'라는 주제로 잠시 이야기해보고자 한다.

첫째, 손실 위험은 꼭 펀더멘털(fundamental : 기초 경제 여건)이 부실해서 생기는 것은 아니다. 근본적으로 부실한 자산, 이를테면 그저 그런 기업의 주식, 투기등급 채권, 목이 안 좋은 건물 등이라도 충분히 저가에 매입한다면 매우 성공적인 투자가 될 수도 있다.

둘째, 리스크는 거시 환경 속에서 약점이 없어도 발생할 수 있다. 자만심, 리스크를 모른 채 수용하는 것, 거기에 약간이라도 불리한 상황이 전개되는 것. 이 세 가지가 합쳐지면 얼마든지 큰 피해가 발생할 수 있다. 이는 자신의 포트폴리오가 어떻게 운용되는지를 이해하는 데 시간과 노력을 들이지 않는 사람이라면 누구에게나 일어날 수 있다.

손실 위험은 주로 지나친 낙관 심리, 그리고 그로 인해 지나치게 상승한 가격에 원인이 있다. 투자자들은 흥미진진한 이야기와 높은 예상 수익으로 인한 활기를 연관 짓는 경향이 있다. 또한 최근 계속해서 성과가 좋은 투자로부터 높은 수익을 기대한다. 이렇게 엔진이 달궈진 투자는 한동안은 사람들의 기대에 부응할 수 있겠지만 틀림없이 높은 리스크를 수반하고 있다. 다수의 열기에 한껏 고조되어 내가 '인기정상(pedestal of popularity)'이라고 부르는 데까지 도달하는 투자들은 지속적으로 고수익을 낼 가능성뿐만 아니라, 낮거나 부정적인 수익을 낼 가능성도 제공한다.

이론에 따르면 리스크를 보상하기 위해 고수익이 존재하는 것이기 때문에 고수익과 고리스크는 관련이 있다. 하지만 현실적인 가치투자자들은 이와 반대로 생각한다. 이들은 어떤 자산을 가치보다 싸게 매입함으로써 고수익과 저위험이 동시에 달성될 수 있다고 믿는다. 마찬가지로 가치보다 비싼 가격을 지불하는 것은 저수익과 고리스크 두 가지 모두를 의미한다.

매출이 저조하고, 관심의 대상도 아니며, 평판이 안 좋아서 절가(가격이 깎인)된 증권, 즉 실적이 좋지 않다는 이유로 종종 저가 매수의 대상이 되는 증권은 가치투자자들이 고수익을 내기 위해 선호하는 투자 대상이다. 이런 증권의 수익은 강세장에서 고점을 찍는 일은 드물어도 실적이 대체로 뛰어나고, 활황주의 실적보다 지속적이며, 변동성과 기본적인 리스크가 낮고, 시장이 불황일 때 손실이 더 적다는 특징이 있다. 이렇듯 빛을 못 보고 있는 저가 투자 대상의 가장 큰 리스크는 과열된 강세장에서 저조한 성과를 낼 가능성에 있다. 이는 리스크에 민감한 가치투자자라면 떠안고 가야 할 문제이다.

▶ ▶ ▶

리스크가 크다는 것이 감지된 투자에 대해 투자자들이 예상 수익을 더 많이 바라게 되고, 또 바라야 한다는 것에는 모두가 동의할 것이라고 믿는다. 따라서 투자금 손실은 투자자들이 예상 수익에 대한 기대와, 그에 따라 투자비용을 정할 때 가장 신경 쓰는 리스크라는 것에도 동의할 수 있을 것이다. 여기서 중요한 질문이 하나 더 제기된다. '리스크는 어떻게 평가해야 하는가?'이다.

첫째, 그것은 견해상의 문제일 뿐이라는 점이다. 리스크 평가가 학식과 기술을 이용하여 미래를 추정하는 것이길 바라지만, 그래도 추정은 추정일 뿐이다.

둘째, 계량적 기준은 존재하지 않는다는 점이다. 특정 투자에 대해 어떤 이들은 리스크가 높다고 생각할 것이고, 어떤 이들은 낮다고 생각할 것이다. 어떤 이들은 리스크를 수익 가능성이 없는 것이라고 말하고, 어떤 이들은 자신이 투자한 금액의 일부를 손실할 가능성이라고 말할 것이다. 어떤 이들은 리스크를 1년 동안 자금 손실 리스크가 있는 것이라고 생각할 것이고, 어떤 이들은 전체 보유 기간 동안 자금 손실 리스크가 있는 것이라고 생각할 것이다. 분명한 것은 모든 투자자들이 한 방에서 만나 자신이 가진 카드를 공개한다고 했을 때, 투자 리스크가 얼마나 되는지 자신의 의견을 나타내는 숫자가 하나로 통일될 일은 절대로 없을 것이란 점이다. 설사 하나의 숫자가 공통적으로 나온다 해도, 그 숫자가 다른 투자자 그룹이 내놓은 단일 숫자나, 다른 투자에 대해 내놓은 단일 숫자와 같을 수는 없을 것이다. 이것이 내가 리스크와 리스크 · 수익에 대한 결정을 기계로 뽑듯이 간단하게 할 수 없으며 컴퓨터에 전가할 수 없다고 말하는 이유 중에 하나다.

벤저민 그레이엄과 데이비드 도드(David Dodd)는 60년 전에 가치투자자들의 바이블 격인 《증권분석》 재판에서 이렇게 말했다. "다른 종류의 투자 대상들과 각각의 손실 위험 사이의 관계는 너무나 막연하고 변동이 심해서 수학 공식 같을 수 없다."

셋째, 리스크는 믿을 수 없는 것이다. 평소 반복되는 사건이 또다시 일어날 가능성처럼 일반적인 사항들은 계산에 넣기 쉽지만, 이례적이고 일생에 한 번 있을까 말까 한 사건들은 계량화하기 힘들다. 즉, 발생 확률이 낮은 특히 심각한 리스크(나는 이를 믿기 힘든 불행이라고 부른다)에 투자가 영향을 받는다는 것은, 사실은 리스크가 실제보다 더 안전해 보일 수 있다는 것을 의미한다.

요약하건대, 미래를 예측할 때 많은 리스크가 주관적이고, 보이지 않으며, 계량화될 수 없다는 것이다.

그렇다면 우리는 어떻게 해야 하는가? 손실 위험을 측정할 수 없고, 계량화할 수도 없으며, 심지어 눈에 보이지도 않는다면(게다가 주관적인 문제라면), 이에 어떻게 대처해야 할까? 실력이 출중한 투자자들의 경우 주어진 상황에 어떤 리스크가 존재하는지 짐작할 수 있다. 그들은 주로 가치의 안정성과 신뢰성, 그리고 가격과 가치의 관계를 토대로 리스크에 대한 판단을 한다. 물론 다른 것도 고려하겠지만, 대부분 이 두 가지에 포함되기 때문이다.

최근 들어 리스크 평가를 좀 더 과학적으로 하기 위한 노력이 행해지고 있다. 금융기관들은 자체적인 자산관리팀과는 별도로 금융공학에 능통한 리스크 매니저들을 고용하기도 하고, 포트폴리오의 리스크를 측정하기 위해 VaR(Value at Risk : 정상적인 시장 여건과 일정한 신뢰 수준하에서 목표한 보유 기간 동안 발생되는 최대 손실 금액—옮긴이) 같은 전산 모델을 채택하기도 한다. 그러나 이렇게 과학적인 수단과 금융공학에 능통한 사람들이 내는 성과는, 이들이 의존하는 각종 대입 요소의 질과 그 요소를 처리하는 능력에 전적으로 달려 있을 것이다. 그런 점에서 이런 식의 과학적 접근이 최고 투자자들의 주관적인 판단보다 결코 나을 것이 없다고 나는 생각한다.

손실 가능성을 수량화하는 어려움을 고려해볼 때, 위험 조정 수익을 객관적으로 측정하고자 하는 투자자들이 고려해볼 만한 것은 샤프지수(Sharpe ratio)다. 샤프지수란, 수익률의 표준편차에 대한 포트폴리오의 초과 수익률(무위험 수익률이나 단기국채에 대한 수익률을 차감한 수익)을 나타낸다. 이런 식의 계산은 일반 투자자의 적극적인 참여로 매매와 가격 책정이 활발한 상장주식(public market) 증권에 적합할 것으로 판단된다. 이것은 어느 정도 논리적으로 타당하며, 우리가 할 수 있는 최선의 방법이다. 샤프지수가 손실 가능성에 대해 명확하게 알려주는 것은 없지만, 기본적으로 리스크가 큰 증권일수록 안전한 증권보다 가격 변동이 심하다는 논리에는 그럴 만한 이유가 있을 것이고, 따라서 샤프지수는 어느 정도 타당성이 있다. 그러나 부동산이나 비상장 기업(whole company)들처럼 시장가가 없는 사유 자산의 경우 주관적인 위험 조정에 대한 대안이 없다.

►►►

몇 년 전, 예상 리스크를 평가하는 데 따르는 어려움을 생각하면서 리스크의 잠재적이고, 계량화할 수 없고, 주관적인 특성 때문에 투자 리스크(손실 가능성)는 사전에 측정될 수 없는 것처럼 시간이 지나고 나서도 측정될 수 없다는 것을 깨닫게 되었다.

당신이 한 투자가 기대한 만큼의 성과를 낸다고 치자. 그렇다면 그 투자에는 리스크가 없었다는 의미일까? 예를 들어 어떤 자산을 100달러에 사서 1년 후 200달러에 팔았다고 해보자. 그 투자에 리스크가 있었을까? 누가 알겠는가? 어쩌면 당신은 현실로 드러나지 않은 매우 불확실한 상황들에 노출되었을 수도 있다. 만약 그랬다면 자산의 실제 리스크는 높았을 수도 있다. 이번에는 투자에 손실이 발생한다고 가정해보자. 그 투자에 리스크가 있었다는 뜻일까? 아니면 투자를 분석하고 시작하는 시기에 리스크에 대해 인식하지 못했다는 것일까?

생각해보면 이런 질문에 대한 대답은 간단하다. 어떤 일(이 상황에서는 손실)이 과거에 일어났다고 해서 미래에도 일어날 것이라는 의미는 아니며, 어떤 일이 과거에 일어나지 않았다고 해서 미래에도 일어날 가능성이 없음을 의미하지 않는다는 것이다.

이 주제에 대한 권위자인 나심 니콜라스 탈레브는《행운에 속지 마라》에서 발생했을 수도 있지만 발생하지 않은 '대체 역사(alternative history)'에 대해 말하고 있다. 이 중요한 책에 대해서는 16장에서 좀 더 다루기로 하고, 지금은 대체 역사가 리스크에 어떤 식으로 관련 있는지 살펴보도록 하겠다.

투자 세계에서는 정확한 예측 없이 일어난 한 차례의 큰 성공이나, 매우 이례적인 성공으로 수년간 살아갈 수도 있다. 그러나 단 한 번의 성공으로 무엇이 입증된다는 말인가? 시장이 호황일 때 최고의 성과는 종종 가장 큰 리스크를 감수한 이들에게 돌아간다. 그렇다면 이들은 호황기에 시장에 참가하여 베타를 늘렸기 때문에 현명한 것인가, 아니면 단지 선천적으로 공격적인 유형이었는데 상황의 도움을 받은 것뿐인가? 더 간단히 말해 잘못 선택한 투자를 전화위복으로 삼는 사람들이 얼마나 될까? 나심 니콜라스 탈레브는 이런 사람들을 '운 좋은 바보(lucky idiot)'라고 부르는데, 단기적으로는 숙련된 투자자와 운 좋은 바보를 구분하기가 쉽지 않다.

중요한 것은 투자가 끝난 후라도 그 투자에 얼마나 큰 리스크가 내재되어 있었는지 알기는 불가능하다는 것이며, 투자가 성공했다고 해서 리스크가 없었다거나 반대로 실패했다고 해서 리스크가 컸다는 의미는 확실히 아니라는 것이다. 성공적인 투자와 관련해 성공이 피할 수 없는 결과였는지, 아니면 단지 백분의 일의 가능성(실패 가능성이 더 큰)이 현실로 나타난 것인지 어디를 봐야 알 수 있는가? 실패한 투자의 경우도 마찬가지다. 충분히 가능성이 있었는데 다만 운이 없는 모험으로 끝난 것인지, 아니면 실패 확률이 다분한 무모한 도전이었는지 어떻게 알 수 있는가?

투자자는 리스크 평가 의무를 제대로 수행했는가? 이 질문의 대답 역시 쉽지 않다. 기상 캐스터를 예로 들어보자. 기상 캐스터가 내일 비가 올 확률이 70퍼센트라고 말했는데, 다음 날 비가 왔다고 해보자. 기상 캐스터는 옳았는가, 틀렸는가? 반대로 비가 오지 않았다면, 그는 옳았는가, 틀렸는가? 수많은 시도를 하지 않고서는 0과 100을 제외한 확률의 정확성을 평가하기는 불가능하다.

'리스크', 2006년 1월 19일 메모

리스크에 대해 이런 생각을 하다 보니, 이 장의 첫머리를 장식한 엘로이 딤슨의 말, 즉 "위험이란, 일어날 일보다 더 많은 일이 일어날 수 있음을 의미한다"라는 말이 떠오르게 되었다. 이제부터는 리스크의 관념적인 측면을 살펴보겠다.

당신은 이 장의 첫 문장을 기억하고 있을지 모르겠다. "투자는 정확히 한 가지로 이루어진다. 바로 미래를 상대하는 것이다"라는 문장 말이다. 하지만 미래에 대해 아는 것은 불가능하다. 우리에게 선견지명이 있다면, 앞으로 일어날 결과의 범위와 발생 가능성에 대해 알 수 있을 것이다. 즉 대략의 확률분포를 그릴 수 있을 것이다(반면 선견지명이 없다면, 이런 것들을 알 수 없으며 순전히 추측에 의지해야 할 것이다). 우리가 미래에 대한 감각이 있다면, 일어날 가능성이 가장 큰 결과는 무엇이며 그 밖에 가능성 있는 결과에는 무엇이 있는지, 각 가능성의 범위는 얼마나 되는지, 따라서 '예상되는 결과'가 무엇인지를 말할 수 있을 것이다. 즉 각 결과의 발생 확률에 따른 중요도를 측정하는 것으로 예상되는 결과가 정해지며, 그 미래에 대해 전부는 아니더라도 많은 것을 말해줄 것이다.

그러나 어떤 결과가 가장 가능성이 크며 예상되는 결과가 무엇인지를 알려주는 확률분포의 형태를 우리가 안다고 해도(그 예상이 제법 정확하다고 해도), 결국 우리가 아는 것은 가능성이나 경향일 뿐이다. 나는 친한 친구인 브루스 뉴버그(Bruce Newberg)와 카드 게임과 주사위 게임을 하며 시간을 보내곤 한다. 확률을 절대적으로 알 수 있는 게임임에도 불구하고, 막상 하다 보면 임의성에서 나오는 확률이 게임에 얼마나 중요하게 작용하는지 알 수 있다. 브루스는 이 상황에 대해 다음과 같이 적절하게 표현했다. "확률과 결과 사이에는 큰 차이가 있어. 일어날 것 같은 일은 언제나 일어나지 않고, 일어나지 않을 것 같은 일이 일어나거든." 이러한 사실은 투자 리스크에 대해 당신이 알아야 할 가장 중요한 것 중의 하나이다.

확률분포에 대한 말이 나온 김에, 정규분포(normal distribution : 평균을 중심으로 좌우대칭이고, 평균에서 멀어질수록 도수가 점점 작아지는 분포-옮긴이)에 대해 한마디 할까 한다. 투자자들이 앞으로 일어날 일에 대해 판단을 내려야 하는 것은 확실하다. 이를 위해 우리는 예상되는 상황들이 모여 있는 곳에 중앙값을 정한다. 이는 평균치나, 예상치(평균적으로 일어날 것으로 기대되는 결과), 중앙치(전체 가능성을 상위 반과 하위 반으로 나누는 점), 또는 최빈치(일어날 가능성이 가장 높은 결과)가 될 수 있다. 그러나 미래에 대비하기 위해서는 한 가지 가능성만 중점적으로 예상해서는 안 되며, 다른 가능한 결과들과 각각의 가능성에 대해서도 대비해야만 한다. 모든 가능성을 보여주는 분포도가 필요한 것이다.

정규분포에서는 대부분의 현상이 중앙값 주위로 모이기 때문에 가운데가 가장 높고, 양 끝(즉 꼬리)으로 갈수록 점차 낮아지는 종 모양의 곡선이 나타난다. 사람들의 키를 예로 들어보겠다. 남자들 중에는 키가 약 178센티미터인 사람이 가장 많고, 175센티미터나 180센티미터인 사람은 그보다 약간 적으며, 160센티미터나 195센티미터인 사람은 훨씬 적고, 142센티미터나 213센티미터인 사람은 거의 없다. 개별적인 확률을 열거하는 것보다는 표준분포(정규분포)가 확률을 요약하는 데 편리하기 때문에, 몇 가지 통계 자료를 통해 앞으로 일이 전개될 양상에 대해 당신이 알아야 할 모든 것을 알 수 있을 것이다.

종 모양의 분포 중에 가장 흔히 볼 수 있는 것은 '정규분포'이다. 그래서 때로 종 모양과 정규라는 표현을 구분 없이 쓰기도 하지만, 사실 이 둘은 다르다. 전자가 분포의 일반적인 유형인 반면, 후자는 매우 뚜렷한 통계적 특성을 가진 특정한 종 모양의 분포를 말한다. 이 두 가지를 제대로 구분하지 못한 것이 최근의 신용 위기를 발생시킨 원인 중에 하나라는 것은 의심할 여지가 없다.

위기가 닥치기 직전의 수년 동안 금융공학자들, 즉 '퀀트(quant)'들은 파생상품과 구조화 증권 같은 금융상품을 만들고 평가하는 데 큰 역할을 했다. 또 많은 경우 이들은 앞으로 일어날 일들이 정규분포화될 것이라고 추정했다. 그러나 정규분포는 멀리 떨어진 양쪽 꼬리의 상황이 거의 일어나지 않는다고 추정하는 반면, 감정에 치우쳐 극단적인 행동을 하는 경향이 있는 인간이 만들어내는 금융계의 상황분포는 정규분포보다 두꺼운 꼬리(fatter tail)를 가진 것으로 봐야 한다. 이를테면 투자상품에는 발생하지 않을 것이라고 예상되었던 사건들이 일상적으로 발생하는 것이다. 정규분포를 기반으로 활동해온 기관투자자들은 '거의 일어나지 않는 일(tail event : 탈레브는 이를 '블랙스완'이라고 표현했다)'을 별로 감안하지 않아 실패하는 경우가 많았다.

투자가 점차 고등수학에 크게 의존한다는 상황에서, 우리는 사람들이 단순화한 추정을 복잡한 현실 세계에 잘못 적용하는 것을 경계해야 한다. 숫자로 된 정보는 주의 깊게 가감해서 들어야 할 내용에 과도한 권위를 부여하기 때문이다. 이 때문에 문제가 생길 가능성이 다분하다.

▶ ▶ ▶

여기서는 리스크를 이해하기 위한 핵심적인 내용을 살펴보겠다. 우선 리스크는 대체로 견해상의 문제라는 점이다. 이미 상황이 발생한 다음이라도 리스크에 대해 정의하기는 어렵다. 사람들은 어떤 투자자가 불황기에 다른 사람보다 손실이 적었다는 것을 알면, 그 투자자가 더 적은 리스크를 감수했다고 결론 내릴 수 있다. 또는 같은 환경에서 어떤 투자가 다른 투자보다 수익이 하락했다는 것을 알면, 해당 투자의 리스크가 더 컸기 때문이라고 말할 수 있다. 그러나 이 말이 꼭 맞을까?

투자 성과란 일련의 사건들, 이를테면 지정학적, 거시경제학적, 기술적, 심리적, 기업 수준의 사건들이 현재 보유하고 있는 포트폴리오와 마찰이 생겼을 때 일어나는 것이라고 생각한다. 딤슨에 의하면, 다양한 미래가 가능하지만 단 하나의 미래만이 현실이 된다. 당신이 맞이할 미래는 당신의 포트폴리오에 이익을 줄 수도 있고 손실을 줄 수도 있으며, 이는 당신의 예지, 신중함, 운에 원인이 있을 수 있다. 따라서 하나의 시나리오 아래서 특정 포트폴리오가 내는 결과만으로는, 수없이 많았을 대체 역사 속에서 어떤 결과들이 나왔을지에 대해서는 아무것도 알 수 없다.

- 하나의 포트폴리오가 아무리 99퍼센트의 시나리오를 이길 수 있도록 구성되어도, 나머지 1퍼센트가 현실로 나타나면 실패하게 되어 있다. 결과적으로 봤을 때 포트폴리오가 위험해 보였기 때문에 투자자가 매우 신중했을 수도 있다.
- 또 다른 포트폴리오는 절반의 시나리오에서는 결과가 매우 좋고, 나머지 절반에서는 매우 나쁠 수 있도록 구성될 수도 있다. 그러나 바라던 상황이 현실로 나타나 성공적인 결과가 나온다면, 이를 본 사람들은 그 포트폴리오의 리스크가 낮았다는 결론을 내릴 수 있다.
- 세 번째 포트폴리오의 성공은 특이한 하나의 사건에 의해 전적으로 좌우될 수 있다. 그러나 그런 사건이 일어난다면 무모한 공격성이 보수성이나 예지력으로 오인될 수 있다.

수익만으로는, 특히 단기간의 수익으로는 투자 결정의 질에 대해 말할 수 있는 것이 거의 없다. 수익은 그것을 달성하기 위해 감수한 리스크의 양과 연관 지어 평가되어야 하지만, 리스크는 측정할 수 있는 것이 아니기 때문이다. 리스크란 '모두가' 이구동성으로 말하는 것을 바탕으로 측정할 수 있는 것은 확실히 아니며, 투자에 대한 지식과 경험이 많은 2차적 사고를 하는 사람들에 의해서만 판단될 수 있는 것이다.

▶ ▶ ▶

다음은 리스크를 이해하는 것과 관련하여 내가 내린 결론이다.

투자 리스크는 대체로 상황이 발생하기 전에는 눈에 보이지 않으며(흔치 않은 통찰력을 가진 사람들의 경우는 제외한다), 심지어 투자가 끝난 다음에도 보이지 않을 수 있다. 이는 우리가 봐온 심각한 금융위기 중 다수가 리스크를 예측하고 관리하는 데 실패한 것에서 알 수 있다. 여기에는 몇 가지 이유가 있다.

- 리스크는 미래에만 존재하며, 미래에 어떤 일이 생길지 확실히 알기는 불가능하다. 그러나 과거를 볼 때는 모호한 것이 없다. 이미 일어난 일들의 결과는 알기 쉽기 때문이다. 하지만 그런 확실성이 꼭 결과를 창출하는 과정이 명확하고 믿을 만한 것임을 의미하는 것은 아니다. 과거의 사례들마다 일어나지 않은 다른 많은 일들이 일어날 수도 있었을 것이고, 한 가지 일만 발생했다는 사실은 당시 존재했던 변동성을 과소평가하는 것일 수 있다.
- 리스크를 감수할 것인가, 말 것인가 하는 결정은 정상적인 패턴이 반복된다는 가정에서 나오고, 사람들은 대체로 그런 가정을 한다. 그러나 때로는 매우 다른 상황, 일어나지 않을 것 같은 상황이 발생하기도 한다.
- 예상이란, 과거의 기준을 중심으로 모여들고 작은 변화만을 요구하는 경향이 있다. 요컨대 사람들은 대체로 미래가 과거와 같기를 기대하고, 변화에 대한 가능성을 과소평가한다.
- 우리는 최악의 경우를 예상하는 말을 많이 듣지만, 이 예상이 충분히 부정적이지 않은 것으로 드러나는 경우가 종종 있다. 주기적으로 돈을 잃는 도박사였던 내 아버지의 이야기를 해보겠다. 어느 날 아버지

는 경주마가 한 마리만 출전하는 경마에 대해 들었다. 그래서 아버지는 월세돈으로 내기를 했는데, 그 경주마가 트랙을 절반쯤 돌더니 갑자기 담장 너머로 쏜살같이 달아나 버렸다. 이처럼 세상일이란 언제나 사람들이 기대하는 것보다 안 좋은 상황으로 끝날 수 있다. 최악의 경우란 어쩌면 '과거에 우리가 본 것 중에서 최악'을 의미하는지도 모른다. 그러나 세상일이란 앞으로 더 나빠질 수 있는 것이다. 2007년에 많은 사람들이 최악의 경우라고 예상했던 상황이 예상을 초월하지 않았던가.

- 리스크는 불규칙적으로 나타난다. 우리가 매년 '주택담보대출 채무불이행률이 2퍼센트'라고 말하고, 다년간 평균을 보니 그것이 정말 사실이라면, 어느 한 시점에서 갑작스럽게 채무불이행이 빈발하는 것만으로 구조화된 금융기관은 파산할 수 있다. 일부 투자자들, 특히 높은 레버리지 이용자들이 그 잠깐의 시기로 인해 투자 세계에서 사라지는 사례는 언제나 있다.

- 사람들은 리스크를 추정하거나, 실제로 운용되는 것은 한 번도 본 적 없는 투자 기법을 이해함에 있어 자신이 가진 능력을 과대평가한다. 이론상 인간이 다른 종과 다른 점 한 가지는 어떤 것을 경험해보지 않고도 그것이 위험하다는 것을 알 수 있다는 점이다. 뜨거운 난로 위에 걸터앉았다가 큰 화상을 입어봐야 난로 위에 앉으면 안 된다는 사실을 아는 것은 아니다. 그러나 호황기에는 사람들이 이런 인지 기능을 제대로 발휘하지 못하는 경향이 있다. 앞으로 닥칠 리스크를 인지하지 못한 채 자신이 새로 나온 금융상품을 잘 이해하고 있다고 자신의 능력을 과대평가하는 경향이 있다.

• 가장 중요한 것으로, 대부분의 사람들은 리스크 감수를 수익을 내기 위한 방법의 하나로 본다. 높은 리스크를 부담하면 일반적으로 큰 수익을 낸다. 시장은 실제로 그렇게 될 수 있도록 환경을 조성해야 한다. 그렇지 않다면 사람들은 리스크가 큰 투자는 하지 않을 것이다. 그러나 문제는 투자가 늘 그런 식으로 되는 것은 아니라는 점이다. 리스크가 클수록 무조건 수익도 크다면, 그 투자가 위험하다고 할 수 있을까? 리스크를 감수한 효과가 없을 때, 리스크는 무용지물이 되며 그럴 때 사람들은 리스크란 무엇인가에 대해 생각해보게 된다.

'이번에도 다르지 않다', 2007년 12월 17일 메모

리스크를 인식하라

> 금융 시스템이 지금은 더 안정적이라는 이유로, 사람들은
> 레버리지와 리스크 감수를 늘릴 것이고, 그로 인해 금융 시스템의 안정성은
> 다시 감소할 것임에 틀림없다. ●마이런 숄즈, 노벨경제학상 수상자

> 경기가 침체되면 리스크가 증가하고, 호경기가 되면 리스크가 감소한다는 것은
> 일반적인 상식이다. 하지만 사실은 이렇다. 호황일 때는 금융불균형이 커지면서 리스크가
> 증가하고, 불황일 때 그 모습을 드러낼 뿐이다. ●앤드류 크로켓, JP모건 사장

> 아무리 좋은 기본 조건을 갖추었더라도,
> 인간은 탐욕과 실수를 범하는 성향이 있기 때문에 언제라도 일을 그르칠 수 있다.

훌륭한 투자는 수익을 창출하고, 리스크를 제어할 수 있어야 한다. 그리고 리스크를 제어하려면 리스크를 '인식'하는 것이 절대적으로 선행되어야 한다.

내가 생각하는 리스크란 어떤 것인지(더불어 어떤 것이 리스크가 아닌지) 앞에서 확실하게 밝혔다고 생각한다. 다시 말하자면, 리스크란 어떤 결과가 발생할 것인지, 그리고 원치 않는 결과가 나왔을 때 손실 가능성은 얼마나 되는지에 대해 불확실한 것을 의미한다. 이제 이 장에서 설명할 중요한 것은, 어떤 리스크가 있는지 리스크를 인식하는 프로세

스에 대해 살펴보는 것이다.

리스크 인식은 종종 투자자의 리스크에 대한 주의가 극히 부족하다거나, 지나치게 낙관적으로 생각하고 특정 자산에 너무 큰 금액을 지불했음을 깨닫게 되면서 시작된다. 이 말은 리스크가 클수록 대체로 가격도 비싸다는 뜻이다. 개별 증권이든, 고평가된 고가의 다른 자산이든, 아니면 한껏 고조된 상승장이든 간에 가격이 비쌀 때 피하지 않고 투자하는 것은 리스크의 주된 원인이 된다.

▶ ▶ ▶

이론가들은 수익과 리스크가 서로 관련 있더라도 결국은 별개의 것이라고 생각한다. 반면, 가치투자자들은 높은 리스크와 낮은 예상 수익은 동전의 양면일 뿐이며 둘 다 가격이 높은 데서 비롯하는 것으로 생각한다. 이렇듯 가격과 가치 사이의 관계를 아는 것은, 단일 증권에 대해서든 전체 시장에 대해서든 리스크를 성공적으로 관리하는 데 꼭 필요한 요소다.

시장이 지나치게 활황이어서 마땅히 있어야 할 잠재적인 보상보다 손실을 시사하면 리스크는 증가한다. 이런 리스크에 대한 대처는 그것을 인식하는 것으로부터 시작된다.

상승곡선을 그리는 자본시장선에 따르면 잠재 수익의 증가는 리스크 증가를 부담하는 데 대한 보상을 나타낸다. 알파를 창출할 수 있거나, 이를 대신해줄 매니저를 고용할 수 있는 투자자가 아니라면, 추가 위험을 부담하지 않고 추가 수익을 달성하겠다는 계획을 세우면 안 된다. 만일 그렇게 해야겠다면 리스크 프리미엄(추가 위험 부담에 대한 보상)을 요구해야 한다.

그러나 시계추 움직임의 어느 지점에서 사람들은 대체로 프리미엄을 요구해야 한다는 사실을 잊고 초과 리스크를 감행한다. 즉 강세장에서 사람들은 다음과 같이 말하는 경향이 있다. "리스크는 내 친구나 다름 없어요. 많이 감수할수록 수익이 커지니까요. 그러니 더 많은 리스크가 필요합니다."

사실 리스크 수용도(risk tolerance : 투자자가 감내할 수 있는 리스크 수준―옮긴이)는 성공적인 투자와는 거리가 먼 개념이다. 사람들이 리스크를 두려워하지 않으면 리스크를 감수하는 것에 대한 보상을 바라지 않고 리스크를 받아들일 것이고, 그렇게 되면 리스크에 대한 보상은 사라질 것이다. 이는 단순하고도 불가피한 관계다. 투자자들이 아무 걱정 없이 리스크를 허용하다 보면 주식을 높은 주가수익비율에 사게 되고, 기업을 EBITDA(법인세 이자 감가상각비 차감 전 영업이익. 즉 이자비용, 세금, 감가상각비용 등을 빼기 전 순이익)보다 훨씬 높은 배수를 주고 사게 되며, 채권 수익률 스프레드(yield spread : 위험이 전혀 없는 무위험 채권의 수익률과 채무불이행 위험이 있는 채권의 수익률과의 차이로 스프레드가 적을수록 위험하다―옮긴이)의 차이가 얼마 나지 않음에도 불구하고 채권으로 몰리거나, 낮은 자본환원율(순영업소득과 취득가격 간의 비율)에 부동산으로 몰리게 된다. 리스크가 없다는 믿음이 널리 퍼지는 것만큼 위험한 일도 없다. 투자자들이 적절히 리스크를 회피해야만 적당한 리스크 프리미엄을 포함하는 예상 수익이 나올 것이기 때문이다. 앞으로는 투자자들이 리스크를 두려워하는 것과 그에 대해 보상을 바라는 것을 잊지 않기를 바라며, 그들이 이 점을 기억하지 못해도 우리는 이를 계속 유념해야 한다.

'너무나 많은 것들이 가짜이고 정상이 아니다', 2009년 7월 8일 메모

▶ ▶ ▶

이와 같이 리스크가 생기는 주요 원인은 리스크가 낮다거나 심지어 완전히 사라졌다는 믿음 때문이다. 그런 믿음 때문에 가격이 오르고, 예상 수익이 낮음에도 불구하고 위험한 행동을 하게 된다.

2005년부터 2007년 사이에 리스크가 사라졌다는 믿음이 거품 수준의 가격 상승을 초래했고, 투자자들로 하여금 후일 위험한 것이었음이 드러난 행동을 하게 만들었다. 이런 상황은 투자의 모든 프로세스를 통틀어 가장 위험한 것 중의 하나이며, 또 이 같은 상황이 재발할 경향은 놀라울 정도로 다분하다.

지난 몇 년간 들었던 수많은 동화 같은 이야기들 중에서 가장 귀가 솔깃했던, 즉 위험한 이야기는 전 세계적으로 리스크가 감소하고 있다는 것이었다. 이는 다음과 같은 내용이다.

- 경제 주기상의 리스크는 노련한 중앙은행이 손을 쓰면 완화될 수 있다.
- 세계화로 인해 리스크는 지역적으로 국한되지 않고 전 세계에 만연해 있다.
- 금융 증권화와 신디케이션(syndication : 은행들로 구성된 차관단이 차입자

들에게 동일한 조건으로 일정 금액을 중·장기로 대출해주는 것—옮긴이)으로 인해 소수의 시장 참가자에게 리스크가 집중되기보다 많은 참가자들에게 리스크가 골고루 분배되었다.

- 차등적으로 분할된(tranched out) 리스크는 이를 감당할 수 있는 투자자가 보유한다.
- 금리와 차입 조건이 차입자에게 유리해져서 레버리지가 덜 위험해졌다.
- 매각되는 기업이 근본적으로 더 탄탄하기 때문에 레버리지를 이용한 기업매수가 더 안전해졌다.
- 매수/매도 포지션, 절대 수익 투자, 또는 그런 목적으로 설계된 파생상품을 통해 리스크를 제한할 수 있다.
- 컴퓨터, 수학, 투자 모델이 향상되어 시장을 이해하기가 더 쉬워졌으며, 따라서 리스크도 감소했다.

투자 전문지 〈펜션 앤드 인베스트먼트(Pension & Investment)〉 8월 20일 자에 이와 관련된 적절한 비유가 실렸다. "질 프레드스톤(Jill Fredston)은 미국 전역에 잘 알려진 눈사태 전문가다… 그녀는 안전장치의 발달이 산악인들에게 더 위험한 등반을 하게 만듦으로써 생기는 일종의 도덕적 해이 리스크에 대해 잘 알고 있다." 수익을 창출하는 기회와 마찬가지로, 시장에 존재하는 리스크의 정도도 증권, 전략, 기관이 문제가 아니라, 참가자의 행동에 의해 결정된다. 시장이 어떤 구조로 설계되었는지와 상관없이 투자자들이 신중하게 행동할 때만 리스크는 낮아질 것이다.

핵심은 리스크 제어에 관해 이런 식으로 떠도는 이야기들이 사실로 판명될 일은 거의 없다는 것이다. 리스크는 제거될 수 없으며, 다른 곳으로 전가되며 분배될 뿐이다. 그리고 세상을 덜 위험해 보이게 하는 현상들은 대체로 사실이 아니며, 현실성 없는 청사진을 제시한다는 점에서 이런 현상들은 세상을 더 위험하게 만드는 경향이 있다. 이는 2007년에 얻은 중요한 교훈 중에 하나다.

'지금은 모든 게 악화일로', 2007년 9월 10일 메모

리스크가 사라졌다는 착각은 리스크를 발생시키는 가장 위험한 원인 중에 하나이며, 거품을 발생시키는 데도 주도적인 역할을 한다. 경기가 극단적으로 과열된 상황에서 리스크가 낮다는 믿음과, 불확실한 투자임에도 수익을 창출할 것이라는 확신은 대중의 판단을 마비시켜 조심하고, 걱정하고, 손실을 두려워해야 한다는 사실을 잊게 만든다. 그리고 놓친 기회의 리스크에 대해 집착하도록 만든다.

최근의 위기는 투자자들이 새롭고 복잡하고 위험한 것들을 전보다 훨씬 많이 시도한 데서 주로 발생했다. 투자자들은 지나치게 많은 레버리지를 이용하고, 너무 많은 자본을 유동성이 부족한 투자에 투입했다. 왜 이런 일을 했을까? 이 모든 것은 투자자들이 너무 믿기만 하고 걱정은 안 한 나머지, 지나치게 큰 리스크를 감수했기 때문에 일어난 것이다. 즉 자신들이 리스크가 낮은 세상에 살고 있다고 믿었던 것이다.
걱정과 걱정의 벗인 불신, 회의주의와 위험 회피는 안전한 금융제도를 위해 꼭 필요한 구성 요소이다. 걱정은 리스크가 큰 대출을 하지 않도

록 막아주고, 기업들이 이자 지급 능력을 초과하여 부채를 지지 않도록 해주며, 포트폴리오가 너무 집중되지 않도록 해주고, 검증되지 않은 전략이 투자 열풍으로 이어지지 않도록 해준다. 걱정과 위험 회피가 필요한 수준만큼 시장에 존재하면, 투자자들은 의심하고, 신중하게 분석하고, 행동할 것이다. 그렇게 되면 위험한 투자는 감행하지 않을 것이고, 충분한 보상이 포함된 예상 수익을 요구하게 될 것이다.

그러나 투자자들이 충분히 위험을 회피하지 않으면 시장은 충분한 리스크 프리미엄을 제공하지 않으려 할 것이다. 또한 걱정이 부족하면 위험한 채무자들과 미심쩍은 계획에 자본이 쉽게 제공될 것이고, 결국 금융제도는 위태로워질 것이다. 그리고 지나치게 많은 돈이 위험하거나 새로운 자산에 몰리면서 자산 가격은 오르고 예상 수익과 안전은 감소할 것이다.

수개월, 수년간의 잠복기를 두고 위기를 향해 가는 동안 소수의 참가자들만이 마땅히 해야 할 걱정을 한다.

'시금석(touchstones)', 2009년 11월 10일 메모

▶ ▶ ▶

투자 리스크는 주로 너무 비싼 가격 때문에 생기고, 너무 비싼 가격은 지나치게 낙관하여 충분히 의심하지 않고 위험을 회피하지 않는 데서 나온다. 그 밖에 안전한 투자일수록 예상 수익을 낮게 잡거나, 리스크가 큰 투자가 최근에 좋은 실적을 냈다거나, 자본 유입이 풍부하다거나, 쉽게 신용거래를 할 수 있는 것 등이 근본적인 요인에 포함된다.

이런 것들이 어떤 영향력을 가지고 있는지를 이해하는 것은 리스크를 인식하는 데 매우 중요하다.

투자 의사결정 프로세스(investment thought process)는 각각의 투자 프로세스에서 필요한 다음 단계는 무엇인가를 정하는 일련의 과정이다. 다음은 내가 2004년에 이 프로세스에 대해 설명한 글이다.

몇 년 전 흔히 볼 수 있었던 시장을 예로 들어 투자 의사결정 프로세스가 현실에서 어떻게 적용되는지 설명해보겠다. 30일 만기 국채의 이자율이 4퍼센트라고 했을 때, 투자자들은 5년 만기에는 5퍼센트를, 10년 만기에는 6퍼센트를 바랄 것이다. 만기가 길어질수록 투자자들은 더 높은 이자율을 요구한다. 만기가 길수록 리스크도 증가한다고 생각하여, 이를 채권 매입 시에 감안하기 때문이다. 따라서 현실에서 자본시장선의 일부인 수익률 곡선은 일반적으로 자산의 수명이 증가함에 따라 대체로 상향 곡선을 그린다.

이번에는 가상의 투자자를 예로 들어 신용 리스크에 대해 알아보자. 투자자가 이렇게 말한다고 해보자. "10년 만기 국채 이자율이 6퍼센트라고 가정했을 때, 10년 만기 A등급 회사채가 이자율 7퍼센트를 보장하지 못하면 사지 않을 거야." 이를 신용 스프레드(국고채와 회사채 간 금리 차이를 말하는 것으로, 신용 스프레드가 커지면 기업들이 자금을 빌리기가 어려워진다—옮긴이)라는 개념을 이용해 좀 더 쉽게 설명해보겠다. 우리가 지금 관찰하고 있는 가상의 투자자는 국채에서 회사채로 바꾸는 데 100BP(Basis Point : 국제금융 시장에서 금리나 수익률을 나타내는 기본 단위로 100분의 1퍼센트를 의미한다. 즉 '100BP=1%'이다—옮긴이)를 원한다. 투자자들의 심리가 같다면 신용 스프레드 역시 같을 것이다.

그렇다면 투자등급 채권이 아닌 채권의 경우는 어떨까? 가상의 투자 자는 다음과 같이 말할 것이다. "만기가 비슷한 재무부 중기채보다 600BP 이상 받지 못하면 고수익채권에는 손대지 않을 거야." 따라서 매입자의 관심 대상이 되려면 고수익채권은 12퍼센트의 이자율, 즉 재 무부 중기채에 대해서 6퍼센트의 스프레드가 나야 한다.

투자 예상 수익에 있어서 주식만 한 것이 없음이 눈에 보이기 시작하면 서 상황이 더 어려워졌다. 이유는 간단하다. 주식의 수익은 확정이 아 니라, 불확정이기 때문이다. 그러나 투자자에게는 다음과 같이 상황을 판단하는 감각이 있다. "과거 실적을 보면 S&P 주식들은 10퍼센트의 수익을 냈으니까, 이 수준이 유지될 경우에만 S&P 주식을 사야겠어… 그리고 리스크가 큰 주식일수록 수익도 커야 하니까 수익률이 13퍼센 트 이상 되지 않으면 나스닥 주식은 사지 않을 거야(나스닥 주식은 리스크 와 수익이 높은 편이다—옮긴이)."

그러나 바로 여기서부터 이상 과열이 일어난다. "주식으로 10퍼센트 수익을 올릴 수 있다면, 부동산이 가진 비유동성과 불확실성을 수용하 는 데는 15퍼센트는 돼야지. 바이아웃펀드(buyout fund : 부실기업의 경영 권을 인수해 구조조정이나 다른 기업과의 인수합병을 통해 기업 가치를 높인 뒤 되팔아 수익을 거두는 펀드—옮긴이)에 투자한다면 25퍼센트는 돼야 하고, 벤처캐피탈은 성공률이 낮으니까 30퍼센트는 되어야겠고."

요구하는 수익률이 항상 같지는 않겠지만, 실제로 위와 같은 식으로 생 각하는 것이 일반적인 것 같다. 그 결과를 그래프로 나타내면 많은 이 들에게 익숙한 [그림 6.1]과 같은 자본시장선이 완성된다.

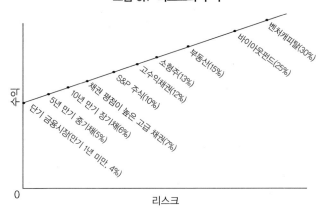

그림 6.1 리스크와 수익

투자수익과 관련한 근래의 큰 문제 중에 하나가, 바로 위 프로세스의 시작점에서 발생한다. 무위험 등급은 4퍼센트가 아니라, 1퍼센트에 가깝다. 전형적인 투자자들은 시간 리스크를 허용할 것이라는 전제하에 여전히 더 큰 수익을 바라지만, 시작점이 1퍼센트대였다면 4퍼센트는 1년 미만이 아니라 10년 만기에나 적당한 수익률이다(그래프에서처럼 6퍼센트가 아니다). 사람들은 수익률이 6~7퍼센트가 되지 않으면 주식투자를 하지 않을 것이다. 정크본드(수익률이 아주 높지만 위험률도 큰 고수익채권)는 7퍼센트 미만이면 투자 가치가 없을 것이며, 부동산은 8퍼센트 정도는 되어야 하고, 바이아웃펀드의 경우 15퍼센트는 보장해야 할 것이다.

이를 다시 그래프로 그려보면 [그림 6.2]와 같이 자본시장선은 [그림 6.1]에 비해 훨씬 낮고 평평하다(96페이지 참조).

자본시장선이 더 낮다는 것은 이자율이 더 낮고, 시작점이 저위험 등급이라는 것을 의미한다. 결국 각각의 투자처는 자본을 두고 다른 투자처와 경쟁해야 하는데, 2004년에는 낮은 이자율로 인해 리스크가 우상향

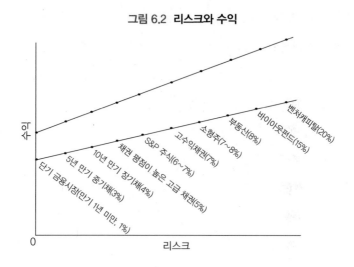

그림 6.2 **리스크와 수익**

하는 자본시장선이 내가 투자 일을 시작한 이래 어느 때보다 낮았다.
현재의 자본시장선은 수익 면에서 낮을 뿐만 아니라, 수많은 요인으로
인해 평평하게까지 되었다. 선의 경사도, 또는 각 항목의 예상 수익이
증가하는 정도가 리스크 증가량을 따르기 때문에, 자본시장선의 경사도
는 곧 리스크 프리미엄을 수치로 나타낸 것이라는 점에서 중요하다. 그
이유는 첫째, 투자자들은 리스크가 낮고, 수익이 낮은 투자를 멀리하려
고 애써왔다. 둘째, 리스크가 높은 투자는 20년이 넘도록 그에 상응하는
보상을 충분히 받아왔고, 2003년에 특히 그랬다. 그러므로 투자자들은
리스크가 높은 투자에 더 끌리며, 리스크에 비해 적은 보상을 요구한다.
셋째, 오늘날 투자자들은 리스크를 한계가 있는 것으로 인식한다.
금융공학자들이 하는 말을 이용해 한마디로 요약하자면, 리스크 회피
가 줄고 있다. 투자자 심리에 대체 어떤 연금술이 작용했는지 몰라도
"무슨 일이 있어도 그것에는 손대지 않을 거야"가 "내가 보기엔 확실한

투자 같아"로 탈바꿈한다.

'오늘날의 리스크와 수익', 2004년 10월 27일 메모

이렇게 투자 프로세스가 '사치'를 부리게 되면서, 결국 주가수익비율을 상승시키고, 신용 스프레드를 감소시키며 투자자들로 하여금 무절제한 행동을 하게 하고, 과도한 레버리지를 사용하게 만들며, 모든 종류의 투자 수단을 강구하게 만든다. 이는 가격 상승과 예상 수익 감소라는 결과를 가져올 뿐만 아니라, 리스크가 높은 환경을 초래한다.

▶ ▶ ▶

리스크는 투자자들에게 대단히 중요하지만 일시적이고 측정이 불가능하다. 이런 특징 때문에 리스크를 인지하기가 매우 어려운데, 특히 투자자 심리가 고조되어 있을 때 그렇다. 그러나 우리는 반드시 리스크를 인지해야 한다. 아랫글은 내가 2007년 7월에 쓴 것으로, 당시 투자 환경과 '리스크 경향(risk mood)'을 측정하기 위해 오크트리에서 사용하던 평가 프로세스를 소개한 것이다. 지금과는 세부 사항이 다를 수 있겠지만 아래의 프로세스가 여러분에게 도움이 되기를 바란다.

우리는 현재(2007년 중반) 어떤 상황에 있는가? 이는 쉽게 대답할 수 있는 질문이다. 우선 회의, 공포, 위험 회피 수준이 낮다는 것을 알 수 있다. 늘 해오던 안전한 투자의 약정 수익이 너무 적기 때문에, 대부분의 사람들이 리스크가 큰 투자를 선뜻 시작한다. 안전한 투자에 대한 관심

이 부족하여 리스크가 큰 투자를 허용함으로써, 자본시장선의 경사도를 매우 평평하게 만들었음에도 불구하고 말이다. 리스크 프리미엄이 내가 본 것 중에 가장 낮은데도, 증가하는 리스크를 거부하는 사람은 많지 않다.

최근 긍정적인 상황 전개로 경기가 상승하면서 쉽게 회복하는 경향을 보였다. 사람들이 매각하지 못해 쩔쩔매는 자산도 별로 보이지 않고, 마지못해 매각하는 사람도 별로 보이지 않는다. 대신 대부분의 자산에 대한 매수 요청이 많아짐으로써, 자산이 저평가되거나 소외되는 브로드 마켓(broad market : 거래량이 많고 활발한 증시)은 내가 알기로는 어디에도 없다. 그렇다. 우리는 낙관적인 시기를 살고 있다. 경제 주기가 상승세를 향해 박차를 가하고 있다. 그래서 가격은 오르고, 리스크 프리미엄은 줄고 있다. 의심이 신뢰로 바뀌고, 절제는 의욕으로 바뀌었다. 당신은 이에 동의하는가, 동의하지 않는가? 이것은 중요한 질문이다. 이 질문에 대답부터 해야 투자와 관련된 결과가 좀 더 확실해진다.

2007년 1분기에 서브프라임 모기지(비우량 주택담보대출)에서 상당한 위법행위가 발생했다. 이에 직접적으로 관련된 사람들은 금전적으로 큰 손실을 입었고, 이를 지켜본 사람들은 다른 경제 분야나 시장으로 확산될 것을 걱정했다. 2분기에는 그 영향이 서브프라임 모기지 포트폴리오에 투자한 부채담보부증권(CDO, Collateralized Debt Obligation : 이는 구조화되고 계층화된 투자 상품이라고 할 수 있다)과 베어스턴스(Bear Stearns : 2008년에 파산하며 글로벌 금융위기의 서막을 알렸던 미국계 투자은행) 펀드 두 개를 포함하여, CDO 부채를 매수한 헤지펀드에까지 미쳤다. 그러자 자산을 현금화해야 하는 사람들은 어려운 시기에 늘 그렇듯 문제가 되는 서브프라임과 관련된 자산뿐만 아니라, 매각할 수 있는 것이라면 무엇이든 매각해야 했다. 신문에는 자본시장 폭락의 일반적인 해결책인 신용 하향 조정, 마진콜, 처치 곤란한 매물의 떨이 매각(fire sale) 등에 대한 기사가 실리기 시작했다. 그리고 지난 몇 주 동안 우리는 가격과 만기가 조정된 등급이 낮은 부채가 새로 발행되고, 브리지론(bridge loan : 자금이 급히 필요할 때 일시적으로 투입되는 차입금—옮긴이)이 투입되지 못하면서 투자자들이 더욱 절제하는 것을 보기 시작했다.

지난 4년 반 동안은 투자자들에게 근심 걱정 없고 평온한 시간이었다. 그러나 아무 일 없이 시간이 흐른다고 해서 그 상태가 지속될 것이라고 볼 수 없다. 워렌 버핏의 말을 인용하면, "썰물일 때만 누가 벌거벗고 수영하는지 알 수 있다"는 것이다. 지나친 낙천주의자들은 이 점을 꼭 유념해야 한다. 밀물이 영원히 가려줄 것이라 생각해선 안 된다.

'만사형통', 2007년 7월 16일 메모

이 2007년 7월의 메모 내용 중 어디에도, 그리고 내가 다른 곳에서 했던 경고 중에 그 어느 것도 미래를 예측하는 내용은 없었음을 확실히 하고 싶다. 위기가 닥치기 직전의 몇 년 동안 당신이 알아야 할 모든 것은, 현재 무슨 일이 일어나고 있는지를 아는 것에서 나온다.

▶ ▶ ▶

리스크의 본질은 생각보다 훨씬 더 복잡다단하다. 사람들은 리스크를 인지하는 자신의 능력을 대단히 과대평가하는 반면, 리스크를 피하기 위해 필요한 조건은 과소평가한다. 결과적으로 리스크가 있는지 모른 채 수용하게 되는데, 바로 이런 행동으로 인해 리스크가 발생한다. 그런 점에서 흔치 않은 2차적 사고를 리스크라는 주제에 적용해야만 하는 것이다.

투자자가 하는 행동에 의해 시장에 변동이 생기면 리스크는 증가한다. 투자자들이 자산 가격을 앞다투어 올림으로써 미래에 있어야 할 자산의 가치 상승을 현재화하고 예상 수익을 낮춘다. 설상가상으로 투자자들의 심리가 대담해지고 걱정은 줄면서 충분한 리스크 프리미엄을 요구하지 않게 된다. 가장 큰 아이러니는 리스크에 손을 내미는 사람들이 많아질수록 늘어나는 리스크를 감수하는 데 대한 보상은 줄어든다는 사실이다.

시장은 투자자들이 그 안에서 기계처럼 움직이는 고정되어 있는 장소가 아니다. 시장은 투자자들의 동향에 즉각적으로 반응하고, 그에 따라 형세를 바꾸는 역동적인 장소다. 투자자는 자신감이 커질수록 더 많이 걱정해야 한다. 이들의 커져가는 공포심과 리스크 회피가 합쳐져 리스크 프리미엄을 추가 요구할수록 리스크는 감소한다. 나는 이를 '리스크의 심술(perversity of risk)'이라고 부른다.

"무슨 일이 있어도 그건 사지 않을 거야. 누가 봐도 리스크가 크거든."
이는 내가 살면서 참 많이 들었던 말이며, 또한 내가 참여했던 최고의 투자 기회를 만들어준 말이기도 하다.
진실은 이렇다. 다수의 투자자 집단은 잘못된 예측을 함에 있어 리스크에서나 수익에서나 매한가지다. 어떤 것을 다루기 어렵다고 판단을 내리는 시장의 예측은 거의 항상 틀린다. 대체로 진실은 그 반대이다. 나는 투자에서 리스크는 가장 인지되지 못하는 곳에 가장 크게 도사리고 있고, 반대로 가장 큰 리스크가 있다고 사람들이 생각하는 곳에 가장 적은 리스크가 있다고 확신한다.

- 모두가 어떤 자산에 리스크가 있다고 믿어서 매입을 꺼려 하면, 결국 자산 가격은 리스크가 전혀 없는 수준으로 떨어진다. 가격에 포함되어 있던 모든 낙관론이 배제되고 부정적인 의견이 확산되면 리스크가 가장 적은 투자가 될 수 있다.
- 물론 니프티50 투자자들의 경험에서 알 수 있듯이, 어떤 자산이 리스크를 포함하지 않는다고 모두가 믿게 되면, 결국 앞다투어 그 자산 가격을 올림으로써 리스크는 엄청나게 커진다. 사람들이 어떤 리스크도 두려워하지 않으면, 리스크를 감수하는 데 대한 보상(즉 리스크 프리미엄)을 요구하지도, 받지도 못한다. 그런 상황이야말로 리스크가 무럭무럭 자랄 수 있는 환경이 된다.

이런 역설적인 상황이 존재하는 이유는 대부분의 투자자들이 자산의 질과 가격이 반비례하며, 어떤 자산이 위험한지를 결정하는 것이 바로 자산의 질이라고 생각하기 때문이다. 그러나 우량 자산이 위험하고, 비우량 자산이 안전할 수도 있다. 이는 단지 자산에 얼마를 지불하는가 하는 가격의 문제일 뿐이다. 그러므로 자산에 대한 적극적인 관심과 호평이 커질수록 잠재 수익은 감소하고, 리스크는 증가하는 원천이 될 수 있다.

'모두가 알고 있다' 2007년 4월 26일 메모

리스크를 제어하라

> 요컨대 투자자들이 해야 할 일은 수익을 위해 리스크를 현명하게 수용하는 것이다.
> 이를 얼마나 잘하는가에 따라 최고가 되느냐, 그 나머지가 되느냐가 달려 있다.

내 생각에 특출한 투자자들은 수익을 창출하는 능력 못지않게 리스크를 제어하는 능력 또한 뛰어나다. 절대 수익이 크면 리스크 조정을 잘했을 때보다 쉽게 표시가 나고 기분도 좋다. 고수익을 올리는 투자자들이 세간의 주목을 받는 이유가 바로 여기에 있다. 리스크와 리스크 조정 성과를 측정하기 어렵기 때문에(상황이 발생하고 난 다음이라도), 그리고 리스크 관리의 중요성이 널리 인정받지 못하기 때문에, 투자자들이 리스크 조정을 훌륭하게 수행한다 해도 그에 대한 인정을 거의 받지 못한다. 경기가 좋을 때는 특히 더 그렇다.

그러나 훌륭한 투자자란 모름지기 자신이 거두어들인 수익에 상응하는 것보다 적은 리스크를 부담해야 한다. 낮은 리스크로 중간 정도의 수익을 올리거나, 중간쯤 되는 리스크로 고수익을 올릴 수 있어야 한다. 하지만 고리스크로 고수익을 올리는 것은 오랫동안 그 상황이 유지되지 않는다면 큰 의미가 없다. 이 경우 크다고 생각했던 리스크가 사실은 크지 않았다거나, 투자자가 이례적으로 리스크를 잘 관리했던 것이다. 워렌 버핏, 피터 린치, 빌 밀러, 줄리안 로버트슨 같이 투자의 대가로 인정받는 사람들을 보라. 대체로 이들의 이력이 남다른 것은 고수익 때문만이 아니라, 수십 년간 일관성 있는 실적을 유지하고 큰 실수를 안 했기 때문이다. 이들 각자는 한 해나 두 해쯤 실적이 안 좋았던 적도 있지만, 대체로 수익뿐만 아니라 리스크도 잘 다루었다.

▶ ▶ ▶

리스크 관리에 대한 보상은 후하지도 않고 그나마도 경기가 좋을 때는 절대로 주어지지 않는다. 리스크가 숨어 있어서 잘 안 보이기 때문이다. 리스크(즉 손실 가능성)는 식별할 수 있는 것이 아니다. 눈에 보이는 것은 손실이며, 손실은 대체로 리스크가 부정적인 상황과 충돌했을 때만 발생한다.

이는 매우 중요한 내용이므로 확실한 이해를 위해 두 가지 비유를 들어보겠다. 첫째, 세균은 질병의 원인이 되지만 세균 자체로는 질병이 아니다. 세균이 번성하면 질병이 발생한다고 할 수 있다. 둘째, 캘리포니아의 주택들은 지진 발생 시 붕괴의 원인이 되는 건축적 결함을 가지고 있을 수도 있고, 없을 수도 있다. 이는 지진이 발생해야만 확인할 수 있다.

마찬가지로 손실은 리스크가 어려운 상황을 만났을 때 발생한다.

리스크는 상황이 잘못될 경우 손실이 일어날 가능성이다. 상황이 순조로운 한 손실은 발생하지 않는다. 그러므로 리스크는 부정적인 상황이 발생할 때만 손실을 낳는다. 상황이 순조롭다는 것은 가능성 있는 여러 가지 상황 가운데 그날(또는 그해)이 현실로 나타난 것뿐이다(이는 나심 니콜라스 탈레브가 말하는 대체 역사의 개념으로, 이후 16장에서 좀 더 자세히 다루겠다). 따라서 상황이 나쁘지 않았다는 사실이 그럴 수밖에 없었음을 의미하거나, 리스크를 제어할 필요가 없었다는 의미는 아니라는 것을 잊지 말아야 한다. 설사 그 당시에 리스크를 제어할 필요가 없었음이 나중에 드러난다 하더라도 말이다.

여기서 중요한 것은 손실이 발생하지 않더라도 리스크가 존재했을 수 있다는 것을 아는 것이다. 그러므로 손실이 없었다고 해서 포트폴리오가 꼭 안전하게 설계되었다고 할 수는 없다. 상황이 좋을 때도 리스크가 제어되고 있을 수 있지만, 이를 확인할 수 없으므로 모르는 채로 지나가는 것이다. 즉 여기에 대한 보상은 없는 것이다. 노련하고 수준 높은 관찰자만이 호경기에 포트폴리오를 살피고, 거기에 포함된 리스크가 낮은지, 높은지를 예측할 수 있다.

포트폴리오가 어려운 시기를 잘 버틸 수 있게 하려면, 리스크가 잘 제어되어야 한다. 그러나 포트폴리오가 호황에서 성공을 거두면 그럴 필요 없었지만 리스크 제어가 있었던 것인지, 또는 리스크 제어가 부족했는지 알 수 없다. 결론을 말하자면, 리스크 제어는 호황에는 눈에 보이지 않지만 그래도 꼭 필요하다는 것이다. 호황이 쉽게 불황으로 바뀔 수 있기 때문이다.

▶ ▶ ▶

그렇다면 성공적인 업무 수행은 어떻게 정의할 수 있는가?

대부분의 관찰자들은 비효율적 시장의 장점이 매니저가 벤치마크와 같은 리스크를 수용하여 훨씬 높은 수익률을 올리는 데 있다고 생각한다. [그림 7.1]은 이에 대한 개념과 매니저의 '알파', 즉 기술을 통한 부가가치를 보여주고 있다.

[그림 7.1]에 해당되는 매니저는 좋은 성과를 내기는 했지만, 이는 우리가 알아야 할 것의 절반만을 보여줄 뿐이다. 그나마 그 절반은 흥미롭지도 않다. 비효율적 시장은 실력 있는 투자자로 하여금 리스크 감수를 줄이면서 벤치마크와 같은 수익을 달성할 수 있도록 하는데, 이는 실로 훌륭한 실적이라 할 수 있다([그림 7.2] 참조). 여기서 매니저가

그림 7.1 **포트폴리오, 부가가치, 벤치마크(사례 1)**

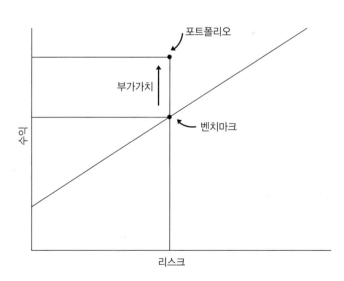

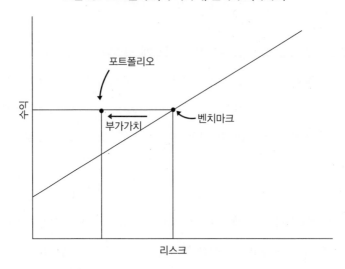

그림 7.2 **포트폴리오, 부가가치, 벤치마크(사례 2)**

포트폴리오

수익

부가가치

벤치마크

리스크

창출한 부가가치는 동일한 리스크로 더 큰 수익을 창출한 데서 오는 것이 아니라, 동일한 수익을 리스크를 줄이고 달성한 것에서 나온다. 이는 성공적인 업무 수행을 한 것으로, 어쩌면 그보다 더 잘했다고 볼 수 있다.

이는 다소 의미론적이며, 그래프를 어떻게 해석하느냐에 달려 있기는 하다. 하지만 나는 기본적인 리스크가 감소하면 대단히 성공적인 투자가 될 수 있는 발판이 제공된다고 생각하기 때문에, 이런 개념은 지금보다 더 큰 주목을 받아야 한다. 상승장에서는 그에 충분히 편승하고 하락장에서도 우수한 수익을 내려면 어떻게 해야 하는가? 하락장의 리스크를 부담하면서 상승장의 수익을 확보하면 된다. 물론 절대로 쉬운 일은 아니다.

'수익, 절대 수익과 리스크', 2006년 7월 13일 메모

앞에서 언급했던 세균과 지진 이야기를 다시 해보겠다. 이번에는 세균에 감염되지 않고 지진이 발생하지 않는다고 해보자. 이 경우 좋은 건축가는 건축물 결함을 피할 수 있지만, 실력 없는 건축가의 건축물에는 결함이 있을 수 있다. 지진이 발생하지 않으면 그 차이를 알 수 없다. 세균 감염도 마찬가지다.

훌륭한 투자자는 다른 사람들보다 더 큰 수익을 올린 것보다, 같은 수익을 냈다 하더라도 리스크 관리를 통해 더 적은 리스크 속에서 그런 성과를 낸 사람일 것이다(아니면 훨씬 적은 리스크로 약간 낮은 수익을 올린다거나). 물론 시세가 안정적이거나 오르고 있을 때, 우리는 포트폴리오가 얼마나 큰 리스크를 포함하는지 알 수 없다. 이는 워렌 버핏이 썰물이 되면 누가 수영복을 입고 수영하는지, 누가 벌거벗고 수영하는지 알 수 있다고 말한 것과 같은 맥락이다.

리스크를 부담하는 투자자로서 적은 리스크로 같은 수익을 올리는 것은 대단한 성과이다. 그러나 대부분의 경우 이는 세심한 판단을 통해서만 평가할 수 있는 미묘하고 눈에 보이지 않는 성과이다.

대체로 시장은 불황일 때보다 호황일 때가 더 많고, 손실이 확실히 드러나는 불황일 때 리스크 제어를 평가한다. 이 때문에 리스크 제어에 드는 비용이 (포기한 수익의 형태로 인해) 과도한 것으로 보일 수 있다. 리스크를 관리하는 투자자들은 그럴 필요가 없는 호황에도 포트폴리오 리스크 관리를 했다는 것에 만족하면 된다. 비유하건대 이들은 화재가 발생하지 않더라도 보험에 가입하여 자신의 주택이 보호받고 있다는 사실에 기분 좋아하는 신중한 주택 소유자들과 같다.

포트폴리오상의 리스크를 제어하는 것은 매우 중요하며 가치 있는 일이다. 그러나 이에 대한 결실은 발생하지 않는 손실의 형태로 돌아온다. 이렇게 만약의 상황을 계산하는 것은 상황이 좋을 때 하기 힘든 일이다.

▶ ▶ ▶

리스크가 있는지 모른 채 리스크를 감수하는 것은 커다란 실수로 연결될 수 있다. 그러나 특정 시점에 크게 유행하거나, 가장 큰 호평을 받고 있는 주식을 구입하는 사람들은 "나쁜 일이 생길 리가 없잖아"라고 생각하며 반복적으로 이렇게 행동한다. 반면에 수익을 위해 어떤 리스크가 있는지를 알고, 이를 지혜롭게 수용하는 것은 가장 현명하고 가장 수익성 있는 투자의 기반이 된다. 대부분의 투자자들이 이를 위험한 투기(비록 그것이 사실일지라도)로 폄하하더라도 말이다.

요컨대 수익을 위해 필요한 리스크를 현명하게 감수하는 것은 투자자가 해야 할 일이다. 이를 잘하느냐 못하느냐에 따라 최고의 투자자와 그 나머지 평범한 투자자들로 구분된다.

수익을 위해 리스크를 현명하게 감수한다는 것은 무슨 의미인가? 생명보험을 예로 들어보자. 미국에서 가장 보수적인 기업이라 할 수 있는 생명보험회사들은 사람은 결국 모두 죽을 것을 알면서 어떻게 사람들의 생명을 보장할 수 있는 것일까?

- 리스크에 대해 알고 있다. 모든 사람은 죽는다는 것을 알며, 이런 사실을 바탕으로 사업 전략을 세운다.

- 분석 가능한 리스크이다. 그래서 보험 신청자들의 건강 상태를 평가하는 의사들을 고용하고 있다.
- 분산시킬 수 있는 리스크이다. 보험 계약자들의 나이, 성별, 직업, 주소지를 다양하게 섞어 원치 않는 상황이나, 광범위한 손실에 노출되지 않도록 한다.
- 리스크를 수용해도 충분한 보상을 받는다. 생명보험회사는 보험 계약자가 평균적으로 보험 통계표의 예상 수명에 따라 죽는다는 가정하에서 수익이 나도록 보험료를 책정한다. 보험시장이 비효율적이라면, 예를 들어 80세에 죽을 것으로 예상되는 계약자의 보험료를 70세에 죽는다는 가정하에 보험료를 책정한다면, 보험회사들은 리스크에 대해 더 잘 보호받을 것이며, 상황이 예상대로 진행될 경우 이례적인 수익을 바랄 수 있게 될 것이다.

오크트리는 고수익채권을 비롯한 나머지 전략들에서 정확히 이 같은 방식으로 일한다. 우리는 리스크에 대해 알려고 노력하며, 이는 어떤 사람들이 그저 단순하게 '위험하다'고 말하는 자산이, 우리가 하는 일에 얼마나 많이 포함되어 있는가를 고려했을 때 꼭 필요한 일이다. 우리는 투자 대상을 분석하고, 리스크를 평가하는 실력이 출중한 전문가들을 고용하며, 포트폴리오를 적절하게 분산한다. 그리고 예상 수익이 리스크에 대한 보상보다 훨씬 크다는 확신이 들 때만 투자한다.

나는 수년간 리스크가 있는 자산이라도 충분히 낮은 가격이라면 좋은 투자가 될 수 있다고 말해왔다. 그러기 위해서는 이에 해당되는 경우가 언제인지를 알아야 한다. 그렇다. 수익을 위해 현명하게 리스크를 감수하는 것이 중요하다. 그리고 이를 판단할 수 있는 가장 좋은 수단은 오랜 기간 반복된 성공의 기록이다.

'리스크', 2006년 1월 19일 메모

▶ ▶ ▶

리스크 관리가 필수적이기는 하나, 리스크 감수 그 자체는 현명하지도 미련하지도 않다. 리스크 제어는 대부분의 투자 전략과 투자 니치(investment niche : 틈새시장과 같은 맥락으로 시장에서 저평가되었거나, 잘 알려지지 않았지만 미래가치가 내재된 기업이나 고성장이 예상되는 가치주, 또는 그런 틈새를 발굴하는 것을 말한다―옮긴이)에 불가피한 요소이며, 성공적일 수도 있고 실패할 수도 있으며, 적기에 이루어질 수도 있고 적절하지 못한 시기에 이루어질 수도 있다. 리스크를 제어하여 좀 더 공격적인 니치로 이동할 수 있는 충분한 실력이 있다면 그보다 좋은 것은 없다. 하지만 잠재적 위험이 많으므로 이를 피해야 한다.

신중하게 리스크를 제어하는 투자자들은 자신이 미래에 대해 모른다는 것을 잘 알고 있다. 이들은 미래에 부정적인 결과가 발생할 수 있지만, 그 결과가 얼마나 나쁠지, 정확한 확률은 얼마나 되는지 알 수 없다는 것을 안다. 그러므로 주된 위험은 '얼마나 나쁜 것이 나쁜 것인가'를 모르는 것과, 그로 인해 잘못된 결정을 하는 것에서 나온다.

극단적인 변동성과 손실은 드물게 나타난다. 그런 상황은 발생하지 않고, 시간이 흐르면서 다시는 그런 일(극단적인 변동과 손실)이 일어나지 않을 것처럼 보인다(그러나 이는 리스크를 지나치게 낮게 추정하는 것이다).
이에 원칙을 완화하고 레버리지를 늘리는 것에 마음이 끌린다. 이런 일
은 종종 리스크가 발생하기 직전에 일어난다. 나심 니콜라스 탈레브는
《행운에 속지 마라》에서 다음과 같은 말을 했다.

> "현실은 러시안 룰렛보다 훨씬 더 비정하다. 첫째, 현실의 리볼버
> 에는 여섯 개가 아니라 수백, 심지어 수천 개의 약실(총알이 장전
> 되는 공간)이 있어서 치명적인 총알이 발사될 확률은 그리 크지 않
> 다. 그렇기 때문에 현실의 러시안 룰렛 참가자는 수십 번의 시도
> 뒤에 총에 총알이 들어 있다는 사실을 잊고, 자신이 안전하다는
> 착각에 빠진다. 둘째, 6분의 1 확률의 리스크를 가진 러시안 룰렛
> 처럼 명확하고 정확한 게임과 달리, 현실에서는 총열을 관찰하지
> 않는다… 그러므로 투자자는 자신도 모르게 러시안 룰렛을 하면
> 서 이를 '낮은 리스크'로 착각하게 된다."

금융기관들은 2004년에서 2007년까지 리스크가 낮은 게임이라고 착
각하며 리스크가 높은 게임을 했다. 순전히 손실과 변동에 대한 추정이
너무 낮았기 때문이었다. 그들이 "이런 일은 잠재적으로 위험하다. 그
동안 주택가격이 너무 많이 올랐고, 모기지(주택담보대출) 이용이 지나
치게 쉬워졌기 때문에, 이제 주택가격이 전국적으로 하락할지 모른다.
그러므로 우리는 과거 수준의 50퍼센트 정도만 대출을 늘리겠다"라고
말하기만 했다면, 지금 완전히 다른 상황일 수 있었을 것이다.
금융기관들이 좀 더 보수적인 추정을 해야만 했다고 말하기는 쉽다. 그

러나 얼마나 보수적이어야 한다는 것일까? 최악의 경우를 예상하여 그
것을 기반으로 사업을 해서는 안 된다. 그렇게 되면 아무것도 할 수 없
다. 아니 '최악의 경우를 예상한다'는 표현은 부적절하다. 전손(total loss)
이 일어나지 않는 한 최악의 경우는 없다. 이제 우리는 금융공학자들이
전국적인 주택가격의 하락은 있을 수 없다는 추정을 해서는 안 됐었다
는 것을 안다. 그러나 그런 가격 하락이 발생할 수도 있다고, 역사상 처
음으로 인정한다면 대체 어느 정도까지 대비해야 할까? 2퍼센트? 10
퍼센트? 15퍼센트?

2008년 뉴스 기사의 제목들은 레버리지를 이용해 자산을 매입하여 막
대한 손실을 입거나 파산한 증권들의 이름으로 채워졌다… 이러한 투
자자들은 중간 정도의 변동성을 가진 자산에 적합했을 레버리지를 이
용했으나, 여태껏 본 적 없는 가장 큰 변동성에 직면했던 것이다. 그들
이 실수한 것이라고 쉽게 말들 하겠지만, 예외적인 사건에 철저히 대비
하기를 기대하는 것이 과연 합당한가?

만약 모든 포트폴리오가 2008년 우리가 목격한 규모의 시세 하락을 견
뎌내야 했다면, 어떤 레버리지도 사용해서는 안 됐다. 이런 식으로 반
응해야 마땅한 것인가? 2008년 정도의 하락을 견뎌야 한다면, 레버리
지는커녕 그런 자산에 투자를 할 사람도 없었을 것이다.

인생의 모든 측면에서 우리는 앞으로 무슨 일이 일어날지 예상하여 그
것을 바탕으로 결정을 내린다. 그리고 미래를 예측할 때는 과거에 일반
적으로 일어났던 일들에 크게 의지한다. 우리는 대체로 결과가 표준에
가깝기를 희망하지만(A), 그보다 더 낫거나(B), 그에 못 미치는 결과(C)
가 나오는 것이 흔한 일임을 안다. 또한 가끔은 결과가 예상 범위를 벗

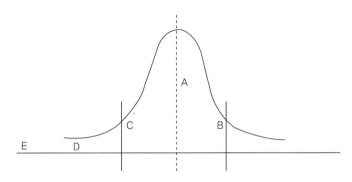

그림 7.3 **극단적인 변동성과 손실**

어날 수 있다는 것(D)을 알고 있으면서도, 아웃라이어(outlier : 통계적으로 발생할 가능성이 거의 없는 결과)가 나타날 가능성에 대해서는 망각하는 경향이 있다. 그리고 중요한 것은 최근의 상황에서 볼 수 있었던 것처럼, 우리는 100년에 한 번 있을 법한 결과(E)에 대해서는 거의, 또는 전혀 고려하지 않는다([그림 7.3] 참조).

이례적이고 일어날 가능성이 없어 보이는 일들이 일어날 수 있다는 것을 알지만, 합리적인 결정을 내리고 이를 실천하기 위해 우리는 리스크 대비 예상 수익이 높을 때 그 리스크를 알고도 수용한다. 아주 가끔 블랙스완(예기치 못한 극단적 상황)이 현실화될 것이다. 하지만 "우리는 이러이러한 것을 할 수 없다. 이제껏 봐온 것보다 결과가 나쁠 수 있기 때문이다"라는 말만 계속해서 늘어놓는다면 아무런 대책도 마련하지 못하고, 아무런 행동도 하지 못할 것이다.

그러므로 대부분의 상황에서 최악의 경우를 대비할 필요는 없다. 한 세대에 한 번 일어날 만한 상황들에 대비하는 것만으로 충분하다. 그러나 한 세대는 영원하지 않으며, 언젠가는 기준(최악의 기준)이 초과되는 순간이 있을 것이다. 그럴 때는 어떻게 할 것인가? 나는 예전에 일어날 가능성이 없을 것 같은 끔찍한 상황에 대비하기 위해 얼마나 많은 노력을 기울여야 하는가에 대해 고민했었다. 그러나 여러 사건들 중에 특히 2007년에서 2008년에 걸쳐 일어난 사건들은 이 질문에 쉬운 답이란 없음을 분명히 보여준다.

'변동성+레버리지=다이너마이트', 2008년 12월 17일 메모

특히 앞서 언급한 예측 불허의 변동성 측면에서 리스크 제어와 리스크 회피 간의 중요한 차이를 명확히 해둘까 한다. 리스크 제어는 손실을 피하는 최고의 방법이다. 반면 리스크 회피는 수익마저도 회피하게 될 수 있다. 오크트리가 투자 리스크를 피하려 한다는 이야기가 가끔 들리는데, 나는 이에 전혀 동의할 수 없다.

확신하건대, 오크트리는 리스크를 회피하지 않는다. 다만 시기와 사례와 가격이 적절할 때만 리스크를 환영한다. 우리는 모든 리스크를 쉽게 피할 수 있고, 당신도 그럴 수 있다. 그러나 그렇게 되면 무위험 이자율 이상의 수익을 올릴 수 없다는 것도 확실하게 말할 수 있다. 작고한 코미디언 윌 로저스(Will Rogers)는 "우리는 종종 위험을 감수해야 한다. 성공의 열매가 거기에 있기 때문이다"라고 말했다. 우리 중 누구도 4퍼센트의 수익을 올리기 위해 이 일을 하고 있는 것은 아니다. 그런 의미에서 오크트리 투자철학의 으뜸가는 신조가 '리스크 제어의 중요성'을 강조하는 것이기는 해도 이는 리스크 회피와 전혀 무관하다.
리스크 대비 예상 수익이 높을 때 리스크를 감수함으로써(특히 다른 사람

들이 과도하게 기피하는 수준까지), 우리는 고객을 위해 부가가치를 창출하려고 열심히 노력한다. 이는 오크트리의 프로세스에서 리스크가 얼마나 큰 비중을 차지하는지 명백히 보여준다.

세계적인 컨설팅 기업인 딜로이트앤드투쉬(Deloitte & Touche)의 릭 펀스턴(Rick Funston)이 '기업의 리스크가 개인의 것이 될 때'라는 제목으로 〈코퍼레이트 보드 멤버(Corporate Board Member)〉 2005년 특별 부록에 쓴 기사를 읽고 영감을 받아 나는 지금의 메모를 쓰게 되었다. 그 기사에 다음과 같은 말이 나온다. "당신에게는 위로가 필요하다… 리스크 노출에 대해 분명히 인식하고 있고, 적절하게 관리하고 있으며, 모두를 위해 좀 더 투명하게 만들고 있다고… 이것은 단순한 리스크 회피가 아니라, 지능적 리스크 관리이다. 이를 위해 오크트리는 날마다 노력하고 있다."

'리스크', 2006년 1월 19일 메모

장기적인 투자 성공으로 가는 길은 공격적인 투자보다는 리스크 제어에 있다. 전체 투자 이력을 통틀어 대부분 투자자들의 성과는 성공 사례가 얼마나 대단했느냐 보다는, 실패 사례가 얼마나 되고 그 사례들이 얼마나 나빴는지에 의해 결정된다. 리스크를 능숙하게 제어하는 것은 탁월한 투자자임의 징표다.

08

주기에 주의를 기울여라

거의 모든 것에는 '주기'가 있음을 꼭 기억해야 한다.
주기에 대해 내가 확신할 수 있는 것은 많지 않지만, 다음의 몇 가지는 사실이다.
먼저 주기는 언제나 이긴다는 것이다. 그 어떤 것도 영원히 한 방향으로 움직이지 않는다.
그리고 현재 상황이 미래에도 계속될 것이라고 굳게 믿는 것처럼
건전한 투자에 위험한 것은 없다.

투자업계에 오래 있을수록 주기의 중요성을 더욱 인정하게 된다.
2001년 11월, 나는 이 주제 하나로 메모 전체를 채운 적이 있다. 메모
의 제목은 '예측할 수는 없지만 대비할 수는 있다'라는 매스뮤츄얼생
명보험회사(MassMutual Life Insurance Company)의 광고 문구에서 착안한
것이다. 우리 앞에 무엇이 놓여 있는지 알 수는 없지만 가능성에 대비
함으로써 그로 인한 고통을 줄일 수는 있다는 광고의 논지에 전적으
로 공감한다는 취지에서였다.

투자에는 인생에서와 마찬가지로 확실한 것이 별로 없다. 가치는
증발할 수 있고, 판단은 틀릴 수 있으며, 상황도 변할 수 있고, '확실한
것'도 실패할 수 있다. 하지만 이와 관련해 확신을 가지고 고수할 수

있는 두 가지 원칙이 있다.

- 원칙 1 : 대부분의 것들이 주기를 따른다는 사실이 증명될 것이다.
- 원칙 2 : 수익과 손실을 가져오는 가장 큰 기회들은, 다른 이들이 '원칙 1'을 망각했을 때 찾아오는 경우가 많다.

무엇이 됐든 한 방향으로만 움직이는 것은 매우 드물다. 진척이 있으면 악화가 있고, 상황이 한동안 좋았다가 악화되기도 한다. 진척이 빨랐다가 느려지기도 하며, 악화가 조금씩 진행되다가 어느 순간 정점을 찍을지도 모른다. 그러나 중요한 원칙은 무엇이든 커졌다 작아지고, 증가했다 하락한다는 것이다. 이는 경제와 시장, 기업에도 마찬가지다. 상승이 있으면 하락이 있다.

이 세상에 주기가 존재하는 근본적인 이유는 인간과 관계있다. 물리적인 것들은 한 방향으로만 움직일 수 있다. 가령 시간은 계속해서 흐르며, 기계도 동력이 충분히 공급되는 한 마찬가지다. 그러나 역사나 경제 같은 분야의 프로세스는 인간을 포함하며, 인간을 포함할 때 결과는 다양해지고 주기적으로 변한다. 그 이유는 대개 인간이 감정적이고, 일관되지 못하며, 꾸준하지 않고, 단순하지도 않기 때문이다.

물론 양적인 관계, 전 세계에서 일어나는 사건들, 환경 변화, 기술 발전, 기업 의사결정 등과 같은 객관적인 요소들이 주기에서 커다란 역할을 하는 것은 분명하다. 그러나 투자자들이 과민 반응을 하거나 미온적인 반응을 보임으로써 주기의 변동폭이 결정된다면, 이런 요소들에 인간 심리가 추가되어야 한다.

사람들이 현재 상황에 만족하고 미래에 대해 낙관적으로 생각하면 이에 상당한 영향을 받는다. 그래서 소비는 증가하고 저축은 감소하며, 여가나 문화생활을 즐기기 위해, 수익 가능성을 위해 돈을 빌린다. 그로 인해 자신들의 재무 상태가 더 악화된다고 하더라도 말이다. 낙관적인 시기에는 불안정과 같은 개념은 잊힌다. 그리고 현재가치나 미래가치를 위해 기꺼이 돈을 쓰게 된다.

그러나 이 모든 것이 한순간에 역전될 수 있다. 내가 좋아하는 만평에서 한 텔레비전 아나운서가 이런 말을 한 적이 있다. "어제 시장에서 유용했던 모든 것들이 오늘은 무용지물이다." 주기에 있어서 극단적인 상황들은 대체로 사람들의 감정과 기벽, 객관적이지 못하거나, 일관적이지 못한 데서 비롯된다.

주기는 자기교정(self-correcting)적이며, 주기의 전환이 꼭 외부 사건에 의해 좌우되는 것은 아니다. 주기가 영원히 계속되지 않고 스스로 전환하는 것은 추세가 그렇게 만들기 때문이다. 그러므로 성공은 그 자체로 실패의 씨앗을 품고 있으며, 실패는 그 자체로 성공의 씨앗을 품고 있다고 말할 수 있겠다.

'예측할 수는 없지만 대비할 수는 있다', 2001년 11월 20일 메모

▶ ▶ ▶

신용 주기(credit cycle)는 불가피성, 극단적인 변동성, 투자자들이 이에 대해 적절히 대응할 기회를 만들 수 있다는 점에서 특별히 언급할

가치가 있다. 또한 세상에 존재하는 모든 주기 중에 내가 제일 좋아하는 것이기도 하다.

투자업에 오래 종사할수록 나는 신용 주기의 영향에 대해 더 많이 감탄하게 된다. 자산 가격에 지대한 영향을 미치고, 경제 자체를 지탱해주는 신용 가용성에 큰 변동을 생기게 하려면 경제에서 작은 변동만 있으면 된다. 그 프로세스는 간단하다.

- 경제는 번영의 시기를 향해 간다.
- 자본 조달자들은 자본 기반을 늘리는 것으로 번영한다.
- 나쁜 소식이 거의 들리지 않기 때문에 대출과 투자에 수반되는 리스크가 감소한 것처럼 보인다.
- 리스크 회피가 사라진다.
- 금융기관들은 사업을 확대하려고 조치를 취한다. 즉 더 많은 자본을 제공하려고 한다.
- 금융기관들은 요구 수익을 낮추고(예를 들면 금리 인하를 통해), 신용 기준을 낮추고, 특정 거래에 더 많은 자본을 제공하고, 계약 조건을 완화하는 것으로 시장점유율을 두고 서로 경쟁한다.

극단적인 경우 자본 조달자들은 이용 자격이 없는 대출자와 프로젝트에 자본을 제공한다. 〈이코노미스트(The Economist)〉가 올 초 언급했듯이, "최악의 대출은 최고의 시기에 실행된다." 그로 인해 자본 파괴, 즉 자본비용(자본 이용에 드는 비용)이 자본 수익(매각 후 얻을 수 있는 양도 차익)을 초과하는 프로젝트에 자본을 투자하여, 결국 자본 수익이 안 남는 사례가 발생한다. 이 시점에 도달하게 되면, 위에서 묘사한 상향각(up leg : 상승 주기)이 방향을 전환한다.

- 손실 때문에 대출자들은 의욕을 잃고 투자를 회피하게 된다.
- 리스크 회피가 늘면서 금리가 오르고, 여신 규제, 계약 조건이 늘어난다.
- 이용할 수 있는 자본금이 줄어든다(주기의 저점에서는 가장 자격이 있는 사람에게만 대출된다).
- 기업들은 자금에 굶주리고, 대출자들은 부채 상환을 연장할 수 없게 되면서 채무불이행과 파산이 발생한다.
- 이 프로세스는 경기 위축의 원인이자 악화 요인이다.

물론 극단적인 상황에서 프로세스는 다시 방향을 바꿀 준비를 한다. 대출을 받거나, 투자를 하려는 경쟁이 낮기 때문에 높은 신용도와 함께 고수익이 요구될 수 있다. 이 시점에서 역투자가들은 자본을 이용하여 고수익을 시도하고, 귀를 솔깃하게 하는 잠재 수익이 자본을 유인하기 시작한다. 이런 식으로 경기회복이 시작된다. 앞서 나는 주기에 자기교정 능력이 있다고 말했다. 신용 주기는 위에서 설명한 프로세스를 통해 스스로 제자리를 찾아가고, 이는 경제 주기에 변동성이 생기게 하는 요인 중에 하나이다. 호황으로 대출이 늘면서 잘못된 대출로 인해 큰 손실이 발생하고, 결국 사람들이 더 이상 대출을 하지 않게 되면서 호황은 끝이 난다. 이 상황이 계속 반복된다.

다음번에 위기가 찾아오면 주변을 관찰해보라. 돈을 빌린 사람이 십중 팔구 주변에 있을 것이다. 자유방임주의를 지향하는 자본 조달자들은 거품경제가 발생하도록 자주 일조하고 부추긴다. 신용 완화로 경기가 호황을 누리다가, 우리가 익히 알고 있는 위기 상황이 뒤따른 사례들이 최근에 많았다. 예를 들면 1989년에서 1992년까지 부동산, 1994년에서 1998년까지 신흥 시장, 1998년 헤지펀드의 대표적 실패 사례인 롱 텀캐피털매니지먼트, 1999년에서 2000년까지 영화 산업, 2000년에서 2001년 벤처 금융과 이동통신사 등이 있었다. 각각의 경우 금융기관들과 투자기관들이 저리 자금을 지나치게 많이 제공한 결과, 과도한 팽창과 막대한 손실이 발생했다. 영화 〈꿈의 구장(Field of Dreams)〉에서 케빈 코스트너는 이런 말을 듣는다. "구장을 지으면 사람들이 올 거야." 금융계에서는 저리 자금을 제공하면 사람들이 돈을 빌리고, 땅을 사고, 집을 지을 것이다. 그리고 많은 경우 무절제한 상황으로 인해 치명적인 결과가 발생할 것이다.

'예측할 수는 없지만 대비할 수는 있다', 2001년 11월 20일 메모

2007년에서 2008년 사이에 발생한 금융위기의 진행 과정을 더할 나위 없이 온전하게 보여주고 있는 메모가 쓴 지 10년이 다 돼간다는 사실을 부디 유념해주기 바란다. 이 글을 쓸 수 있었던 것은 내게 예측 능력이 있었기 때문이 아니라, 주기라는 개념에 내가 익숙했기 때문이다. 특히 기본적인 주기들은 결코 끝이 없다는 것을 나는 잘 알고 있다.

▶ ▶ ▶

주기는 절대로 멈추는 법이 없다. 그러나 완벽한 효율적 시장 같은 것이 존재한다면, 그리고 사람들이 정말로 계산적으로 감정을 배제하고 결정을 내린다면 아마 주기는 사라질 것이다(최소한 주기상에서 극단적인 상황만이라도 사라질 것이다). 그러나 그런 일은 절대로 일어나지 않을 것이다. 소비자들이 지정학적으로나 자연적으로 발생하는 경제적 요인이나 외부 사건들에 반응하며 소비를 늘리거나 줄이는 것에 따라, 경제는 호황과 불황을 거듭할 것이다. 기업들은 경기 상승기 동안 장밋빛 미래를 기대할 것이고, 그로 인해 각종 시설과 물품을 과도하게 늘릴 것이다. 그러나 경기 침체기가 되면 이는 큰 부담으로 작용할 것이다.

자본 조달자들은 경기가 호황일 때는 무척이나 관대해져서 저리 자금으로 과도한 팽창을 초래할 것이고, 좋은 시절이 끝났다 싶으면 고삐를 사정없이 당길 것이다. 투자자들은 자신의 실적이 좋을 때는 기업을 고평가할 것이고, 상황이 어려울 때는 저평가할 것이다.

그럼에도 불구하고 사람들은 주기가 10년 정도 만에 한 번씩 새로 시작한다고 결론 내린다. 그리고 호황기가 끝없이 이어질 것이라거나, 부정적인 추세를 막을 수 없을 것이라고 생각한다. 그런 시기에 사람들은 '선순환' 또는 '악순환'에 대해 이야기한다. 어느 한 방향으로 계속해서 상황이 자급식으로(self-feeding) 전개되는 것 말이다.

이에 관한 좋은 예가 있다. 1996년 11월 15일 〈월스트리트 저널(The Wall Street Journal)〉은 점점 커져가는 시장 심리를 다음과 같이 기사화했다. "중역 회의실에서 거실까지, 정부 관청에서 증권거래소까지 새로운 시장 심리가 나타나고 있다. 대규모의 경기 악순환이은 끝났다는 것이다." 그렇다면 그 후 수년간 변동이 없었고 주기를 타지 않았던 경제 상황을 기억하는 사람이 혹시 있는가? 1998년 나타나기 시작한 경제위기와 2002년의 경기후퇴, 2008년의 금융위기(2차 대전 이후 최악의 경제 불황 사태)를 어떻게 설명할 것인가?

주기가 끝났다는 믿음은 "이번엔 달라"라는 위험한 전제를 기반으로 한 사고의 전형적인 예다. 과거에 대해 알고, 과거가 반복된다는 것을 이해하는 사람이라면 누구나 이런 전제(또한 수익을 위한 기회를 제시하기도 하는 전제)를 두려워해야 한다. 그러므로 이런 형태의 실수가 발생하면 반드시 알아볼 수 있어야 한다.

《오 예?(Oh Yeah?)》는 1932년에 출간된 내가 제일 좋아하는 책 중에 하나로, 대공황을 미리 예측한 경제인들과 정치 지도자들의 혜안을 담은 모음집이다. 그 당시에도 전문가들은 주기로부터 자유로운 경제를 예측하고 있었던 것 같다.

- 우리가 현재 누리고 있는 번영을 방해할 것은 없을 것이다.(마이런 E. 포브스, 피어스애로우자동차(Pierce Arrow Motor Car Co.) 회장, 1928년 1월 1일)
- 나는 이 나라의 번영이 미래에 반드시 쇠퇴하고 사라질 것이라는 의견에 반대의 목소리를 높이지 않을 수 없다(E. H. H. 시몬스, 뉴욕증권거래소 회장, 1928년 1월 12일).
- 황금기로 역사에 남을 시기가 이제 막 시작했을 뿐이다(어빙 T. 부시, 부시터미널(Bush Terminal Co.) 회장, 1928년 11월 15일).
- 나라의 근간이 되는 사업이 견실하고 순조롭게 진행되고 있다(허버트 후버 제31대 미국 대통령, 1929년 10월 25일).

가끔씩 상승추세 또는 하락추세가 오랫동안, 또는 극단적으로 지속되면 사람들은 "이번엔 달라"라고 말하기 시작한다. 이들은 지정학, 금융기관, 과학기술, 또는 오랜 원칙을 쓸모없는 것으로 만들어버린 행동의 변화를 예로 든다. 또한 최근의 추세를 추정하여 투자 결정을 한다. 그러고 나면 오랜 원칙이 여전히 적용된다는 것이 입증되고, 주기는 다시 시작된다. 결국 나무는 하늘 높이로 자라지 않으며, 무를 지향하는 것은 거의 없다. 그리고 대부분의 현상에는 주기가 있는 것으로 드러난다.

'예측할 수는 없지만 대비할 수는 있다', 2001년 11월 20일 메모

우리는 대체로 미래는 과거와 많이 비슷할 것이고, 상승 주기가 있고 하락 주기가 있을 것이라고 결론 내린다. 상황이 호전될 것이라고 주장하기 적절한 때도 있는데, 이는 시세가 폭락해서 모두가 헐값에 자산을 팔고 있을 때다. 한편 시세가 기록적인 수준을 보이고 있어서 과거에 한 번도 진실이 아니었던 것을 긍정적으로 합리화하는 것도 위험하다. 그런 일은 전에도 있었고, 앞으로도 있을 것이다.

'이번엔 다를까?', 1996년 11월 25일 메모

주기를 무시하고 추세를 추정하는 것은 투자자가 할 수 있는 가장 위험한 일 중에 하나다. 사람들은 성공하는 기업들은 끝까지 성공하고, 초과 성과를 내는 투자는 끝까지 초과 성과를 내며, 그렇지 못한 기업이나 투자는 끝까지 실패할 것처럼 행동한다. 그러나 현실은 이와 반대로 될 가능성이 크다.

처음 도전하는 투자자들이 이 같은 현상이 일어나는 것을 보고, 전

에 한 번도 일어난 적 없는 어떤 일(예를 들면 주기의 중단)이 발생할 수 있다고 생각하는 것은 이해할 수 있다. 하지만 두 번째나 세 번째로 도전하는 투자자들은 그쯤 되면 경험이 있으므로, 그런 일은 결코 일어나지 않는다는 것을 깨닫고, 그 깨달음을 유리하게 이용해야 한다.

다음에 주기의 중단을 전제로 한 거래를 제안받으면, 그것은 백전백패의 지는 게임이라는 것을 기억하라.

투자시장의 특성을 이해하라

> 시장 상황이 좋고 가격이 오르면, 투자자들은 신중함 따위는 잊고
> 매입을 서두른다. 그러다 혼란의 시기가 도래하여 자산이 저가 매입 대상이 되면,
> 투자자들은 리스크를 감수할 의지를 잃고 매각을 서두른다.
> 이러한 현상은 계속될 것이다.

내가 1991년 투자자들에게 쓴 두 번째 메모는 거의 한 가지 주제로 채우다시피 했는데, 지난 몇 년 동안 나는 이 주제에 대해 점점 더 많은 생각을 하게 되었다. 그것은 바로 시계추처럼 규칙적으로 움직이는 투자자들의 태도와 행동이다.

증권시장의 심리 변화는 마치 시계추의 움직임을 닮았다. 시계추가 좌우로 움직이며 그리는 아치 모양의 중간 지점은 시계추의 평균적인 위치를 가장 잘 보여준다. 하지만 실상 그 지점에 머무는 시간은 매우 짧다. 대신 시계추는 거의 항상 아치의 한쪽 끝을 향해, 또는 반대쪽 끝을

향해 움직이고 있다. 그러나 시계추가 어느 한끝에 다다를 때마다 추는 곧바로 다시 중심을 향해 움직인다. 사실상 한쪽 끝을 향해 가는 움직임 자체가 역방향으로 되돌아가기 위한 동력을 제공한다.

이렇듯 투자시장은 다음과 같은 시계추의 움직임을 따른다.

- 호황과 침체 사이
- 긍정적 사건에 반색하는 것과 부정적 사건에 집착하는 것 사이
- 그러므로 고평가(overprice)와 저평가(underprice) 사이

위와 같이 양극단을 오가는 규칙적인 움직임은 투자 세계에서 가장 신뢰할 수 있는 특징 중 하나이다. 그리고 투자자 심리는 어느 한쪽으로 치우치지 않은 '중도'보다는 양극단에서 보내는 시간이 훨씬 많다.

'1분기 실적', 1991년 4월 11일 메모

13년의 세월이 흐른 후, 나는 다른 메모에서 이 시계추를 주제로 또한 번 긴 글을 썼다. 그 글에서는 앞서 언급한 요소들에 더해 시계추가 '탐욕 대 공포'를 토대로 움직인다는 것을 언급했다. 예를 들면 상황을 낙관적 또는 비관적인 렌즈를 통해 보려는 태도, 다음에 이어질 상황 전개에 대한 믿음, 쉽게 믿는 것, 의심하는 것, 리스크 허용 또는 리스크 회피 등이다.

이 중에 마지막 요소, 즉 리스크를 대하는 태도의 변화는 대부분의 시세 변동에 영향을 미친다. 리스크 회피는 앞서 언급한 바 있듯이, 합리적인 시장의 필수 요소이며, 이와 관련하여 시계추의 위치는 특히

중요하다. 리스크 기피현상이 적절하지 않으면 시세에 거품이나 폭락 같은 불균형 상태를 발생시키는 주요 원인이 된다. 물론 거품 발생 자체가 리스크 기피 부족 현상이라고 규정하는 것은 지나친 일반화다. 반면 시세가 폭락하면 투자자들은 지나치게 두려워한다. 그리하여 리스크를 과도하게 회피하면 낙관론이 가격에 전혀 반영되지 않고, 가치에 대한 평가가 터무니없이 낮을 때조차도 투자자들은 매수로부터 등을 돌린다.

내가 보기에 탐욕—공포 주기는 리스크에 대한 태도가 바뀌는 것에 달려 있다. 탐욕이 만연하다는 것은 투자자들이 리스크에 대해 안심하는 수준이 높고, 수익에 대한 관심으로 리스크를 부담하겠다는 생각이 크다는 것을 의미한다. 반대로 공포가 만연해 있는 것은 리스크 회피 수준이 높다는 것을 나타낸다. 학자들은 리스크에 대한 투자자들의 태도가 한결같다고 보지만 확실히 변동이 심하다. 금융 이론은 투자자들이 리스크를 회피한다는 추정에 크게 의존한다. 즉 투자자들이 리스크를 꺼리지만, 보다 큰 예상 수익을 위해 리스크를 부담하도록 유인 또는 매수되어야 한다는 것이다.

리스크가 큰 투자로부터 확실하게 고수익을 거둔다는 말에는 모순이 있다. 그러나 이런 경고가 무시되는 시기가 있다. 사람들이 리스크에 대해 지나치게 안심하여 증권 가격이 리스크를 감수하는 대가를 포함함에 있어 그 대가가 리스크를 보상하기에 충분하지 않을 때이다. 투자자들이 지나치게 리스크를 허용하면 증권 가격 자체에 수익보다는 리스크가 더 많이 들어가 있을 수 있다. 반대로 투자자들이 지나치게 리스크를 회피하면 리스크보다는 수익을 더 많이 포함하고 있을 수 있다.

'중도', 2004년 7월 21일 메모

리스크에 대한 태도에 가장 큰 영향을 미치는 것 중에 하나는 시계추의 움직임이다. 나는 최근에 투자의 주요 리스크를 두 가지로 압축했는데, 이는 자금 손실에 대한 리스크와 기회를 놓치는 리스크이다. 리스크를 제거하기 위해 이 두 가지 중에 하나를 크게 제거하는 것은 가능하지만, 두 가지 다 제거할 수는 없다. 이상적인 환경에서 투자자들은 이 두 가지를 두고 균형을 맞출 것이다. 그러나 때로 추가 어느 한쪽 끝에 있을 때, 둘 중에 하나는 두드러지게 나타난다. 예를 들면 다음과 같다.

- 2005년, 2006년, 2007년 초, 상황이 매우 순조롭고 자금시장의 문이 활짝 열려 있었기에, 손실이 눈앞에 있을 거라고 상상한 사람은 거의 없었다. 많은 이들이 리스크는 사라졌다고 믿었기에, 사람들의 유일한 근심은 기회를 놓칠 수도 있다는 것이었다. 월스트리트가 눈이 번쩍 뜨일 만한 새로운 금융상품을 내놓았다고 가정해보자. 다른 투자자들이 앞다투어 사들이는 이 상품을 사지 않은 사람들이 있다면, 그리고 눈이 뻔쩍 뜨일 만한 상황이 실제로 일어났다면, 이들은 보수적이고 도태된 것으로 보였을지도 모른다. 리스크가 사라졌다고 믿었던 사람들은 자금 손실에 대한 걱정을 하지 않았기 때문에 매입가가 낮아야 한다든가, 리스크 프리미엄이 충분해야 한다든가, 투자자를 보호하라는 등의 주장을 하지 않았다. 한마디로 너무 공격

적으로 행동했다.

- 시간이 흘러 2007년 후반과 2008년이 되자, 신용 위기가 극에 달해 사람들은 세계 금융 시스템이 완전히 붕괴할 것을 걱정하기 시작했다. 투자 기회를 놓칠 걱정을 하는 사람은 더 이상 없었다. 사람들이 오로지 자금 손실을 걱정하는 지경까지 추가 움직인 것이다. 따라서 이들은 아주 적은 양이라도 리스크가 있는 것부터 해서 예상 수익이 얼마나 되든 상관없이, 수익이 0에 가까운 안전한 국채에 이르기까지 투자라면 모두 회피했다. 그 당시 투자자들은 지나치게 많이 두려워했고, 매도에 혈안이 되어 있었으며, 포트폴리오를 지나치게 방어적으로 포지셔닝했다.

지난 몇 년 동안 우리는 시계추의 움직임을 확실히 볼 수 있는 흔치 않은 기회를 가졌다. 더불어 대부분의 사람들이 옳지 않은 시기에, 해서는 안 되는 일을, 얼마나 꾸준히 하는지도 볼 수 있었다. 시장 상황이 좋고 가격이 오르면 투자자들은 신중함 따위는 잊고 매입을 서두른다. 그러다 혼란의 시기가 도래하여 자산이 저가 매입 대상이 되면, 투자자들은 리스크를 감수할 의지를 잃고 매각을 서두른다. 이러한 현상은 계속될 것이다.

▶ ▶ ▶

내가 투자 일을 시작할 무렵, 한 베테랑 투자자가 내게 강세장의 3단계에 대해 말해준 적이 있다. 이제 여러분과 이를 공유하고자 한다.

- 1단계 : 소수의 미래 지향적인 사람들이 상황이 호전될 것이라고 믿기 시작할 때
- 2단계 : 대부분의 투자자들이 실제로 상황이 호전되고 있다는 것을 알게 될 때
- 3단계 : 모두가 상황이 계속해서 호전될 것이라는 결론을 내릴 때

이보다 나은 설명을 위해 누구도 시간 낭비하지 않기를 바란다. 이 3단계에 우리가 알아야 할 모든 것이 담겨 있으니 말이다. 그보다는 이 내용의 진의를 파악하는 것이 필요하다.

시장에는 시장만의 심리가 존재하고, 투자자 심리 변화(펀더멘털의 변화가 아니라)에 의해 주로 발생하는 평가 매개 변수의 변화는 주가 변화의 주요 원인이 된다. 이런 심리 또한 시계추처럼 움직인다.

모든 것이 암울해 보일 때 주식은 가장 싸다. 우울한 상황에서 주가가 바닥을 지키는 이때는 소수의 기민하고 과감한 저가주 사냥꾼들만이 주식을 매수하는 일에 거리낌이 없다. 그러다 이들의 매수가 얼마간 주목을 끌어서일 수도 있고, 전망이 조금 나아져서일 수도 있겠지만, 어쨌든 이러저러한 이유로 시장 상황은 호전되기 시작한다. 얼마 후 전망이 좀 더 나아지면서 사람들은 상황이 호전되고 있다고 평가하기 시작하지만, 아직 주식을 매수할 정도까지는 아니다. 물론 경제와 시장이 중환자 명단에서 빠지고 나면, 사람들은 주식을 매수하면서 좀 더 공정한 가치가 반영된 가격을 지불한다.

그리고 결국 경솔함이 끼어든다. 경제 호전과 기업 수익 향상에 고무되

어, 사람들은 경제를 예측하는 일에 적극적이 된다. 그러다 상황이 호전되던 초기에 과감하게 투자한 사람들의 수익에 흥분하고 부러워하며 동참하고 싶어 한다. 그리고 모든 일에는 주기가 있다는 것을 망각하고 수익이 계속될 것이라는 결론을 내린다. 바로 이 점 때문에 나는 다음의 격언을 좋아한다. "현자가 시작한 일을 바보가 마지막에 뛰어들어 마무리한다." 가장 중요한 것은 초강세장의 후반기에 사람들은 호황이 끝없이 지속될 것이라고 추정하면서 기꺼이 주가를 지불한다는 것이다.

'예측할 수는 없지만 대비할 수는 있다', 2001년 11월 20일 메모

내가 강세장의 단계에 대해 알게 된 지 35년이 지나, 서브프라임 모기지의 약점이 노출되고 나서, 모든 이들이 세계적인 경제위기가 닥칠 것을 우려할 무렵, 나는 반대로 약세장의 3단계를 제시했다.

- 1단계 : 소수의 신중한 투자자들이 강세가 만연해 있음에도 불구하고 상황이 언제나 장밋빛일 수는 없다는 것을 인식할 때
- 2단계 : 대부분의 투자자들이 상황이 악화되고 있음을 인식할 때
- 3단계 : 모든 사람이 상황이 악화될 수밖에 없음을 확신할 때

약세장 3단계 가운데 우리가 현재 두 번째 단계에 오래 있었음은 확실하다. 암울한 뉴스와 절망적인 상황들이 계속되고 있으니 말이다. 이제 점점 더 많은 사람들이 혁신, 레버리지, 파생상품, 거래 상대방 위험(거래 상대방의 파산이나 신용등급의 변동으로 인해 발생하는 위험—옮긴이), 시가평가 회계(자산가치를 매입가가 아닌 시가에 기초하여 평가하는 회계—옮긴이)

같은 것들에 위험이 내재되어 있음을 인정한다. 그리고 갈수록 이 같은 문제를 해결하기 어려울 것으로 보인다.

머지않아 우리는 3단계에 접어들 것이고, 대중은 그쯤 되면 해결책이 없을 것이라며 포기할 것이다. 그리고 금융권이 종말을 맞이하지 않는다면, 우리는 일생일대의 투자 기회를 맞이할 수 있을 것이다. 경기의 바닥은 밀물 또한 있다는 것을 모두가 잊을 때 찾아온다. 그때를 위해 우리는 살고 있는 것이다.

'썰물', 2008년 3월 18일 메모

위의 메모를 쓴 지 6개월이 지나고, 상황은 결국 3단계까지 진행되었다. 사람들은 세계 금융 시스템의 완전한 붕괴가 가능할 수도 있다는 생각을 하게 되었고, 그 첫걸음이 시작되었다. 리먼브라더스(Lehman Brothers)의 파산, 베어스턴스, 메릴린치(Merrill Lynch), AIG, 패니매이(Fannie Mae), 프레디맥(Freddie Mac), 와코비아(Wachovia), 와무(WaMu; Washington Mutual Fund)의 합병 또는 구제 등이 그것이다. 역사상 가장 큰 위기였기 때문에 투자자들은 당시 상황을 3단계라고 믿었으며, 그 어느 때보다 상황이 악화될 수밖에 없다고 모두가 확신했다.

그러나 한쪽 끝에 다다른 시계추는 반대 방향으로 움직이기 시작했다. 그리고 많은 자산군에 발생한 상황(2008년 가격이 하락하면서 최악의 순간에 투자 기회가 왔고, 2009년에는 가격이 올랐다)은 이제껏 내가 본 중에 가장 극적이었다.

이 모든 것에서 중요한 점은, 무슨 일이 일어나고 있고, 그것이 무엇을 내포하고 있는지를 인식하는 사람들에게 기회가 주어진다는 것이다. 시계추의 한쪽 끝, 즉 가장 암울한 시기에 앞으로 상황이 더없이 좋아질 것이라는 생각을 하기 위해 분석력, 객관성, 결의, 이왕이면 상상력도 필요하다. 그런 능력을 가진 소수의 사람들은 낮은 리스크로 흔치 않은 수익을 올릴 수 있다. 그러나 다른 쪽 끝에서 모두가 불가능한 것, 즉 영원히 좋아지기만 할 것이라고 추정하고 가격을 정하면 뼈 아픈 손실을 입는 상황이 발생할 것이다.

이 모든 것이 다 연관성이 있다. 이 중 어느 것도 따로 떨어져 있지 않으며, 우연히 일어나는 것이 아니라는 점이다. 이는 모두 반복되는 상황을 구성하는 요소들일 뿐이며, 이러한 상황을 이해하면 그로부터 이득을 볼 수 있다.

▶ ▶ ▶

시계추와 같은 투자자의 규칙적인 움직임은 8장에서 설명했던 경기 변동과 시장 주기의 특징과 매우 비슷하다. 몇 가지 이유에서 나는 이 두 가지를 구분하고 있으며 다른 용어로 말하고 있지만, 두 가지 모두 매우 중요하며 그로부터 우리가 알아야 할 내용도 다르지 않다. 1991년 시계추에 대한 첫 번째 메모를 쓴 이래 20년 가까이 축적한 나의 경험을 바탕으로 다시 한 번 핵심이 되는 내용을 정리해보겠다.

- 공포와 탐욕처럼 극단적으로 대립되는 이론에서 시계추는 양극단 사이의 중간 지점에 주로 머문다. 그러나 그 시간은 길지 않다.
- 투자자 심리가 작용하기 때문에 시계추는 평소 한쪽 끝에서 반대쪽

끝으로 왔다 갔다 한다.

- 시계추는 한쪽 끝을 향해 계속 움직일 수 없고, 그 끝에 영원히 머물러 있을 수도 없다(상황이 극에 달해 더 이상 진전될 수 없는데도 사람들은 상황이 계속해서 진전될 것처럼 말한다).

- 시계추처럼 한쪽 끝을 향해 투자자 심리가 움직이면서 결국 역방향으로 되돌아가는 데 필요한 동력이 계속 만들어진다. 때로 억제된 동력은 그 자체로 역방향 움직임의 원인이 된다. 즉 한쪽 끝을 향한 시계추의 움직임이 추의 중심을 바로잡아 준다.

- 끝에서 되돌아올 때 추의 속도는 끝을 향해 갈 때보다 보통 더 빠르다. 그러므로 걸리는 시간도 더 짧다(또는 나의 파트너인 셸든 스톤이 즐겨 말하는 것처럼 "풍선은 바람을 넣을 때보다 바람이 빠질 때 속도가 훨씬 더 빠르다.").

시장에서 일어나는 대부분의 현상 가운데 이처럼 시계추의 방식으로 나타나는 현상들은 대단히 신뢰할 만하다. 그러나 주기에서와 마찬가지로 우리가 절대로 알 수 없는 것들이 있다. 그것은 다음과 같다.

- 추가 아치를 그리며 얼마나 멀리 움직일 것인가.
- 무엇이 움직이던 추를 멈추게 하고, 반대 반향으로 되돌아오게 하는가.
- 방향 전환이 언제 일어날 것인가.
- 반대 방향으로 얼마나 멀리 움직일 것인가.

강세장의 상황이 계속 유지되려면 시장 환경이 탐욕, 낙관주의, 과열, 확신, 리스크 허용, 쉽게 믿는 성향, 대담성, 공격성 등의 특징을 가져야 한다. 그러나 이 같은 특징이 시장을 영원히 지배하지는 않을 것이다. 마침내 공포, 비관주의, 분별력, 불확실성, 리스크 회피, 의심, 신중함, 절제 등에 자리를 내주게 될 것이기 때문이다. 불황은 호황의 소산이기에, 불황의 원인은 반락(오르던 시세가 갑자기 떨어짐. 반등의 반대어—옮긴이)이 시작된 특정 사건 때문이 아니라, 이전의 호황으로 인한 과열 때문이라는 분석이 더 정확하다고 나는 확신한다.

'이제 어떻게 할 것인가?', 2008년 1월 10일 메모

마지막으로 우리가 확신을 가져도 되는 것이 몇 가지 있는데, 다음은 그중에 하나다. 극단적인 시장의 움직임에는 반전이 있을 것이다. 그리고 시계추가 한쪽 방향으로 영원히 움직일 것이라고, 또는 그 끝에서 계속 머물 것이라고 믿는 사람들은 결국 막대한 손실을 입을 것이다. 반면 시계추의 움직임을 이해하는 사람들은 엄청난 이익을 얻을 수 있을 것이다.

10

부정적 영향과 맞서라

더 많이 바라는 욕망, 좋은 기회를 놓치는 것에 대한 두려움,
다른 사람과 비교하는 경향, 대중의 영향, 확실한 것에 대한 바람. 이러한 요소들은
어디에나 있다. 이 같은 요소들은 한데 합쳐져 대부분의 투자자들과 시장에 엄청난 영향을
미친다. 그로 인해 실수가 발생하고 그런 실수는 자주, 널리, 반복해서 일어난다.

비효율성, 예를 들면 잘못된 가격, 잘못된 인식, 다른 이들이 하는 실
수는 우수한 실적을 낼 수 있는 잠재적인 기회를 제공한다. 이를 잘
활용하면 지속적으로 초과 실적을 낼 수 있는 유일한 방법이 될 수 있
다. 투자자 스스로 다른 이들과 차별화하려면 이런 실수를 하지 않아
야 한다.

▶ ▶ ▶

실수는 왜 발생하는가? 그것은 투자는 인간이 하는 일이며, 인간 대
부분이 자신의 감정과 심리를 따를 수밖에 없기 때문이다. 많은 사람

들이 정보를 분석하는 데 필요한 지적 능력을 가지고 있지만, 극소수의 사람들만이 상황을 좀 더 깊이 볼 수 있고 심리가 가진 강한 영향력에서 자유로울 수 있다. 이를 다른 식으로 표현하자면, 많은 이들이 분석을 통해 비슷한 인지적 결론에 도달할 테지만, 저마다 심리로부터 영향을 받는 정도가 다르기 때문에 비슷하게 나온 결론을 가지고 만들 수 있는 결과는 매우 차이가 난다. 가장 큰 투자 실수는 정보나 분석적인 요인에서 나오는 것이 아니라, 심리적인 요인에서 나온다.

이 장에서는 투자자 심리를 구성하는 각각의 많은 요소에 대해 알아볼 것인데, 꼭 기억해야 할 것은 이런 요소들이 시종일관 잘못된 결정을 하도록 만든다는 것이다. 그리고 그중에 많은 것들이 '인간 본성'에 속한다.

투자자들을 노력하게 만드는 첫 번째 감정은 돈에 대한 '욕망'으로, 이런 욕망은 특히 탐욕으로 변한다. 대부분의 사람들은 돈을 벌기 위해 투자한다. 어떤 이들은 지적 활동의 일환으로 하기도 하고, 어떤 이들은 자신의 경쟁심을 배출할 수 있는 좋은 분야이기 때문에 하기도 한다. 하지만 이들 또한 평가지표를 내세운다. 돈은 그 자체로 모든 이의 목표가 아닐 수는 있지만, 모두의 경제 활동에 필요한 계산 단위이다. 돈에 관심이 없는 사람들은 일반적으로 투자를 하지 않는다.

돈을 벌고자 하는 것에는 아무 잘못이 없다. 게다가 수익에 대한 욕망은 시장과 전반적인 경제가 작동하기 위한 가장 중요한 요소 중에 하나다. 위험은 이런 욕망이 탐욕으로 변질될 때 나타난다. 《메리암-웹스터(Merriam-Webster)》 영어 사전을 보면 '탐욕(greed)'을 "특히 부 또는 수익에 대해 지나치게 집착함으로써 도덕적으로 비난받을 만한 욕심"

이라고 정의하고 있다.

탐욕은 매우 강력한 힘을 가지고 있어서 상식, 리스크 회피, 신중함, 분별력, 논리, 고통스러운 과거의 교훈, 의지, 두려움, 그 밖에도 투자자들을 골치 아픈 문제로부터 멀어지게 해줄 수 있는 다른 모든 요소들을 충분히 이길 수 있다. 때로 탐욕은 투자자들로 하여금 수익을 따라 대중과 운명을 같이하도록 만들고, 결국 그에 대한 대가를 치르게 한다.

탐욕과 낙관주의가 한데 어우러지면, 사람들은 높은 리스크 없이 높은 수익을 낼 것이라고 희망하는 전략을 추구하고, 유행하는 주식에 비싼 가격을 지불하며, 혹시 가치가 조금이라도 더 상승하지 않을까 하는 희망을 가지고 이미 오를 대로 오른 주식을 보유하는 행동을 계속하게 만든다. 시간이 지나고 나면 무엇이 잘못되었는지 모두가 알게 될 것이다. 자신들의 기대가 비현실적이었고, 리스크가 무시되었다는 것을 말이다.

'과거를 돌아보는 것이 먼저다', 2005년 10월 17일 메모

탐욕의 반대는 '공포'로, 이는 우리가 꼭 다뤄야 할 두 번째 심리적인 요소다. 투자 세계에서 공포는 논리적이고 분별력 있는 리스크 회피를 의미하지 않는다. 공포 역시 탐욕과 마찬가지로 과잉을 의미하며, 그런 점에서 패닉 상태에 더 가깝다. 공포는 지나친 걱정으로 투자자로 하여금 필요할 때 적극적인 행동을 하지 못하게 만든다.

투자 일을 하면서 나는 투자자들이 얼마나 쉽게 '기꺼이 속아주려는

태도'를 취하는지에 대해 수없이 많이 놀랐다. 그런 점에서 내가 이야기하고 싶은 세 번째 요소는 논리, 과거의 일, 전통적 기준을 고려하지 않고 묵살해버리는 사람들의 경향이다. 이런 경향으로 인해 사람들은 이론상으로 그럴듯하기만 하면, 자신을 부자로 만들어줄지도 모른다는 기대감에 현실 가능성 없는 제의를 수락하게 만든다. 찰리 멍거는 이 주제에 관해 고대 그리스의 정치가 데모스테네스의 탁견을 소개한 적이 있다. "자기기만보다 쉬운 것은 없다. 사람들은 각자의 바람을 위해 그것이 진실이라고 믿는다."

어느 정도 기본적인 제약을 가하는 것이 더 이상 효력이 없다는 믿음(그래서 전부터 중요하게 생각되어온 공평한 가치 또한 더 이상 중요하지 않다는 생각)은 반드시 모든 거품과 그로 인한 붕괴의 중심에 있다.

영화를 볼 때는 기꺼이 속아주려는 태도가 우리의 즐거움을 배가시킨다. 예를 들어 〈피터 팬〉을 볼 때 옆에 앉은 사람이 "저기 와이어가 보인다" 같이 몰입을 방해하는 말을 부디 안 해주기를 바란다. 실제로 아이들이 날 수 없다는 사실은 우리도 모르는 바 아니지만 영화에서 그런 것쯤은 개의치 않는다. 영화를 즐기고 싶을 뿐이니까.

그러나 투자는 진지하게 하는 것이지 재미를 위해서 하는 것이 아니기 때문에, 현실적으로 말이 안 되는 것이 있는지 계속해서 경계해야 한다. 다시 말해, 투자 프로세스에는 상당한 불신이 필요하다. 충분히 의심하지 않으면 투자 손실이라는 결과가 발생하기 때문이다. 금융위기에 대한 사후 분석을 계속한 끝에, 나는 두 문장으로 그 원인을 요약할 수 있었다. 그것은 바로 '의심스러울 정도로 좋았다'와 '무슨 생각을 했던 것일까?'이다.

'과거를 돌아보는 것이 먼저다', 2005년 10월 17일 메모

투자자들은 왜 이런 착각을 하게 되는 것일까? 이에 답하는 것은 별로 어렵지 않다. 과거의 교훈을 탐욕 때문에 일축하거나 무시하기 때문이다. 존 케네스 갤브레이스의 탁월한 표현대로 "과거 금융 사건에 대한 극도로 짧은 기억력"이 시장 참가자로 하여금 이런 패턴이 반복적으로 일어난다는 것과, 그리하여 이를 피할 수 없다는 것을 인지하지 못하도록 하는 것이다.

몇 년이 채 안 되어 똑같거나 유사한 상황이 다시 발생하면, 이를 겪어보지 못한 종종 젊고 늘 확신에 차 있는 세대가 이 상황을 금융계와 더 크게는 경제계에서 대단히 혁신적인 발견인 양 환호한다. 투자만큼 역사를 반영하는 분야도 없을 것이다. 과거의 경험은 그저 기억의 일부가 되어, 현재의 불가사의를 평가할 통찰력을 가지지 못한 사람들이나 의지하는 원초적 수단으로 평가절하된다.

존 케네스 갤브레이스, 《금융 도취의 짧은 역사》, 1990년

사람들이 리스크 없이 고수익을 올릴 수 있다고 믿는 확실한 투자(소위 공짜 점심이라고 불리는 것)에 대해서는 그럴 만한 이유가 있으므로 좀 더 논의해보자.

시장, 개인, 또는 투자 기술이 한동안 인상적인 수익을 창출하면 대체

로 사람들은 그 방식만을 지나치게 따른다. 나는 이런 식의 투자를 한 때를 위한 '묘책(silver bullet)'이라고 부른다. 투자자들은 항상 묘책을 찾으며, 이를 성배 또는 공짜 점심이라고 부르기도 한다. 모든 사람들이 원하는 것은 위험을 감수하지 않고 부자가 되는 것이다. 그런 묘책이 실제로 있을까에 의문을 가지거나, 왜 자신이 그 묘책을 구할 수 있을 거라 생각하는지에 대해 의문을 가지는 사람은 별로 없다. 기본적으로 희망은 화수분 같은 것이다.

그러나 묘책은 현실에 실재하지 않으며, 어떤 투자 전략도 리스크 없이 고수익을 내지 못한다. 모든 답을 가지고 있는 사람은 없다. 우리 모두는 다만 인간일 뿐이니 말이다. 시장은 매우 역동적이며, 무엇보다 참가자에게 이례적인 수익을 낼 만한 기회를 주지 않는 방향으로 움직인다. 묘책이 멀리 있지 않을 것이라는 믿음은 결국 감당할 수 없는 자본 손실(capital punishment : 원래 의미는 사형—옮긴이)을 가져올 수 있다.

'현실주의자의 신념', 2002년 5월 31일 메모

그렇다면 우리에게 묘책이 있다고 믿게 만드는 것은 무엇일까? 첫째, 대체로 진실에는 기원이 있기 마련이고 이것이 수준 높게 들리는 이론으로 발전하면, 이를 신봉하는 사람들이 다른 이들을 설득하고자 이를 강력하게 주장한다. 그런 다음 한동안 그 이론이 수익을 창출한다. 거기에 그럴 만한 이유가 있어서일 수도 있고, 새롭게 전향한 일부 투자자들의 매수 덕에 해당 자산의 가격이 올라서일 수도 있다. 결국 확실한 부를 얻을 수 있는 방법이 있고, 그것이 효과가 있는 것처럼 보이면서 이론은 열기로 바뀐다. 2010년 6월 2일 워렌 버핏이 미 의회에 이런 말을 했다. "가격 상승은 판단력을 흐리는 마약이다." 그러나 상황이 발생하고 난 다음에는, 즉 이미 일이 터진 다음에는 열기는 거품이라고 불린다.

투자자들이 실수를 하게 만드는 네 번째 심리적 요인은 다수의 견해에 저항하지 않고, 설사 그것이 확연하게 비현실적이더라도 따라가는 경향이다. 《시장은 어떻게 실패하는가(How Markets Fail)》에서 존 캐시디(John Cassidy)는 스와스모어대학의 솔로몬 애쉬(Solomon Asch) 교수가 지휘한 1950년대 대표적인 심리 실험에 대해 설명한다.

애쉬 교수는 실험 대상자들을 몇 개의 그룹으로 나눈 후, 시각 자료를 보여주며 자료에 대해 판단해줄 것을 요청했다. 그러나 각 그룹에 속해 있는 실험 대상자들 중에 단 한 명씩을 제외하고는, 모두 애쉬 교수로부터 틀린 답변을 해달라는 요청을 받은 협조자들이었다. 그리고 협조자들의 답변은 실제 실험 대상자들에게 큰 영향을 미쳤다. 다음은 캐시디의 설명이다. "이 실험에서 진짜 실험 대상자는 난처한 입장에 놓이게 된다. (애쉬의 말을 인용하여) '우리는 실험 대상자에게 두 가지 상반되는 물리력을 행사한 것이다. 즉 자기가 본 그대로를 말하느냐, 아니면 다른 실험 대상자들(실제로는 협조자들)의 일치된 의견을 따르느냐 하는 것이다.'"

그 결과 실제 실험 참가자들 중에 많은 수가 자신이 본 것 대신에 다른 참가자들이 하는 말을 따라 했다. 그들의 답이 틀렸다는 것이 명확한 데도 말이다. 이 실험은 다수의 영향력을 보여주며, 따라서 '다수의 결정이 타당한가'에 대한 의문점을 제기한다. 캐시디는 책에 이렇게 설명했다.

"1950년대 솔로몬 애쉬의 시각 실험 참가자들과 마찬가지로, 시장의 공통적인 견해에 공감하지 않는 많은 사람들은 소외감을 느끼기 시작한다. 그러다 보면 진짜로 제정신이 아닌 사람은 시장에 참여하지 않는 사람들이 아닐까 싶을 정도의 단계에 이른다."

시장 심리를 따라야 한다는 압박감과 부를 얻고 싶다는 욕망이 합쳐지면, 사람들은 자신의 의지와 의심을 버리고 스스로에게 내재된 리스크 회피를 망각하며 이치에 안 맞는 것을 믿게 된다. 이런 일이 매우 반복적으로 일어나므로 그로부터 임의의 영향을 받지 않으려면 의지할 수 있는 무엇인가가 작동해야 한다.

다섯 번째 심리적 요인은 '시기심'이다. 탐욕의 영향이 얼마나 부정적이든 간에, 탐욕은 사람들에게 계속해서 더 많은 것을 바라게 할 것이고, 그 힘은 다른 사람과의 비교를 통해 더욱 강해진다. 이는 우리가 인간 본성이라고 부르는 것에서 가장 해로운 부분 중에 하나다. 자신이 가진 운만으로도 온전히 만족할 수 있는 사람들마저 다른 이들이 더 잘되는 것을 보면 불행해진다. 투자 세계에서 대부분의 사람들은 다른 이들이 자신보다 돈을 많이 벌 때, 이를 알고도 방관하기가 결코 쉽지 않다.

내가 아는 한 비영리단체가 1994년 6월부터 1999년 6월까지 기부금으로 연간 16퍼센트의 수익을 올리고 있었다. 그런데 다른 단체들이 23퍼센트의 평균 수익을 올린다는 것을 알게 되자, 기부금과 관련된 일을 하는 사람들은 이에 낙담했다. 성장주, 테크주, 바이아웃, 벤처캐피털을 제외한 기부금만으로는 5년 동안 다른 단체들과 비슷한 수익을 낼 수가 없었던 것이다. 그러나 얼마 후 테크주가 폭락하고

2000년 6월부터 2003년 6월까지 대부분의 기부금에서 손실이 발생하는 동안 그 비영리단체는 연간 3퍼센트를 벌어들였고, 주주들은 이에 반색했다.

여기에는 무언가 잘못된 것이 있다. 수익률이 1년에 16퍼센트일 때는 낙담했다가, 어떻게 3퍼센트에 반색할 수 있을까? 답은 우리 자신을 다른 사람들과 비교하는 경향과, 이런 경향이 생산적이고 분석적이어야 하는 프로세스에 미칠 수 있는 유해한 영향에 있다.

여섯 번째 요인은 투자자의 '자아(ego)'다. 자아는 다음과 같은 사실에 직면했을 때 객관적이고 계산적인 태도를 유지하는 데 커다란 방해가 될 수 있다.

- 투자 결과가 단기간에 평가되고 비교된다.
- 정확하지 않고, 심지어 신중하지 않은 늘어난 리스크를 부담해야 하는 투자 결정은 대체로 호경기에 최고의 결과로 이어진다(평소에는 대체로 호경기이다).
- 최고의 투자 결과는 자아에 가장 큰 보답을 한다. 상황이 잘 풀려 자타가 공인하는 현명한 투자자가 되는 것은 즐거운 일이다.

반면에 신중한 투자자들은 잘 알려지지 않은 자산에 부지런히 투자하여, 호황에는 확실한 수익을 내고 불황에는 다른 사람들보다 손실을 적게 낼 수 있다. 이들은 가장 위험한 행동에 동참하려 하지 않는다. 자신들이 얼마나 많이 모르는지 너무 잘 알고 있기 때문이며, 자신의 자아를 억제하기 때문이다. 이런 행동은 장기간 부를 창출하는 데는 최고의 투자 공식이지만, 단기간에는 자아에 큰 만족감을 주지 못한다는 것이 내 생각이다. 겸손, 신중함, 리스크 제어를 강조하는 방법을 따르는 것이 그리 흥미로운 일은 아니다. 물론 투자를 흥밋거리로 논해서는 안 되지만, 종종 이런 것들이 무시된다.

마지막으로 언급하고 싶은 것은 '포기'로 시장 주기의 후반부에 자주 나타나는 투자자 행동이다. 투자자들은 될 수 있는 한 자신의 신념을 고수하지만 경제적, 심리적 압박감이 저항할 수 없을 정도가 되면 포기하고 시류에 편승한다.

일반적으로 투자업에 종사하는 사람들은 똑똑하고, 교육을 많이 받았으며, 정보통이고, 셈이 밝다. 이들은 비즈니스와 경제학 간의 미묘한 차이를 잘 알며 복잡한 이론을 이해한다. 그리고 이들 중에 많은 수가 가치와 전망에 대해 합리적인 결론을 도출할 수 있다.

하지만 그때 심리적인 영향과 다수의 영향이 고개를 든다. 많은 경우 자산의 가격이 너무 비싸지면서 자산의 가치가 계속 오르든가, 반대로 가격이 너무 싸지면서 그 상태를 유지한다. 결국 이런 추세는 투자자들의 심리, 확신, 결의를 좀먹는 결과를 낳는다. 당신이 등을 돌린 주식이 다른 사람들에게 돈을 벌어다 주고, 당신이 고른 주식은 하루하루 지날수록 가격이 떨어지며, 위험하거나 어리석다는 이유로 당신이 등을 돌린 개념들(인기 있는 신주들, 수익이 발생하지 않는 고가의 테크주, 레버리지가 큰 모기지 파생상품들)이 다른 사람들에게는 약속한 수익을 내고 있다고 매일 뉴스에 소개된다.

지나치게 고가인 주식이 더 비싸지거나, 너무 저가인 주식의 가격이 계속 하락하면서 옳은 일을 하기는 더 쉬워질 것이다. 즉 전자는 팔고, 후자는 사면 되는 것이다. 그러나 막상 현실에서는 말처럼 쉽지 않다. 자신감 부족이 다른 사람들의 성공 소식과 합쳐져 투자자들로 하여금 잘못된 행동을 하게 만드는 강력한 힘을 만들고, 이런 추세가 오래 유지될수록 추가적인 동력을 얻는다. 이는 저항해야 할 또 하나의 영향력이다.

더 많이 바라는 욕망, 좋은 기회를 놓치는 데 대한 두려움, 다른 사람과 비교하는 경향, 대중의 영향, 확실한 것에 대한 바람. 이런 요소들은 어디에나 있다. 이런 요소들은 한데 합쳐져 대부분의 투자자들과 시장에 엄청난 영향을 미친다. 그로 인해 실수가 발생하고, 그런 실수는 자주, 널리, 반복해서 일어난다.

▶ ▶ ▶

이 모든 것이 당신에게는 너무 많은 이론들일뿐 당신에게 해당하지 않는 것으로 여겨지는가? 나는 진심으로 당신이 옳기를 바라지만, 당신이 이성적인 사람들은 감정이라는 유해한 영향에 굴복하지 않는다고 생각하고 있다면, 딱 두 단어만 당신에게 상기시키겠다. 그것은 바로 '테크주 거품'이다. 앞서 투자자들이 가치와 가격 사이의 관계가 합리적이어야 한다는 것을 무시했을 때, 어떤 일이 발생하는지에 대한 증거로서 비이성이 판치는 시기를 언급한 적이 있다. 투자자들이 상식을 포기하게 되는 원인은 무엇일까? 우리가 여기서 말하고 있는 것과 같은 감정들, 즉 탐욕, 공포, 시기심, 자기기만, 자아 때문일 것이다. 다음의 시나리오를 살펴보고 그 안에 작용 중인 심리를 관찰해보자.

1990년대는 주식시장이 매우 강세였다. 물론 며칠, 몇 달은 안 좋을 때도 있었고, 1994년에는 금리 폭등 같은 충격적인 일도 있었지만, S&P500 지수는 1991년부터 1999년까지 매년 주가가 상승하고 있음을 보여주었고, 그로 인한 수익은 매년 평균 20.8퍼센트를 기록했다. 그 결과 투자자들은 장밋빛 분위기에 취해 있었고, 강세장의 성공담에 귀가 솔깃해 있었다.

성장주는 1990년대 초반 가치주보다 좀 더 나은 실적을 올렸다. 아마 1980년대 가치주의 뛰어난 성과에 대한 반향 때문이었을 것이다. 이 때문에도 기업의 성장 가능성을 높게 평가하려는 투자자들의 성향이 증가했다. 투자자들은 기술 혁신에 매료되었다. 브로드밴드, 인터넷, 전자상거래와 같은 기술의 발달은 세상을 변화시킬 것처럼 보였고, 기술과 통신 사업을 하는 기업가들은 환영을 받았다. 이렇듯 테크주가 높게 평가되면서 이를 매수하는 사람들이 많아졌다. 그리고 이는 늘 그렇듯 멈추지 않을 것 같은 선순환의 형태를 띤 프로세스 속에서 더 높게 평가되었다.

논리적으로 보이는 근거들이 대부분의 강세장에서 한자리를 차지하고는 하는데, 이번에도 역시 다르지 않았다. 그것은 다음과 같은 식이다. '테크주는 해당 기업의 우수성 때문에 다른 주식들보다 실적이 좋을 것이다. 더 많은 테크주 종목들이 주가지수에 추가되면서 점점 커져가는 테크주의 중요도가 경제 전반에 반영될 것이다. 그러기 위해서는 인덱스펀드가 필요하고, 더 많은 인덱스펀드를 사기 위해 각종 지수를 모방하는 클로짓 인덱싱(closet indexing : 시장 평균 수익률을 추종하기 위하여 지수와 비슷한 비율의 종목으로 포트폴리오를 구성하는 투자 기법—옮긴이)을 하는 사람들이 필요할 것이며, 적극적인 투자자들 역시 이런 추세를 따를 것이다. 더 많은 사람들이 401(k) 플랜에 가입할 것이고, 401(k) 투자자들은 자신의 포트폴리오 구성에 대표 종목을 늘릴 것이며, 따라서 테크주에 대한 할당을 늘릴 것이다. 이런 이유로 테크주는 꾸준히 가치가 오르고, 다른 주식보다 나은 실적을 올릴 수밖에 없다. 그러므로 테크주를 사려는 사람은 점점 많아질 것이다.'

이러한 모든 현상이 한동안 실제로 일어났다는 사실이 이 이론에 신빙성을 더해준다.

테크주가 상장되자 거래 첫날부터 주가가 수십, 수백 퍼센트까지 오르기 시작하며 확실한 상승 종목으로서의 위용을 드러냈고, 주식 상장 열기가 퍼져나갔다. 그 당시 주식 상장과 관련해 일어나고 있었던 일을 심리적인 관점에서 보면 특히 흥미롭다. 상황은 이런 식으로 진행되었다.

'사무실에서 당신 옆자리에 앉는 동료가 매수할 상장주에 대해 이야기한다. 그 회사가 하는 일이 무엇이냐고 물으니, 동료가 답하길 그건 모르지만 자신의 주식중개인이 발행 당일에 주가가 두 배로 뛸 것이라고 말해주었다는 것이다. 당신은 말도 안 되는 소리라며 일축한다. 일주일이 지나고 동료는 주가가 두 배가 아니라 세 배로 뛰었다고 말한다. 그리고 그는 여전히 그 회사가 무슨 일을 하는지 모른다. 몇 번 더 이런 상황이 반복되고 나면, 당신 역시 더 이상 저항하기 힘들어진다. 따라서 말이 안 된다고 생각하면서도 당신은 혼자 바보처럼 아무것도 안 하면 안 되겠다는 생각을 하게 된다. 이렇게 시작된 전형적인 타협, 또는 포기의 사례에서 당신은 다음에 상장할 회사의 주식을 몇 백 주

매수하겠다고 요청한다. 그리고 당신과 같이 새로이 투자 전환을 하는 이들의 매수로 인해 열기는 계속해서 뜨거워진다.'

성공한 신생 기업에 투자한 벤처캐피털 펀드에 커다란 관심과 막대한 자금이 모여들었다. 구글(Google)이 상장되던 해에 구글에 초기투자한 펀드는 그 선택으로 350퍼센트의 수익을 올렸다.

각종 매체들은 테크주 투자자들의 탁월한 선택을 치하하는 보도를 했다. 이 같은 투자에 대해 경험이나 의심 측면에서 가장 제약받지 않았던 이들(그래서 가장 많이 벌어들인 사람들)은 주로 30대였으며, 심지어 20대도 있었다. 이들이 예리한 통찰력을 가졌다기보다는 비합리적인 시장의 수혜자였음을 지적하는 매체 보도는 단 한 건도 없었다.

모든 거품은 약간의 진실과 함께 시작된다는 앞서의 언급을 기억하는가? 방금 얘기한 시나리오가 가진 진실의 씨앗은 과학기술이 가진 실제 가능성에만 있는 것이다. 씨앗이 자라기 위해 필요한 거름은 그런 가능성이 현실이 될 수 있다는 희망을 근거로 생겨난다. 당시 테크주 가격이 고평가되면서 생긴 과열 현상은 진행 중이었고 멈추지 않을 듯 보였다.

테크놀로지, 전자상거래, 통신주에 대한 전반적 과열이 세상을 바꿀 수 있는 이들 기업의 잠재력에서 생겨남은 물론이다. 이런 추세가 우리에게 익숙한 생활에 큰 변화를 가져온다거나, 불과 몇 년 전의 세상과 너무나도 다른 세상을 만들 수 있음을 나 역시 전혀 의심하지 않는다. 문제는 어떤 주식들이 승자가 될 것인지와 그 주식들이 오늘날 정말로 그만한 가치가 있느냐를 규정하는 데 있다. 테크주, 인터넷주, 통신주들이 너무 비싸고, 곧 하락할 것이라고 말하는 것은 화물열차 앞을 가로 막고 서 있는 것에 비교할 수 있겠다. 하지만 나는 이 정도는 말해야 할 의무가 있다고 생각한다. 이러한 주식들이 호황의 혜택을 받았으므로 회의적인 관점에서 분석해야 한다.

'버블닷컴', 2000년 1월 3일 메모

2000년 1월 메모가 쓰인 직후, 테크주는 그럴 만한 계기가 전혀 없었음에도 불구하고 스스로 무너지기 시작했다. 주가가 너무 올랐으니, 이를 바로잡아야 한다는 것이 갑자기 명확해졌다. 투자 유행이 바람직하지 않게 흐르면 〈월스트리트 저널〉이 대개 그로 인한 손실을 보여주기 위해 90퍼센트 이상 하락한 대표 주식을 표로 만들어 기사화한다. 그러나 테크주 거품이 터졌을 당시의 표는 99퍼센트가 넘는 손실을 보여주었다. 다양한 주가지수들이 대공황 이래 처음으로 3년 연속 하락했고, 테크주(그리고 일반주)는 더 이상 특별할 것이 없어 보였다.

돌이켜보면, 칭송의 대상이었던 기술 발달이 세상을 변화시켜왔고, 성공한 기업은 매우 고평가되었으며, 신문이나 양도성예금증서(CD) 같은 것들이 이에 깊이 영향받았음을 알 수 있다. 그러나 그에 못지않게 분명한 것은, 투자자들이 거품에 올라탄 채 상식을 저버렸다는 것이다. 이들은 모든 기업이 성공할 수 있는 것은 아니며, 오랜 구조조정 기간이 있을 수 있고, 무료 서비스를 제공한다고 수익성이 쉽게 생기지 않을 것이며, 매출을 몇 배나 부풀린 채 평가된(수익이 없으니) 적자 기업의 주식이 큰 위험을 초래했다는 사실을 경시했다.

탐욕, 흥분, 부조리, 불신의 유예(기꺼이 속아주려는 태도), 가치를 무시한 대가로 사람들은 테크주를 통해 큰 손실을 입었다. 그리고 지혜롭고 경험 많은 가치투자자들은, 결국 터지고 말 거품이 터지기 몇 개월, 몇 년 전까지는 바보처럼 보였었다.

거품 속에서 금전적인 손실을 입지 않기 위해서는 탐욕과 인재(인간의 과오)가 긍정적 요소들을 지나치게 과대평가하고, 부정적 요소들을 무시하는 상황이 되었을 때 거기에 동참하지 않는 것이 중요하다. 그러나 이는 쉬운 일이 아니므로 소수의 사람들만이 그런 자제를 할 수 있을 것이다. 같은 맥락에서, 위기 상황에서 공포가 과해지면 투자자들은 매도를 피해야 한다. 즉 가급적이면 매수를 해야 한다. 한 가지 더 짚고 넘어가자면, 거품은 스스로 발생할 수 있고, 꼭 폭락 때문에 생기는 것은 아닌 반면, 폭락은 언제나 거품 뒤에 온다는 것이다.

대부분의 사람들이 테크주 매수에 등을 돌리기가 어려워지면서 신용 위기가 무르익자, 매도를 하지 않는 것이 더 어려워졌다(마찬가지로 매수 역시 더 어려워졌다). 최악의 경우, 강세장에서 매수를 하지 않는 것은 게으름을 피우다가 기회비용을 지불하는 것으로 보일 수도 있다. 그러나 2008년 폭락에서 매도를 하지 않아 생긴 폐해는 끝없는 손실인 듯했으며 인류의 종말이 실제 가능할 것처럼 보였다.

그렇다면 이처럼 어리석은 일에 뛰어들도록 만드는 심리적 충동에 대해 투자자들은 무엇을 해야 할까? 이에 대한 답은 어리석은 상황을 있는 그대로 보는 법을 배워야 한다는 것이다. 이것이 저항할 수 있는 용기를 얻기 위한 첫 번째 단계이다. 그리고 현실적이 되어야 한다. 이 장에서 설명한 다양한 영향들에 자신은 면역력이 있다고 믿는 투자자들은 스스로 위험을 자초하는 것이다. 이들이 다른 사람들에게 영향을 미쳐 전체 시장까지 충분히 움직일 수 있다면, 왜 당신에게도 영향력을 미치지 않겠는가? 강세장의 정도가 너무 강력해서 성숙한 사람들로 하여금 가치평가의 상승을 알아보지 못하게 하고, 영구 기관(즉 영구적으로 운동하는 기계)이란 있을 수 없다는 것을 부인하게 만들 수 있다면, 왜 당신에게 같은 영향력을 행사하지 못하겠는가? 끝없는 손실에 대한 괴담이 다른 사람들로 하여금 헐값에 주식을 매도하게 만들 정도로 강력하다면, 당신을 그렇게 만들지 못할 이유는 무엇인가?

내 말을 믿어주기를 바란다. 다른 사람들이 모두 매수하고 있고, 전문가들은 긍정적이며, 그에 대한 근거는 폭넓게 인정되고, 가격은 치솟고 있으며, 가장 큰 리스크를 감수한 사람들이 엄청난 수익을 달성했다는 매체의 보도가 나오고 있을 때, 고점에서 매수하지 않기란 어렵다(매도는 더 어렵다). 반대로 저점에서 반대의 상황이 벌어져 보유나 매수가 전손의 리스크를 수반하는 것으로 보일 때는 매도하지 않는 것도 어렵다(매수는 생각조차 힘들다).

이 책에서 설명하고 있는 다른 많은 것들과 마찬가지로 이에 대한 간단한 해결책 역시 없다. 언제 시장이 비이성적인 극단까지 간 것인지 말해줄 공식이란 없으며, 이런 결정을 내릴 때 옳은 결정을 내릴 수 있도록 당신을 지켜줄 소위 바보 방지 대책도 없고, 실패를 부추기는 감정으로부터 당신을 보호해줄 묘약 또한 없다. 찰리 멍거가 말했듯이 "원래 쉬운 것이 아니다."

그렇다면 성공 가능성을 높이기 위해서는 어떤 대책을 준비해야 할까? 다음은 오크트리에서 사용되는 방법들이다.

- 내재가치에 대해 확실히 이해해야 한다.
- 가격이 가치와 멀어질 때 해야 하는 행동을 고수한다.
- 과거의 주기를 충분히 숙지하여(처음에는 베테랑 투자자들의 글을 읽거나 상담을 구하는 것으로, 나중에는 경험을 통해) 시장이 과열되면 보상을 받는 것이 아니라, 결국에 대가를 치른다는 것을 알아야 한다.
- 시장이 극단적인 상황일 때 투자 프로세스에 서서히 영향을 미치는 심리를 철저하게 이해한다.
- '믿기 어려울 정도로 좋은' 상황은, 말 그대로 대체로 믿으면 안 된다는 것을 꼭 기억한다.
- 잘못 평가되고 있던 시장이 더욱 잘못 평가되는 동안, 언제나 그렇듯 기꺼이 잘못된 것을 보려는 마음을 갖는다.
- 같은 마음인 친구들과 동료들로부터 지지를 주고받는다.

위에 열거한 방법들이 확실한 해결책은 아니지만, 당신에게 적어도 싸울 기회는 줄 수 있다.

역투자란 무엇인가?

> 다른 사람들이 실의에 빠져 매도할 때 매수하는 것과, 다른 사람들이
> 장밋빛 꿈을 꾸며 매수할 때 매도하는 것은 비할 바 없는 용기를 필요로 하지만,
> 대신 가장 높은 수익을 제공하기도 한다. ●존 템플턴

대부분의 투자자들을 묘사할 수 있는 가장 적절한 표현이 있다. 그것은 바로 '유행을 좇는 사람들'이다. 반면 훌륭한 투자자들은 이와 정반대다. 지금쯤이면 당신을 충분히 납득시켰기를 바라며, 훌륭한 투자를 위해서는 2차적 사고, 즉 다른 사람들의 사고방식과는 다른 더 복합적이고, 통찰력 있는 사고방식이 필요하다. 하지만 의미상 다수의 사람들이 이런 사고방식을 갖기는 힘들다. 다수의 판단으로는 성공의 열쇠를 쥘 수 없다. 더 정확히 말해, 추세나 시장의 견해는 맞서 싸워야 하고, 추세를 따르는 포트폴리오는 멀리해야 한다. 시계추가 움직이고 시장이 주기를 따라 움직임에 따라 궁극적인 성공의 열쇠는 이런 움직임과 반대로 움직이는 데 있다.

이와 관련하여 워렌 버핏이 자주 하는 조언 중에 핵심적인 것을 소개하면 다음과 같다. "다른 이들이 업무를 수행할 때 신중함이 덜할수록, 우리는 업무를 수행함에 있어서 최대한 신중해야 한다." 버핏은 우리에게 남들이 하는 것과 반대로 하라고 충고하고 있다. 역투자가가 되라고 말이다.

다른 사람들이 하는 일을 똑같이 하는 것은, 그들의 행동과 당신의 행동으로 어느 정도 부풀려진 변동성에 당신을 노출시키는 것이다. 절박한 상황에 처했을 때 다수의 일원이 되는 것은 확실히 달가운 일은 아니지만, 그 상황을 피하려면 흔치 않은 기술, 통찰력, 자제심이 필요하다.

'현실주의자의 신념', 2002년 3월 31일 메모

집단 오류의 논리는 분명하고 거의 확실하다.

- 시장은 상승세에서 하락세로, 고평가에서 저평가로 극단적으로 왔다 갔다 한다.
- 시장의 움직임은 '다수', '집단', 또는 '대중'의 행동에 의해 주도된다. 강세장이 생기는 이유는 매도보다 매수하려는 사람이 더 많기 때문이거나, 매도하려는 사람들보다 매수하려는 사람들의 의욕이 더 강하기 때문이다. 시세는 매도자들이 매수자로 역할을 전환하면서 오르고, 매수자들의 의욕이 강해질수록 매도자들의 의욕은 약해진다. 매수자들이 우세하지 않다면 시세는 오르지 못할 것이다.
- 시장의 극단은 변곡점을 나타낸다. 이는 상승세나 하락세가 극에 달

했을 때 일어난다. 비유적으로 말하자면, 고점은 매수할 만한 사람들이 마지막 한 명까지 남김없이 매수했을 때 온다. 시장이 고점에 이를 때쯤이면 모든 매수자가 희망을 품은 다수에 동참하고 있기 때문에, 이런 희망은 더 이상 지속되지 못하고 시세는 오를 대로 오른다. 이때 매수하거나 보유하는 것은 위험하다.

- 상황을 희망적으로 보는 사람이 추가로 나오지 않기 때문에 시세는 더 이상 오르지 않는다. 그리고 다음 날 누군가가 매수자에서 매도자로 바뀌면 시세는 떨어지기 시작할 것이다.
- 그렇게 대다수의 믿음에서 비롯된 극단적인 상황에서 대부분의 사람들은 잘못된 행동을 하고 있다.
- 따라서 성공 투자의 열쇠는 반대로 하는 것, 다수와 다른 길을 가는데 있다. 다른 사람들의 실수를 인지하는 사람들은 역투자를 통해 엄청난 수익을 올릴 수 있다.

때때로 우리는 의욕이 넘치는 매수자들이나, 또는 겁에 질린 매도자들을 본다. 절박하게 사거나 파는 사람들, 과열되거나 냉각된 시장, 감당할 수 없을 정도로 높거나 터무니없이 낮은 가격을 본다. 시장도 그렇고 투자자들의 태도와 행동도 그렇고, 마음 편한 '중도'에서 짧은 시간 머무는 것이 확실하다.

상황이 그렇다면, 우리는 어떻게 행동해야 하는 것일까? 다수에 동참하고 이런 주기의 극단적인 시기에 참여하는 것은 당신의 재정 건전성에 확실히 위험할 수 있다. 시장에서 극단적으로 높은 시세가 형성되는 것은 열렬한 매수자들이 통제되어 가격이 다시는 볼 수 없는 수준으로까지 올랐을 때다. 낮은 시세가 형성되는 것은 패닉 상태의 매도자들이 수적으로 우세하여 종종 대단히 부족했던 것으로 드러날 수 있는 가격에 자산을 기꺼이 팔려고 할 때다.

"싸게 사서 비싸게 팔라"는 예로부터 내려온 오랜 격언이지만, 시장 주기에 통제되는 투자자들은 이와 반대로 하는 일이 매우 잦다. 따라서 다른 사람들과 반대로 행동하는 것이 올바른 선택이다. 사람들이 매도할 때 사고, 매수할 때 팔아야 한다. 일생에 한 번 있을까 말까 한 극단적 상황이 시장에 10년 정도에 한 번씩은 일어나는 것 같다. 투자자가 그런 상황을 기회로 삼아 경력을 쌓을 수 있을 정도로 극단적인 상황이 자주 발생하는 것은 아니지만, 기회만 된다면 그렇게 하려는 시도가 어떤 투자자의 전략에서든 중요한 구성 요소가 되어야 한다.

다만 그렇게 하는 것이 쉬울 것이라고 생각해서는 안 된다. 그러기 위해서는 가격이 내재가치와 심각하게 동떨어진 사례를 감지할 수 있는 능력이 필요하다. 일반적인 통념을 거스를 수 있는 배짱도 충분히 있어야 하며, 시장이 언제나 효율적이고, 따라서 옳다는 근거 없는 믿음에 저항할 수도 있어야 한다.

이렇듯 단호하게 행동하려면 그 기반이 되어줄 경험이 있어야 한다. 그리고 자신을 이해해주고 끈기 있게 지지해줄 수 있는 지지 세력도 있어야 한다. 시장이 이성으로 채워지기를 기다리는 동안 극단적인 상황을 잘 넘길 수 있는 시간이 충분하지 않으면, 당신은 가장 전형적인 시장의 희생자가 될 것이다. 평균 수심 약 150센티미터인 시냇물을 건너다가 물에 빠져 죽었다는 키가 180센티미터인 남자처럼 말이다. 그러나 당신이 시계추 같은 시장의 움직임에 주의를 기울인다면 종종 넝쿨째

158

굴러들어오는 기회를 잡을 수 있다.

'중도', 2004년 7월 21일 메모

역투자의 폭넓은 개념을 수용하는 것과, 이를 실전에 적용하는 것은 완전히 별개다. 우리는 시계추가 얼마나 멀리 움직일지, 또 방향을 전환해 반대 방향으로 얼마나 멀리 움직일지 전혀 모른다. 그러나 시장이 한 번 극단적인 상황에 이르고 나면, 결국 중간 지점(또는 그 이상)을 향해 되돌아올 것이라는 점은 확신할 수 있다. 추가 한 방향으로 영원히 움직일 것이라고, 또한 추가 끝에 다다르면 거기에 멈추어 설 것이라고 믿는 투자자들은 언제나 실망하게 되어 있다.

다른 한편으로는 시장에 영향을 미치는 많은 요인들에 내재된 변동성 때문에 어떠한 방법에도, 심지어 역투자마저도 완벽하게 신뢰할 수는 없다.

- 역투자가 늘 수익을 안겨주는 전략은 아니다. 대부분의 시기에 역투자할 기회를 줄 만큼 시장이 과열된 상태가 아니다.
- 과열이 진행될 때조차도 '너무 비싼' 가격과 '내일 떨어질' 가격은 완전히 다르다는 것을 기억해야 한다.
- 시세는 너무 비싸거나, 너무 싼 채로 몇 년간 지속될 수 있다. 또한 그 상태에서 더 비싸지거나, 더 싸질 수도 있다.
- 추세가 당신의 선택과 반대로 갈 때는 몹시 고통스러울 수 있다.
- 모든 사람이 다수가 틀렸다는 결론에 도달하는 일이 가끔 있을 수 있다. 즉 역투자가 그 자체로 너무 유행이 되는 일이 있을 수 있는

데, 그렇게 되면 다수가 역투자를 하는 것으로 오해받을 수 있다.

- 결국 다수와 반대로 투자하는 것만으로는 충분하지 않다. 앞서 말한 역투자와 관련된 어려움을 고려했을 때, 다수와는 다른 사고를 통해 수익 가능성을 파악할 때는 근거와 분석을 기반으로 해야 한다. 다수가 하는 일과 단지 반대여서가 아니라, 그들이 왜 틀렸는지를 알기 때문에 그 일을 해야 하는 것이다. 그래야만 당신의 견해를 확고하게 유지할 수 있을 것이고, 당신의 포지션(매수와 매도)이 실수로 드러나거나, 수익보다는 손실이 누적되어도 추가로 매수할 수 있을 것이다.

데이비드 스웬슨(David Swensen)은 예일대학교의 기금을 관리하는 최고투자책임자다. 예일대학교의 투자 성과는 지금껏 대단히 우수했으며, 스웬슨은 지난 20년간 기금 투자에 관해 다른 누구보다 큰 영향을 미쳤다. 예일대학교가 1980년대 기금 운용을 시작했을 당시, 그는 기부금에 대해 매우 독특한 사고방식을 가지고 있었고, 그로 인해 오늘날 기금 운용의 표준이 되었다. 스웬슨은 역투자와 관련한 어려움을 다음과 같이 훌륭하게 표현했다.

성공적인 투자를 위해서는 다수의 의견과 반대여서 마음이 편치 않은 포지션을 고수해야 할 필요가 있다. 대충하는 투자에는 별다른 반전이 없으며, 포트폴리오 매니저의 경우 비싸게 사서 싸게 파는 이중 손해를 볼 수 있다. 탄탄한 투자 의사결정 프로세스를 통해 나온 확신만이 투자자들로 하여금 투기성 초과량은 팔고, 체념 속에서 가격이 싸게 나온 물건을 사게 할 수 있다… 적극적인 관리 전략은 기관들로부터 기관답지 않은 행동을 요구하며 소수만이 해결할 수 있는 모순을 만든다. 일반적이지 않은 투자에 대한 개요를 세워 유지한다는 것은 대중에게 무책임하게 보일 수 있다는 것을 명심해야 한다.

데이비드 스웬슨, 《포트폴리오 성공 운용》, 2000년

궁극적으로 가장 수익성 있는 투자 행동은 역투자가에 대한 정의에서 알 수 있다. 즉 모두가 팔 때(따라서 가격은 하락) 당신은 매수하고 있거나, 모두가 살 때(따라서 가격은 상승) 당신은 매도하고 있는 것이다. 외로운 싸움을 하는 당신은 스웬슨이 말한 것처럼 마음이 편치 않을 것이다. 그러면 당신과 반대로 '모두'에 속하는 사람들의 마음은 편할 것이라고 어떤 근거로 말할 수 있는가? 그것은 다만 모두가 그렇게 하고 있기 때문이다.

▶ ▶ ▶

투자에 관해 내가 가장 흥미롭다고 생각하는 점은, '투자가 얼마나 모순되는가' 하는 것이다. 가장 확실해 보였던 것이 사실이 아닌 것으로 판명 나는 일이 얼마나 잦은가? 투자에서 인정되는 지혜가 어떤 때는 유효하고, 어떤 때는 그렇지 않다는 말이 아니다. 현실은 좀 더 단순하며 훨씬 더 체계적이다. 대부분의 사람들은 투자처가 뛰어난 수익 가능성을 갖게 되는 과정을 이해하지 못한다.

투자자 대다수가 공통적으로 갖는 견해 중에서 분명한 것은 거의 항상 틀린다. 어떤 투자 대상을 놓고 여론이 하나로 뭉치면 그 투자의 수익

가능성은 사라지는 경향이 있다. 예를 들어 '모두가' 최고의 선택이라고 믿는 투자에 대해 생각해보자. 내가 보기에 이 투자는 '모두가'라는 말 때문에 절대로 최고가 될 수 없다.

- 모두가 좋아한다면, 그 이유는 아마 실적이 좋기 때문일 것이다. 대부분의 사람들은 지금까지 실적이 좋았다는 사실이 전조가 되어, 앞으로도 좋을 것이라고 생각하는 것 같다. 그러나 실상 지금까지의 뛰어난 실적은 미래에서 미리 끌어다 쓴 것이기 때문에, 지금부터는 평균 이하의 실적을 낼 것이라는 전조로 생각할 수 있다.
- 모두가 좋아한다면, 그로 인한 과대평가를 반영하기 위해 가격이 오를 것이고, 상대적으로 가치는 거의 오르지 않을 것이다. 물론 과대평가가 '그 이상의 과대평가'로 진행될 가능성도 있지만, 그런 상황이 일어나기를 굳이 기대하고 싶지는 않다.
- 모두가 좋아한다면, 그 주변에 지뢰가 빈틈없이 매설되어 있어서, 즉 너무 많은 자금이 유입되어 싸게 살 수 있는 것은 남아 있지 않을 것이다.
- 모두가 좋아한다면, 만약 그 모두가 마음을 바꾸어 출구로 움직일 경우 가격이 하락하는 상당한 리스크가 있다.

뛰어난 투자자들은 언제 자산 가격이 가치에 비해 떨어질지를 안다(그래서 산다). 그리고 자산 가격이 가치에 비해 낮을 수 있는 것은, 대부분의 사람들이 그 자산의 가치를 보지 못할 때뿐이다. 요기 베라는 이에 관해 다음과 같이 유명한 말을 한 적이 있다. "그 식당을 찾는 사람은 더 이상 없어. 손님이 너무 많거든." 마찬가지로 "그 자산이 싸다는 건 모두가 알아"라는 말은 성립되지 않는다. 모두가 그 사실을 알면 모두들 살 것이고, 그렇게 되면 더 이상 싸지 않을 것이다. 따라서 모두가 좋아하는 것을 매입해서는 큰돈을 벌 수 없다. 모두가 과소평가하는 것을 매입해야 큰돈을 번다. 이를 요약하면 훌륭한 투자에는 다음과 같이 두 가지 중요한 요소가 있음을 알 수 있다.

● 다른 사람들이 보지 못하거나, 평가하지 못하는 가치를 보는 것(그 가치는 가격에 반영되지 않는다)
● 그리고 그 가치가 실현되도록 하는 것(아니면 적어도 시장의 인정을 받는다)

첫 번째 요소로부터 분명하게 알 수 있는 것은 훌륭한 투자는 직관력 있고, 관습이나 인습으로부터 자유롭고, 또는 행동이 빠른 투자자들로부터 시작되어야 한다는 것이다. 그래서 성공적인 투자자들은 고독한 길을 오랫동안 혼자 걷는다고들 말한다.

'모두가 안다'. 2007년 4월 26일 메모

2007년부터 2008년까지 지속된 글로벌 신용 위기는 내가 이제껏 본 것 중에 그 규모가 가장 컸다. 그 경험으로부터 얻을 수 있는 교훈이 많기 때문에, 이 책의 많은 부분을 할애해 그와 관련된 내용을 다루고 있는 것이다. 그러한 교훈 가운데 한 가지는 2차적 사고에 필요한 회의적인 태도를 새롭게 이해하는 것이다. 나는 대체로 깨달음을 얻지 못하는 편이지만, 회의(懷疑)라는 주제에 대해 깨달음을 하나 얻은 것이 있다.

매번 거품이 터질 때마다 강세장이 붕괴하거나, 묘책이 작동을 멈추고 사람들이 자신의 실수를 한탄하는 소리를 듣는다. 이를 잘 알고 있는 회의론자들은 사전에 비현실적인 것을 가려내고, 이를 받아들임에 있어 다수와 의견을 달리하려 노력한다. 그래서 대개 회의주의적 투자는 투자 유행과 강세장의 열기, 피라미드식 금융 사기를 거부한다.

나는 이런 깨달음을 글로벌 금융위기가 거의 최악의 상황이었을 때인 2008년 10월 중순에 얻었는데, 그 무렵 우리는 상상도 하지 못했던 일들을 보고, 들었다.

- 리먼브라더스, 베어스턴스, 프레디맥, 패니매이, AIG 등의 파산 또는 구제
- 골드만삭스와 모건스탠리의 생존 가능성과 이들 기업의 주가 폭락에 대한 걱정
- 미국 채권을 보호하기 위한 CDS(신용부도 스와프) 가격 상승
- 극단적인 안전성 선호로 인해 제로에 가까운 단기 국채 수익률
- 미국 정부의 재원이 한정되어 있으며, 국채를 발행하여 문제를 해결하는 정부의 능력에 한계가 있다는 것을 처음으로 인식함.

리먼브라더스가 파산하자마자, 이내 다음의 사실이 명확해졌다. 급락이 이미 진행 중이었고, 누구도 그것이 언제 어떻게 끝날지 알 수 없다는 것이었다. 이것이 진짜 문제였다. 얼마나 부정적인 시나리오든 충

분히 실현 가능성이 있어 보였으며, 낙관적인 요소가 하나라도 있는 시나리오는 지나치게 낙관적인 것으로 치부되었다. 여기에는 우리가 알아야 할 한 가지 진실이 있었다. 그런 상황에서는 무엇이든 가능하다는 것이다. 그러나 미래를 대비할 때 우리는 다음의 두 가지에 대해 생각해봐야 한다. 즉 어떤 일이 일어날 수 있으며, 그 일이 일어날 가능성은 얼마나 되는가 하는 점이다.

위기를 거치는 동안 많은 나쁜 일들이 일어날 수 있을 것처럼 보였지만, 그것이 곧 그 일들이 일어날 것이라는 의미는 아니었다. 위기에는 사람들이 이 두 가지를 잘 구분하지 못한다.

지난 40년 동안 나는 투자자 심리가 조울증 환자처럼, 또는 시계추처럼 미친 듯이 왔다 갔다 하는 것을 봐왔다. 공포를 느꼈다가 탐욕을 부리고, 낙관했다가 비관하고, 쉽게 믿었다가 의심하고 말이다. 일반적으로 다수의 믿음을 따르는 것은, 이를테면 시계추를 따라 움직이는 것은 장기적으로 보면 평균 실적을 제공하지만 극단적인 상황이 발생했을 때는 파탄의 위기에 이르게 할 수 있다.

만약 당신이 누구나가 믿는 이야기를 믿는다면, 당신은 그들과 같은 행동을 할 것이다. 대체로 비쌀 때 사서 쌀 때 팔 것이고, 리스크 없이 고수익을 낼 수 있다는 묘책에 속아 넘어갈 것이며, 과거 실적은 좋았지만 앞으로는 실적이 안 좋을 자산을 사게 될 것이다. 또한 위기가 찾아오면 손실을 입을 것이고, 최악의 순간으로부터 상황이 호전되어갈 때 좋은 투자 기회를 놓칠 것이다. 다시 말해, 당신은 다수와 같은 행동을 할 뿐 독립적인 행동은 못할 것이며, 남들이 하는 투자를 따라서 할 뿐 역투자를 하지는 못할 것이다.

회의적인 태도는 우리로 하여금 대차대조표 이상을 확인하게 만든다. 금융공학이 만들어낸 이 시대의 기적 같은 금융상품, 또는 최근 유행하는 투자상품 역시 그 이상의 것을 보게 한다. 이렇듯 회의론자만이 괜찮게 들리는 것과 괜찮게 들리기는 하지만 사실상 그렇지 않은 것을 구분할 수 있다. 내가 아는 최고의 투자자들은 이 부분에 있어서 귀감이 되는 사람들로, 현명한 투자를 위해서는 이를 구현하는 것이 반드시 필요하다.

나쁜 일들이 계속해서 일어나면서 생각하지 못했던 신용 위기가 촉발되었고, 상당한 레버리지를 이용한 투자자들에게 고통스러운 상황이 동시다발로 일어났다. 쉽게 말해, 신용 위기에서 피해를 입은 사람들은 충분히 회의적이거나, 비관적이지 않았던 것이다. 그로 인한 깨달음이라면 회의와 비관은 동의어가 아니라는 것이다. 낙관이 지나칠 때는 회의에 비관이 더해져야 하며, 비관이 지나칠 때는 회의에 낙관이 더해져야 한다.

신용 위기가 지난주 절정에 달했을 때, 나는 낙관적인 사람을 거의 보지 못했다. 대부분이 정도의 차이만 있을 뿐, 비관적이었다. 회의적인 사람은 없었으며 "그런 소름 끼치는 이야기가 현실로 나타날 리 없다"고 말하는 사람도 없었다. 이들이 지난주에 하지 않은 단 한 가지 일은 공격적으로 증권을 매입하는 것이었다. 그 결과, 증권 가격은 한 번에 몇 포인트씩 계속해서 하락했다. 예전에는 이를 갭다운(gap down : 전일의 저가나 종가보다 시가가 더 낮게 형성되는 것)이라고 했다.

위의 상황에서 중요한 것은, 늘 그렇듯이 모두가 하는 말과 행동에 회의적이 되는 것이었다. 비관적인 이야기가 워낙 설득력 있는 상황이긴 했지만, 훨씬 큰 수익 가능성을 가지고 있었던 것은 소수만이 믿었던 희망적인 이야기였다.

'소극적인 태도의 한계', 2008년 10월 15일 메모

▶ ▶ ▶

무엇이 문제인지 확실해졌다. 다수의 사람들이 고점에서 낙관적이고, 저점에서 비관적인 것이 문제다. 따라서 이런 상황을 유리하게 이용하려면 우리는 고점일 때 만연한 낙관론에 회의적이고, 저점일 때 만연한 비관론에 회의적이 되어야 한다.

'시금석', 2009년 11월 10일 메모

회의적인 태도란, "아냐, 그렇게 좋은 조건이 사실일 리 없어"라고 말하는 것이라고 생각하는 경우가 많다. 하지만 나는 2008년에 회의적인 태도는 "아냐, 그렇게 나쁜 조건이 사실일 리 없어"라고 말할 때도 필요하다는 깨달음을 얻었다. 돌이켜보면 참으로 당연한 일이었다.

2008년 4분기에 가격이 하락한 부실채권을 매입한 경우, 이후 18개월 동안 대부분 50퍼센트에서 100퍼센트, 또는 그 이상의 수익을 올렸다. 사실, 그처럼 힘든 시기에 매입을 하기란 극히 어려웠지만 "아냐, 상황이 그렇게까지 나쁠 수는 없어"라고 말하는 사람이 없다는 것을 깨닫는 순간 매입을 하기가 좀 더 쉬워졌다. 바로 그 순간 낙관주의자가 되어 매입을 하는 것이 역투자에서 궁극적으로 해야 할 행동이다.

▶ ▶ ▶

내가 직접 봐온 최고의 투자자들에게는 확실히 공통적인 요소가 있다. 그들은 대체로 도전적이고, 마음이 불편한 것을 감수하는 역투자가들이다. 경험이 많은 역투자가들은 조직에 속하지 않는 데서 위안을 삼기도 한다. 예를 들어 채권시장이 폭락할 때마다 대부분의 사람들은 이렇게 말한다. "우리는 폭락 중인 주식을 사지는 않을 것이다. 너무 위험하니까." 그리고 덧붙인다. "사태가 정리되고, 불확실한 것들이 해결될 때까지 기다릴 것이다." 이 말의 의미를 달리 표현하면 '두려워서 무엇을 해야 할지 모르겠다'는 것이다.

확신하건대, 주가가 폭락을 멈출 때쯤이면 사태가 해결되고 불확실한 것이 해결되겠지만, 대신 헐값에 살 수 있는 것은 남아 있지 않을 것이다. 무엇을 매입하는 것에 다시 마음이 편해졌을 정도가 되면 가격이 매우 낮지는 않을 것이고, 따라서 아주 싸게 사는 것은 아닐 것이다. 그러므로 엄청난 수익을 올릴 수 있는 투자를 마음 불편하게 시작하지 않았다는 것은 대체로 모순이다.

가능한 한 조심성과 기술을 가지고 폭락 중인 주식을 사는 것은 역투자가로서 우리가 해야 할 일이다. 내재가치의 개념이 매우 중요한 이유가 여기에 있다. 모두가 팔고 있을 때 역으로 살 수 있는 가치를 볼줄 아는 견해가 우리에게 있다면, 그리고 그 견해가 옳기만 하다면, 최소한의 리스크로 최고의 보상을 받을 수 있게 될 것이다.

12
저가 매수 대상을 찾아라

최고의 기회는 대개 다른 이들이 하지 않는 것에서 발견된다.

현명한 포트폴리오 구축 프로세스는 가장 좋은 종목을 매입하기 위해
그보다 못한 종목을 매도하고, 최악의 종목은 피하는 것으로 이루어
진다. 이 프로세스를 구성하는 주요소로는, 첫째 잠재적인 투자 대상
목록, 둘째 목록에 있는 투자 대상의 내재가치 평가, 셋째 내재가치와
비교해서 가격이 어떠한지 판단하는 것, 넷째 각각에 포함된 리스크
와 리스크를 포함했을 때 전체적인 포트폴리오에 미치는 영향에 대한
이해 등이 있다.

프로세스의 첫 번째 단계는 고려 중인 사항들이 절대 기준을 만족
하는지 확실히 하는 데 있다. 수준 높은 투자자라면 "싸기만 하면 뭐
라도 살 거야"라는 말은 하지 않을 것이다. 그보다는 자신이 생각하는
최소한의 기준을 충족시키는 투자 후보를 목록으로 만들고, 그 안에서
최고로 싸고 좋은 것을 고를 것이다. 이것이 이 장의 주된 내용이다.

예를 들어 투자 고려 중인 후보군에서 마음이 편치 않은 리스크를 배제하고, 감수할 수 있는 리스크만 목록에 포함시키는 일을 맨 처음 하는 것이다. 그러면 배제를 고려할 만한 리스크로는 어떤 것이 있을까? 가령 과학기술의 발달로 모든 것이 빠르게 변하면서 생길 수 있는 진부화 리스크(risk of obsolescence : 자산이 그대로라도 새로운 기술의 발달 등으로 상대적으로 진부해지면서 가치가 하락하는 것—옮긴이)와 소비자에게 사랑받는 제품의 인기가 언젠가 사그라지는 리스크가 있을 수 있다. 이 같은 리스크는 자신의 전문 분야 밖이라고 생각할 수 있다. 또는 투자자들이 어떤 기업은 절대 수용할 수 없다고 판단할 수도 있다. 그 기업이 속해 있는 산업이 지나치게 예측 불가능하거나, 기업의 재정 상태가 충분히 투명하지 않기 때문이다.

리스크의 범위를 정해 놓고, 그 안에 속하는 자산만을 수용하는 것은 당연한 일이다. 시장이 매우 위험하게 여기는 증권이 투자자들의 리스크 허용도를 초과할 수도 있지만, 반대로 시장이 100퍼센트 안전하다고 보는 증권이 시원찮은 수익을 제공할 수도 있다. 다시 말해, 가격에 상관없이 투자자들이 선택하지 않는 경우도 충분히 있을 수 있다.

리스크 중에는 전문 투자자들이 원치 않는 것도 있을 뿐만 아니라, 그들의 고객들이 원치 않는 것도 있다. 특히 기관투자자들의 경우 "제 돈 여기 있습니다. 이걸 가지고 하고 싶은 대로 하세요"라는 말을 들을 일은 없다고 봐야 한다. 머니매니저들의 일은 잠재 수익을 가진 투자 대상에 투자하는 것만이 아니라, 고객이 원하는 스타일도 따라야 한다. 대부분의 기관투자자들은 자산군과 투자 방식(어떤 자산에 어떻게 투자할 것인가)과 관련한 특정 과제를 수행하기 위해 고용되기 때문이다.

고객이 특정 종목에 투자할 목적으로 전문가를 찾았다면, 다른 종목이 얼마나 괜찮든 갈아탈 가능성은 크지 않다. 예컨대 투자전문가가 우수한 대형 가치주에 대한 자신의 전문성을 바탕으로 투자하자고 제의했다면, 다수의 첨단기술 신생 기업에 하는 투자는 사업적인 측면에서 위험할 수 있다. 그러므로 포트폴리오 구축의 시작 범위가 무제한은 아닐 것이다. 어떤 자산군은 현실적인 후보가 될 수도 있고, 어떤 것은 그렇지 않을 것이다.

▶ ▶ ▶

가능성 있는 후보를 골라낸 후 다음 단계는, 그 안에서 투자 대상을 선택하는 것이다. 이를 위해서는 위험 대비 잠재 수익률이 가장 높은 것이나, 비용 대비 가치가 가장 높은 것을 골라야 한다. 이는《증권분석》편집자인 시드 코틀(Sid Cottle)이 "투자는 상대적인 선택의 훈련"이라는 얘기를 내게 하면서 함께했던 말이다. 나는 이 말을 35년 동안 명심하고 있다.

시드의 이 간결한 표현은 두 가지 중요한 메시지를 담고 있다. 첫째, 투자 프로세스는 정밀하고 훈련되어야 한다. 둘째, 반드시 비교해야 한다. 가격이 하락하거나 상승하거나, 따라서 장래 수익이 높거나 낮거나 상관없이 우리는 최고의 투자 대상을 찾아야 한다. 우리가 시장을 바꿀 수 없는 이상 시장에 참가하고 싶다면, 존재하는 모든 가능성 중에서 최고를 선택할 수밖에 없다. 이것이 상대적 결정이다.

　　　　▶ ▶ ▶

　우리가 추구하는 탁월한 투자를 가능케 하는 것은 무엇인가? 4장에서 말했듯이, 이는 대체로 가격의 문제다. 우리의 목적은 좋은 자산을 찾는 것이 아니라, 성공적인 매입을 하는 것이다. 따라서 '어떤 자산을 사느냐'가 중요한 것이 아니라, '그 자산에 얼마를 지불하느냐'가 중요하다. 우량 자산을 놓고 우리는 매입을 잘할 수도, 잘못할 수도 있다. 대부분의 투자자들은 투자 기회를 객관적으로 판단함에 있어 실수하거나, 좋은 자산과 성공적인 매입을 구분하지 못하는 경향이 있는데 그로 인해 문제가 발생한다.

　투자 대상을 탐색하는 이유는 성공적인 매입을 위한 것이기 때문에, 이 장의 주요 목적은 '성공적인 매입을 가능케 하는 것은 무엇인가'를 설명하는 것이다. 일반적으로 매입을 잘하려면 자산이 가치에 비해 가격이 낮고, 기대수익이 리스크에 비해 높아야 한다. 어떻게 하면 저가의 자산을 그런 식으로 매입할 수 있을까?

　나는 10장에서 테크주 열기를 사례로 들어, 논리적인 근거를 토대로 한 믿을 만한 프로세스가 가격 거품으로 바뀔 수 있다는 것을 설명했다. 그러한 상황은 대부분 객관적으로 매력적인 자산과 함께 시작된다. 사람들이 매력적인 자산에 대해 자신의 의견을 말하기 시작하면서 그 자산을 소유하고 싶은 마음은 커져간다. 그러다 보면 자금이 유입되고, 가격은 오른다. 사람들은 이 같은 가격의 상승을 투자할 가치가 있다는 신호로 받아들이고 매입은 계속된다. 해당 자산에 대해 몰랐던 사람들도 뒤늦게 알게 되면서 동참하고, 결국 이런 상승 추세는 멈출 수 없는 선순환의 형태를 띠게 된다. 이제 상황은 문제의 자산이 승자가 되는 인기 콘테스트나 다름없다.

투자 방식이 오랫동안 유지되고 충분한 동력을 얻다 보면 거품으로 바뀐다. 거품이 발생하면 신중한 투자자들에게는 매도할 것과 공매할 것이 많아진다. 자산을 저가로 매수하는 과정은 대체로 위의 상황과 반대이다. 따라서 저가의 자산을 찾으려면 자산이 인기 없는 이유가 무엇인지 반드시 알아야 한다. 이것이 꼭 분석적인 프로세스를 통해서 이루어져야 하는 것은 아니다. 사실 많은 프로세스들이 분석적이지 못하므로 프로세스 뒤에 있는 심리적 영향과 인기가 변하는 원인이 무엇인지를 생각해보는 것이 중요하다.

그렇다면 가치에 비해 가격은 싸고, 리스크에 비해 수익은 높게 만들어주는 것은 무엇인가? 다시 말해, 어떤 자산을 받아야 할 가격보다 싼 값에 팔도록 만드는 것은 무엇인가?

- 과열을 부추기는 자산과 달리 잠재적으로 저가에 매수할 수 있는 자산들은 대체로 객관적인 결점을 드러낸다. 어떤 자산군에 약점이 있을 수도 있고, 어떤 기업이 해당 산업에서 뒤처질 수도 있으며, 대차대조표에 과도한 레버리지가 이용되었을 수도 있고, 어떤 증권이 보유자에게 구조적인 보호책을 충분히 제공하지 못할 수도 있다.
- 효율적 시장의 공정가격 책정 프로세스는 분석적이고 객관적인 사람들의 참여로 이루어지기 때문에, 싸고 좋은 자산은 대개 비합리성 또는 이해 부족에서 비롯된다. 따라서 투자자들이 자산을 공정하게 보지 못하거나, 자산에 대해 철저히 이해하기 위해 겉이 아닌 속을

들여다보지 못할 때, 또는 자산을 가치 위주로 판단하지 않는 관행이나 편견, 비난을 극복하지 못했을 때 싸고 좋은 자산이 생기는 경우가 많다.

- 시장의 인기 종목과 달리 소위 고아 종목(orphan asset : 시장에서 소외된 종목-옮긴이)은 무시되거나 멸시된다. 고아 종목이란 용어가 매체나 칵테일파티에서 언급될 정도로 사람들의 호감을 사지 못한다.
- 자산 가격이 떨어지고 있을 때, 일반적 사고를 하는 사람들은 이렇게 물을 것이다. "누가 이런 걸 사려고 하겠어?" 대부분의 투자자들은 훨씬 신뢰할 만한 '평균으로의 회귀'에 의지하기보다는 추세는 계속 유지된다는 예상하에 과거 실적을 추론하는 경향이 있다. 일반적 사고를 하는 사람들은 과거 가격이 저평가되었던 것(자산 가격이 가치보다 낮은 것)을 오를 것이라는 표시로 보지 않고 걱정할 문제로 보는 경향이 있다.
- 결과적으로 저가 자산은 인기를 끌지 못한다. 따라서 자본으로부터 소외되고, 이를 보유해야 할 이유를 찾기도 힘들다.

다음은 전체 자산군이 추세에 뒤떨어질 때, 어떻게 싼 자산이 생길 수 있는지 보여주는 사례이다.

지난 60년간 채권의 역사는 주식이 누린 인기 상승과 반대의 모습을 보여준다. 역사상 첫 번째 채권은 1950년대와 1960년대 주식이 스포트라이트를 독점하면서 인기가 하락했다. 1969년 말 퍼스트내셔널씨티뱅크의 주간 채권정보 개요는 검은색 테두리 속에 '라스트 이슈(종간호)'

라는 제목을 달고서 마지막으로 발간된 후 사라져 버렸다. 1970년대에는 고금리 환경 속에서 부실채권이 만연했고, 1980년대와 1990년대에는 금리가 계속해서 하락하기는 했지만 채권은 주식의 엄청난 수익에 맞설 가망이 전혀 없었다.

1995년부터 1999년까지 채권에 하는 어떤 투자도 실적을 제한하는 닻처럼 느껴졌다. 나는 한 자선단체의 투자위원회장을 역임하면서, 다른 도시에 있는 자매 단체가 수년간 채권과 주식의 비율이 '80:20'으로 경영난에 시달리던 채권과 주식의 비율을 '0:100'으로 할당하는 것을 지켜보았다. 전형적인 기관투자자라면 아마 이에 대해 다음과 같이 말했을 것이다.

"우리는 채권에 대한 할당량이 적다. 이유는 말할 수가 없다. 과거에 있었던 사건이기 때문이다. 전임자가 그렇게 만들었고, 그가 왜 그렇게 했는지는 과거의 일이라 알 수가 없다. 지금 우리는 채권 보유량을 줄이기 위해 검토 중이다."

2000년대 주식 추가 매입에 대한 관심이 낮음에도 불구하고 고등급 채권에 유입되는 자금은 그다지 많지 않다. 계속된 채권의 인기 하락 이유는, 무엇보다 경기를 부양하고 외부의 충격(밀레니엄에 대한 불안 같은)과 싸우기 위해 저금리를 유지한 앨런 그린스펀 의장 시절의 연방준비제도 이사회에서 내린 결정 때문이었다. 3~4퍼센트의 수익을 내는 미국 국채와 고등급 채권은 8퍼센트의 수익률을 원하는 기관투자자들에게 별다른 도움이 되지 못했다.

'헴라인(hemlines)', 2010년 9월 10일 메모

(*여성들의 치마 길이와 경기변동의 상관관계를 보여주는 지표—옮긴이)

위에서 설명한 프로세스가 충분히 오래 유지되어 채권 보유량이 충분히 감소된 후, 채권은 우수한 성과를 낼 수 있는 상태가 되었다. 필요한 것이라고는 상승 잠재력과 비례하여 안전성을 바라는 심리도 증가시킬 수 있는 투자 환경으로 바꾸는 것이었다. 그리고 어떤 자산이 한동안 높게 평가된 후, 대체로 그렇듯 투자자들이 갑자기 채권의 매력을 알게 되었고, 자신들이 채권을 충분히 보유하지 않았음을 깨달았다. 이러한 경향을 일찍 파악하는 사람들에게 어김없이 수익을 창출해주는 패턴이라고 할 수 있다.

▶ ▶ ▶

우리의 목표는 절대로 공정하게 가격이 매겨진 자산이 아니다. 자산에 포함된 리스크에 대해 딱 그만큼의 공정한 수익을 줄 것이라는 결론이 이치에 맞기 때문이다. 물론 비싼 자산도 우리에게는 아무 소용없다. 우리의 목표는 가격이 가치보다 싼 자산을 찾는 것이다. 그런 자산을 어디에서 찾아야 할까? 다음과 같은 자산들 중에서 찾아보기를 권한다.

- 사람들이 잘 모르고 제대로 이해하지 못하는 것
- 외견상 기본적으로 미심쩍은 것
- 논쟁의 여지가 있거나, 볼품없거나, 투자하기 겁나는 것
- '훌륭한' 포트폴리오에 포함시키기에는 부적절하다고 여겨지는 것
- 평가가 제대로 이루어지지 않고, 인기 없고, 사랑받지 못하는 것

- 볼품없는 수익을 기록한 것
- 투자가 계속되지 못하고 최근에 중단된 것

위 사항을 한 문장으로 요약한다면, '저가 매수의 기회가 존재하기 위해 필요한 조건은 자산에 대한 투자자들의 인식이 실제보다 훨씬 나빠야 한다'라고 할 수 있다. 최고의 기회는 대부분의 다른 사람들이 찾지 않는 것들 중에서 찾을 수 있다. 결국 모두가 어떤 자산에 호감을 느껴 기꺼이 투자에 동참하기를 원한다면, 그 자산의 가격은 싸지 않을 것이다.

1978년 씨티뱅크에 근무하며 주식 리서치 일을 하다가 포트폴리오 관리를 맡게 되었을 때, 나는 이런 조건을 일부 또는 전부를 만족시키는 자산군을 다루게 되는 행운을 얻었다. 나는 첫 업무를 전환사채 분야에서 시작했는데, 지금보다 규모가 작고 저평가되고 소외된 시장이었다. 그러나 전환사채는 투자자들에게 채권과 주식의 장점 모두를 제공하면서 복합기업, 철도회사, 항공사 등 대안이 없는 약체 기업들에 의해 최후의 수단으로서만 발행되었다. 주류 시장에서 활동하는 투자자들은 자신들이 불필요한 복잡함을 도입했다고 느꼈다. 만약 당신이 채권과 주식의 특징 둘 다를 원한다고 하면, 그들은 채권도 사고 주식도 사면 되지 않겠느냐고 말할 것이다. 그리고 당신이 어떤 기업을 좋아한다면 방어적인 하이브리드 투자상품에 투자하는 것보다, 주식을 사서 온전한 수익을 내는 것이 어떻겠냐고 할 것이다. 모든 사람이 어떤 자산에 투자할 가치가 없다고 생각할 때마다, 혹여 그 자산이 사랑받지 못하고 소외되어 가격이 저평가된 것은 아닐까를 의심해야 마땅하다. 그런 의미에서 나는 1984년 〈비즈니스위크(BusinessWeek)〉와의 인터뷰에서, "용기 있는 진짜 남자들은 전환사채를 사지 않기 때문에, 나 같은 겁쟁이들이 싸게 살 수 있는 것이다"라고 말했다.

1978년 후반, 나는 고수익채권펀드를 시작해줄 것을 부탁받았다. 이 투자 등급이 낮은 채권은 '정크본드'라는 별명으로 불렸는데, 대다수 투자기관이 최소한으로 요구하는 투자등급(대개 채권등급 평가기관에 의해 'BBB' 이상으로 평정된 채권)이나 그 이상 또는 A등급이나 그 이상에 못 미치는 것이었다.

정크본드가 채무를 이행하지 않는다면 어떻게 연금펀드나 기금을 적당량 보유할 수 있을 것인가? 어떤 펀드가 투기등급 기업의 채권을 매입했다가 파산한다면, 수탁자들은 낭패를 볼 수밖에 없고, 리스크가 있음을 미리 알았으면서도 투자했다는 데 대한 비난을 피할 수 없다. 이 증권의 잠재성에 대한 결정적인 단서는 한 평가기관이 B등급 채권을 '바람직한 투자라고 보기에는 전반적으로 부족한'이라는 표현을 한 것에 있었다. 이쯤 되면 당신이 지체 없이 따져야 할 것이 있다. '아니, 어떻게 가격에 상관없이 투자 가능한 등급이 아니라고 일률적으로 공표할 수 있는가?' 정크본드의 그 이후 역사를 보면 다음을 알 수 있다. 첫째 누구도 보유하지 않은 채권이 있다면, 그에 대한 수요가 상승할 일만 남았고(따라서 가격도), 둘째 금기시하던 분위기가 관대해지면서 매우 괜찮은 실적을 낼 수 있다.

마침내 1987년 사업 파트너인 브루스 카쉬와 셀든 스톤이 부실채권 투자펀드를 조성하는 획기적인 아이디어를 나에게 제안했다. 파산했거나 파산을 코앞에 둘 것이 분명해 보이는 기업의 채권에 투자하는 것보다 더 부적절하고 신뢰할 수 없는 일이 세상에 또 있을까? 재정적으로 생존 능력이 없고, 관리 능력이 부실하다는 것을 이미 드러낸 기업에 누가 투자하려고 하겠는가? 어떻게 낭떠러지로 떨어지고 있는 기업에 책임을 지고 투자하겠다는 것인가? 물론 투자자들의 행동 방식을 고려해볼 때, 특정 시점에서 최악이라고 평가받는 자산이라면 가장 싼 것이 될 가능성이 높다. 투자에서 싸고 좋은 자산은 고품질이어야 할 필요는 없다. 사실, 자산의 품질이 낮아 사람들이 겁먹고 도망갈수록 더 싸지는 경향이 있다.

위에서 말한 각각의 자산군(고수익채권펀드, 부실채권 투자펀드)들은 이 장의 앞부분에서 언급한 기준들을 대체로, 또는 전부 충족시켰다. 이 펀드들은 별로 알려지지 않았고, 어떤 것인지 사람들이 잘 이해하지 못했으며, 관심을 끌 만한 대상도 아니었다. 누구도 이 자산군에 대해 좋게 이야기하지 않았다. 각각의 투자처들은 11장에서 데이비드 스웬슨이 얘기한, 마음 편치 않고 색다르고 무모해 보이는 투자의 전형적인 예였다. 이 펀드들은 그로부터 20, 30년 동안 가장 훌륭한 투자 대상이 되었다. 폭넓게 제시한 위의 사례가 싸고 좋은 자산을 어디에서 찾을 수 있을지에 대해, 독자 여러분에게 좋은 아이디어를 제공하기를 바라는 바이다.

▶ ▶ ▶

이러한 저가 매수는 가치보다 현저히 낮은 가격을 제시하기 때문에, 이례적인 리스크 대비 수익률도 투자자들에게는 성배나 다름없다. 사실, 그런 거래는 효율적 시장에서는 존재해서는 안 되는데, 그 이유는 2장에서 구체적으로 설명했다. 그러나 나의 모든 경험을 통해 알 수 있었던 것은, 저가 매수는 투자 원칙이 아닌 동시에 이를 제거하려는 힘이 종종 실패한다는 것이다.

아주 좋은 기회를 알아봄으로써 시장을 이길 수 있다고 믿는 점에서 우리는 적극적인 투자자들이다. 한편으로는 우리가 제안받는 많은 '특별한 거래'가 믿기 힘들 정도로 좋다는 점에서, 이 거래들을 피하는 것이 투자 성공에 필수적이다. 그러므로 너무나 많은 것들이 그렇듯, 우리를 적극적인 투자자로 만드는 낙관주의와 효율적 시장가설에서 나오는 회의주의가 균형을 이루어야 한다.

투자자들이 심리적 부담감, 분석상의 실수, 불확실한 것을 멀리하는 경향으로 인해 실수를 할 수밖에 없는 것은 자명하다. 이러한 실수들은 2차적 사고를 하는 사람들로 하여금 다른 이들의 잘못을 볼 수 있도록 저가 매수의 기회를 만들어준다.

13

인내심을 가지고 기회를 기다려라

> 시장은 그다지 협조적인 기구가 아니다. 시장은 당신이 필요로 한다는 이유만으로
> 고수익을 제공하지는 않는다. ● 피터 번스타인, 경제학자 겸 투자자문가

글로벌 금융위기와 관련하여 호황과 불황의 주기는 2005년부터 2007
년 초에는 상당한 상승가로 매도할 수 있는 기회를 우리에게 주었다.
또한 2007년 후반부터 2008년까지는 패닉 상태의 가격으로 매수할
수 있는 기회를 주었다. 주기와 싸우는 역투자가들에게 자신들의 역
량을 마음껏 발휘할 수 있는 절호의 기회였던 것이다. 그러나 이 장에
서 내가 말하고 싶은 것 중에 하나는, 언제나 최고의 결과만 나오는
일이란 세상에 없다는 것이다. 그리고 상황에 따라 아무것도 안 하는
것이 최선의 방법일 수도 있다는 것이다. 인내심을 가지고 기회를 기
다리는 것이, 즉 저가 매수를 기다리는 것이 최고의 전략이 되는 경우
가 많다.

여기 한 가지 요령이 있다. 투자 대상을 뒤쫓는 것보다, 투자 대상

이 당신 눈앞에 나타날 때까지 기다리는 것이다. 어떤 자산을 매입해야겠다고 처음부터 정해 놓지 말고, 매도자가 팔아야겠다고 한 것에서 자산을 고른다면 더 싸게 살 수 있다. 투자에서 기회주의자는 자산이 싼 값에 제공되기 때문에 매수한다. 자산이 싸지 않을 때 하는 매수에는 특별한 것이 전혀 없다.

오크트리의 모토 가운데 하나는, "우리는 투자 대상을 찾지 않는다. 투자 대상이 우리에게로 온다"이다. 우리는 그저 가만히 앉아서 기다릴 뿐이며 '매입 목록'을 들고 나서지 않는다. 그보다는 우리에게 전화가 오기를 기다린다. 소유주에게 전화를 해서, "당신이 소유하고 있는 X를 사고 싶다"라고 말하면 가격은 오를 것이기 때문이다. 그러나 소유주가 전화를 걸어와, "우리는 X로 인해 타격을 입었고 출구(exit : 투자 회수)를 찾고 있다"라고 말하면 가격은 하락할 수밖에 없다. 이렇듯 우리는 거래를 먼저 시도하기보다 기회를 기다리는 방법을 선호한다.

특정 시점에서 투자할 상황이 주어지면, 이를 받아들여 그 상황 안에서 투자를 하는 것 외에 우리에게는 선택의 여지가 없다. 역투자를 할 수 있도록 시계추나 주기가 극단적인 상황으로 번지는 일이 늘 있는 것은 아니기 때문이다. 때로 탐욕과 공포, 낙관주의와 비관주의, 쉽게 믿는 것과 경계를 하는 것이 균형을 이룬다. 그런 상황에서는 자명한 실수도 생기지 않는다. 그리고 대부분의 자산 가격이 가치에 비해 지나치게 비싸거나, 싸기보다는 공정가에 가까울 수 있다. 대신에 아주 좋은 매입이나 매각 기회는 없을 수도 있다.

시장 상황을 인식하고 그에 따라 행동하는 것은 투자 성공에 있어 필수적이다. 반면 투자 실패를 불러올 수 있는 행동으로는, 첫째 시장 상황을 인식하지 않고 행동하는 것, 둘째 시장 상황과 무관하게 행동하는 것, 그리고 셋째 그 상황을 우리가 어느 정도는 바꿀 수 있다고 믿는 것 등이 있다. 이러한 것이 가장 현명하지 못한 행동들이다. 즉 우리에게 주어진 상황에 맞게 투자해야 한다는 주장이 가장 타당하다. 그 밖에 다른 주장들은 전혀 타당하지 않다.

나는 철학적 사유를 통해 다음과 같은 결론에 이르렀다.

1960년대 중반 와튼스쿨 학생들은 비경영 분야를 부전공으로 공부해야 했기 때문에, 나는 일본학에서 다섯 과목을 이수했다. 그런데 뜻하지 않게 이것이 내 대학 생활에서의 중요한 이력이 되었고, 후일 내가 투자철학을 갖는 데도 큰 도움이 되었다. 초기 일본 문화에서 중요시되던 가치 중에 '무상(無常)'이라는 것이 있었다. 내가 알기로 무상이란 예로부터 '순리의 바퀴가 돌아가는 것'으로 변화의 불가피성, 흥망성쇠를 인정하는 것을 의미한다. 다시 말해 무상은 주기가 상승하고 하락하고, 모든 것이 왔다가 가고, 우리의 상황이 변하는 것은 우리의 능력 밖이라는 것을 의미한다. 그러므로 우리는 인식하고 인정하고 대처하고 대응해야 한다. 투자의 본질 또한 이런 것이 아니겠는가?

과거는 과거일 뿐 되돌릴 수 없다. 그리고 그 과거가 우리를 지금의 상황에 처하도록 만들었다. 우리가 할 수 있는 일이라고는 상황을 있는 그대로 인식하고 주어진 상황을 고려하여, 우리가 할 수 있는 최고의 결정을 하는 것이다.

'투자의 본질', 2006년 3월 27일 메모

워렌 버핏의 투자철학은 기본적으로 나의 철학에 비해 정신적인 측면을 덜 강조한다. 예를 들어 내가 무상이라는 개념을 인용한 데 반해, 버핏은 야구를 인용하는 식이다.

버크셔해서웨이의 1997년 연례 보고서에서, 버핏은 역사상 가장 훌륭한 타자 중 한 명인 테드 윌리엄스(Ted Williams : 메이저리그 역사상 마지막 4할 타자로 유명한 선수)에 대해 언급한다. 버핏은 윌리엄스가 성공할 수 있었던 요인은 자신의 경기를 철저하게 분석했기 때문이라고 말한다. 윌리엄스는 스트라이크 존을 야구공 크기로 77개의 칸으로 나눈 다음 타구 결과를 기록함으로써, 투수의 공이 배트의 최적 지점에 올 때만 배트를 휘둘러야 타율이 오른다는 것을 알게 되었다고 한다. 물론 그런 사실을 알았다고 해도 그런 완벽한 공이 오기만을 계속 기다릴 수는 없었을 것이다. 가만히 서서 삼진 아웃을 당할 수 있기 때문이다.
1974년 11월 1일자 〈포브스(Forbes)〉 기사에서 버핏은 그런 점에서 투자자들이 어느 순간엔가 치기 좋은 타구가 오듯이, 기회를 붙잡기만 한다면 유리한 상황에 있을 수 있다고 지적했다. 게다가 투자자들은 상황을 지켜보고만 있다고 해서 삼진 아웃을 당하지는 않기 때문에 행동해야 한다는 부담을 느끼지 않아도 된다. 그러므로 '이거다' 싶은 상황이 나타날 때까지 수많은 기회를 그냥 보내도 된다는 것이다. 그 기사의 한 부분을 인용하면 다음과 같다.

"투자는 아웃되지 않기 위해 꼭 방망이를 휘두를 필요가 없다는 점에서 가장 좋은 사업이다. 당신이 홈플레이트에 서 있다고 가정해보자. 투수가 제너럴모터스(General Motors)를 시속 75킬로미터로 던진다. 그 다음 US스틸(US Steel)을 시속 62킬로미터로 던진다. 누구도 스트라이크를 외치지 않으므로 잃는 것은 기회뿐 불이익은 전혀 없다. 당신은 계속해서 마음에 드는 공이 오기를 기다리면 된다. 그리고 야수들(내야수, 외야수)이 잠들면 방망이를 휘둘러라."

'당신의 전략은 무엇인가?', 2003년 9월 5일 메모

투자에 관해 가장 좋은 점 한 가지는, 실제 불이익은 손해 보는 투자에만 있다는 것이다. 손해 볼 투자를 하지 않았다고 해서 불이익을 당하는 일은 없다. 물론 보상도 없기는 하지만 말이다. 그리고 몇 번의 성공 기회를 놓치는 것에 대한 불이익 정도는 참을 수 있다. 그렇다면 몇 번의 성공 기회를 놓친 것에 대한 불이익은 어디에서 나오는가? 투자자들은 대체로 경쟁 심리가 있고 그 이유는 돈 때문이다. 따라서 수익을 낼 수 있는 기회를 놓치는 것에 온전히 마음 편할 사람은 없다.

다른 사람의 돈을 관리해주고 수당을 받는 전문 투자자들의 경우 상황은 더 힘들다. 이들이 너무 많은 기회를 놓친다면, 그리고 이들의 수익이 호황기에 너무 낮다면, 이들은 고객으로부터 압박을 받을 수 있고 결국 고객을 잃게 된다. 그러므로 고객들이 어떤 상황에 있느냐에 많은 것이 달려 있다. 오크트리는 손실을 입을 투자를 하는 것보다는, 수익을 올릴 수 있는 기회를 놓치는 것이 낫다는 우리의 신념을 언제나 확고히 따랐다. 우리 고객들 역시 수익 가능성에 매번 참여하는 것보다 리스크 제어를 우선으로 한 결과를 받아들일 준비가 되어 있다.

▶ ▶ ▶

방망이를 한쪽 어깨에 걸친 채 홈플레이트에 서 있는 것은 버핏식의 인내하는 기회주의다. 리스크가 제어된 상태에서 수익을 낼 수 있는 기회가 있을 때에만 방망이는 어깨에서 떨어질 수 있다. 기회는 그때뿐이다. 기회를 선별하는 한 가지 방법은 우리가 저수익 상황에 있는지, 아니면 고수익 상황에 있는지를 확인하기 위해 모든 노력을 아끼지 않는 것이다.

몇 년 전, 나는 저수익 상황에 적용 가능한 우화를 하나 소개한 적이 있다. 제목은 '고양이, 나무, 당근과 채찍'이다. 이 우화 속의 고양이는 투자자를 의미하며, 투자 상황에 대처하는 것이 직업이고, 나무는 그 상황의 일부다. 당근(리스크 증가를 받아들이는 데 대한 인센티브)은 리스크가 더 큰 투자로부터 달성 가능한 고수익에서 나온다. 그리고 채찍(안전을 포기하도록 만드는 동기)은 좀 더 안전한 투자로부터 제공되는 얼마 안 되는 예상 수익에서 나온다.

먹이(목표한 수익)를 찾는 고양이를 더 높은 가지(더 과감한 투자 전략)로 유인하는 것은 당근이고, 땅에 있으면 먹이를 찾을 수 없다며 고양이에게 나무에 더 높이 오르도록 재촉하는 것은 채찍이다. 이렇듯 당근과 채찍을 함께 써서 고양이를 결국 나무 높은 곳, 위험한 곳까지 오르도록 할 수 있다. 이 상황을 비판적으로 보면 고양이는 저수익 상황에서도 고수익을 추구하여 아무것도 모른 채 그 결과(리스크 증가)를 감수한다.

채권 투자자들은 이런 프로세스를 '수익을 찾아서(reaching for yield, 또는 reaching for return)'라고 부른다. 이는 예로부터 안전한 투자처의 수익이 하락함에 따라 호황기 전에 내던 수익을 내기 위하여 좀 더 위험한 상품에 투자하는 것이다. 수익을 영구화하기 위해 계속해서 새롭고 더 큰 리스크를 부담하는 패턴은 종종 경제 주기의 패턴에서도 반복된다. 수익을 찾는 사람들의 모토는 이런 식일 것이다. "안전한 투자에서 필요한 만큼 수익을 내지 못하면, 리스크가 있는 투자에서 수익을 내라." 우리는 2000대 초반에 이런 행동이 어떤 결과를 가져오는지 목격했다.

신용 위기 이전에 투자자들은 레버리지라는 사이렌의 노래에 저항하지 못했다. 이들은 저금리의 단기 자금을 차입했다. 기간이 짧을수록 금리는 낮다(매달 갚겠다고 약속하기만 하면 저금리로 자금을 구할 수 있다). 그리고 이들은 그 자금을 비유동성과 기본적인 리스크를 수반한다는 이유로, 고수익을 제안하는 자산을 매입하는 데 사용했다. 그리고 전 세계의 기관투자자들은 낮은 리스크로 고수익을 제공하겠다는 두 가지 '묘책'에 대한 가장 최근의 약속에 대해 월스트리트에 의문을 제기했다. 두 가지 묘책이란 바로 금융 증권화와 구조다.

겉으로 보기에 낮은 리스크로 고수익을 약속하는 투자는 그럴듯하게 들린다. 또한 레버리지를 사용한 매입에 대한 수익이 자본비용보다 클 것이기 때문에 만족할 만한 절대 수익을 약속했다. 결과는 대단히 좋을 것으로 보였다… 뜻밖의 일이 일어나지만 않는다면 말이다. 그러나 늘 그렇듯 수익 추구에는 실수가 따른다. 예상 수익은 좋아 보였는데, 가능한 결과의 범위가 위험한 것까지 포함했던 것이다. 대다수 기술과 구조의 성공은 과거와 비슷한 미래에 달려 있었다. 그리고 많은 투자자들이 의존했던 '현대의 기적' 가운데 많은 것들이 검증되지 않았다.

'이번에도 다르지 않다', 2007년 12월 17일 메모

투자기관들 가운데 초창기부터 앞서 나가던 경쟁업체들 중에 얼마나 많은 수가 더 이상 경쟁에서 앞서지 못하는가(또는 더 이상 경쟁자가 아닌 투자기관)를 살펴보면 놀랍기 그지없다. 많은 투자기관들이 조직적 결함이나 사업 모델의 결함으로 인해 흔들렸고, 다른 기업들은 저수익 상황에서 고수익 추구를 고집하다가 사라지기도 했다.

있지도 않는 투자 기회를 만들어낼 수는 없는 일이다. 가장 멍청한 짓은 고수익만을 끊임없이 고집하는 것이다. 그리고 그 과정에서 당신이 올린 수익을 낭비하는 것이다. 기회가 없다면 바란다고 해서 생기지 않을 것이다.

자산 가격이 비싸면 리스크는 높고 예상 수익이 낮은 것은 피할 수 없다. 이 한 문장으로 우리는 포트폴리오를 어떻게 설계해야 할지에 대해 많은 것을 알 수 있다. 그러면 이 내용을 어떤 식으로 감안하여 실행에 옮겨야 할까?

2004년 나는 '오늘날의 리스크와 수익'이라는 제목으로 메모를 하나 작성했다. 6장에서 말했듯이 그 메모에서 나는 다음과 같은 의견을 피력했다. 그 당시 자본시장선은 낮고 평평했는데, 이는 거의 모든 시장에서 예상 수익이 우리가 봐온 것 중에 가장 낮고 리스크 프리미엄이 가장 적었으며, 예상 수익이 오른다면 이는 가격 하락을 통해 일어났을 것이라는 걸 의미한다.

그러나 어려운 질문이 있으니, '이에 대해 우리가 무엇을 할 수 있을

까?' 하는 것이다. 몇 주 후 나는 이에 대해 몇 가지 가능성을 제시했다.

낮은 수익을 제공할 것으로 예상되는 시장에서 어떻게 대처할 것인가?

- 그렇지 않은 것처럼 투자한다 : 문제는 '바란다고 그렇게 되지 않을 것'
  이란 점이다. 간단히 말해, 자산 가격이 올라 높은 수익률의 기회가
  있을 때 예전 수익률을 계속 바라기만 하는 것은 상식적으로 말이 안
  된다. 내 메모에 대한 답신으로 피터 번스타인에게서 편지를 받고서
  기뻐했던 적이 있는데, 그는 그 편지에서 이런 멋진 말을 했다. "시장
  은 매우 협조적인 기구가 아니다. 시장은 당신이 필요로 한다는 이유
  만으로 고수익을 제공하지는 않는다."
- 무조건 투자한다 : 절대적으로 매력적이지 않은 자산이라도 그런대로
  괜찮은 상대 수익을 올리기 위해 노력한다.
- 무조건 투자한다 : 단기적으로 나타나는 리스크는 무시하고, 장기적인
  결과에 집중한다. 이는 특히 마켓 타이밍(market timing : 자산가치뿐만
  아니라, 단기 가격 변동 유형에 근거하여 증권을 매매하는 것-옮긴이)과 전략
  적 자산 배분이 어렵다는 인식을 받아들인다면 비합리적인 것이 아
  니다. 그러나 이 방법을 택하기 전에 당신의 투자 수탁자나 다른 대
  리 지정자로부터 단기 손실에 대해서는 신경 쓰지 않겠다는 약속을
  받아 놓으라고 제안하겠다.
- 현금을 보유한다 : 연금계리 가정(actuarial assumption : 수명, 임금, 물가
  상승, 투자수익 변동 등 연금계리사가 연금계리 평가를 위해 산식에 적용하는
  여러 추정치-옮긴이)이나 소비 성향을 충족시켜야 하는 사람들, 자신의

돈이 놀고 있지 않기를 바라는 사람들, 또는 자신들은 벌지 못하는 돈을 남들이 버는 것을 오랫동안 지켜봐야 한다면 마음이 편치 않을 사람들(또는 실업자가 될 사람들)에게는 단기적인 리스크를 무시하는 것이 쉽지 않다.

- 당신의 투자를 '특별한 틈새나 특별한 사람들'에게 집중한다 : 지난 몇 년간 내가 끊임없이 되풀이했던 말이다. 그러나 포트폴리오의 규모가 커지면 그렇게 하기는 더 어려워진다. 대단히 재능 있고 절제력 있으며 지구력까지 갖춘 매니저를 찾기란 확실히 쉽지 않다.

사실상 부족한 예상 수익과 리스크 프리미엄에 직면한 투자자들에게 쉬운 일이란 없다. 그러나 내가 가장 잘못되었다고 느끼는 한 가지 행동이 있다(그것은 고전적인 실수에 속한다). 그것은 바로 '수익을 위하여'이다.

오늘날 리스크 범위의 가장 낮은 곳에서 발생하는 예상 수익의 결핍과 높은 리스크에 요란스러운 해결책을 감안하여 많은 투자자들이 자본을 리스크가 더 큰(아니면 적어도 이전에 해오던 방식과 다른) 투자로 이동하고 있다. 그러나 투자자들은 리스크 대비 예상 수익이 가장 낮은 지금 리스크가 더 큰 투자를 하고, 리스크를 한 단계 늘리는 데 있어 역사적으로 작은 수익 증가폭을 수용하며, 예상 수익이 훨씬 높았던 과거에는 거절했던(아니면 잘하지 않았던) 투자에 현재는 만족한다. 지금은 확실히 더 큰 수익을 추구하기 위해 리스크를 추가할 시기가 아닐지도 모른다. 다른 사람들이 리스크를 놓고 감수하겠다고 당신과 경쟁할 때가 아니라, 도망치고 있을 때 리스크를 감수해야 한다.

'다시 떠나는 투자자들', 2005년 5월 6일 메모

이 메모가 너무 일찍 쓰인 것은 확실하다. 계속되는 회전목마에서 내려오기에 완벽한 때는, 2005년 5월이 아니라 2007년 5월이었다. 앞서 나가는 존재가 되면 시대를 너무 앞질렀을 때 겪게 되는 고통에 대해 잘 알 수 있게 된다. 그렇긴 해도 2007년 5월이 지나기를 기다리며 회전목마에 앉아 있으니, 너무 일렀다 하더라도 2005년 5월에 내려온 것이 훨씬 나았다.

▶ ▶ ▶

나는 투자 환경이 결과에 지대한 영향을 미친다는 것을 분명히 하기 위해 노력해왔다. 저수익 환경에서 고수익을 비틀어 짜내기 위해서는 조류를 거슬러 헤엄칠 수 있는 능력과, 상대적으로 적은 유망 자산(winner)을 발굴할 수 있는 능력이 필요하다. 그러기 위해서는 탁월한 기술과, 높은 리스크 감수, 운 등이 모두 기반이 되어야 한다.

반면 고수익 환경은 싼 가격에 매입해서도 제법 괜찮은 수익을 올릴 수 있는 기회를 제공하며, 대개 낮은 리스크로도 달성될 수 있다. 예를 들면 1990년, 2002년, 2008년 위기 때 우리가 보유한 펀드는 이례적으로 고수익을 올리기도 했지만 손실 가능성 또한 없어 보였다.

가장 확실한 매입 기회는 자산 보유자가 어쩔 수 없이 팔게 되었을 때 생기고, 그런 위기 상황에서는 드물게 최고의 매입 기회들이 대거 나타난다. 때때로 보유자들은 다음과 같은 이유로 매도할 수밖에 없게 된다.

- 그들이 관리하는 자금이 회수되는 경우
- 그들의 포트폴리오 보유 자산이 기존 신용등급에 미달되거나 허용되는 비중을 초과하는 등 투자 방침을 위반하는 경우
- 자산가치가 대출기관과의 계약에서 동의한 요구 조건을 만족시키지 못해서 마진콜을 받는 경우

이미 여러 번 언급했듯이, 적극적인 투자 관리의 진짜 목적은 자산가치보다 싸게 사는 것이다. 효율적 시장가설에 의하면 이것은 불가능한 일이다. 그러나 이는 반대로 일리가 있다. 대체 누가 자기 물건을 남에게 싸게 주고 싶겠는가? 그것도 물건을 팔 사람이 그 사실을 알고 있고 합리적이라면 말이다. 대개 물건을 팔고 싶은 사람은 좋은 가격을 받고 팔고 싶은 마음과, 빨리 팔고 싶은 마음 사이에서 균형을 맞춘다. 어쩔 수 없이 팔아야 하는 사람의 미덕은 그들에게 선택의 여지가 없다는 것이다. 절박한 상황이라 가격에 상관없이 팔아야 한다. 그러나 이 '가격에 상관없이'라는 말은 당신이 거래 상대방일 경우 더없이 아름답게 들린다.

단 한 명의 보유자가 자산을 매각할 수밖에 없는 상황에 처하면, 다수의 매입자들이 이를 매입하기 위해 모여들 것이고, 그렇게 가격이 약간 하락한 상태에서 거래가 이루어질 것이다. 그러나 상황이 전방위로 혼란스러워 많은 이들이 한꺼번에 매각하려고 아우성을 치면, 거래에 필요한 유동성을 제공할 수 있는 입장에 있는 사람은 얼마 되지 않을 것이다. 매각할 수밖에 없는 어려운 상황(예를 들면 가격 폭락, 융자금 회수, 거래 상대나 고객들 사이에 생기는 공포심)은 대부분의 투자자들에게 비슷

한 영향을 미친다. 그럴 경우 가격은 내재가치에 훨씬 못 미치는 수준으로 떨어질 수 있다.

2008년 4분기는 혼란한 시기에 유동성이 왜 필요한지를 잘 보여주는 사례를 제시한다. 레버리지를 이용한 투자회사들의 선순위 은행대출채권(senior bank loan) 보유에 초점을 맞춰보자. 이 채권은 이자율이 높고, 신용 위기가 발생하기까지 몇 년간 자유롭게 거래가 가능했기 때문에 잠재 수익을 극대화하기 위해 부채에 의존하는 포트폴리오의 레버리지를 충당할 수 있을 정도로 큰 금액을 쉽게 차입할 수 있었다. 이때 '마진콜'을 받는 일반 투자자는 담보물 가격이 달러당 85센트로 떨어지는 경우라도, 과거에 이 같은 채권이 액면가보다 훨씬 낮게 거래된 적이 없다는 것을 알고 안심하며 추가 자금을 배치할 것이다.

그러나 신용 위기가 닥치자 레버리지로 은행대출채권을 보유한 투자자들의 상황은 하나부터 열까지 열악해졌다. 추정상 이런 안전한 채권의 수익률은 매우 낮았기 때문에 거의 모든 매수자들이 예상 수익을 올리려고 레버리지를 사용했다. 채권 가격은 떨어지고 유동성은 말라갔다. 매수의 상당수가 차입금을 사용했기 때문에, 신용시장의 위축은 많은 보유자들에게 영향을 미쳤다. 매각을 원하는 사람들의 수가 폭발적으로 늘어나면서 현금 보유 매수자들이 사라졌다. 추가 자금을 유치할 수 없었기 때문에 레버리지를 이용한 매수자들 중에 새로이 매각을 흡수할 수 있는 사람은 없었다.

이 대출채권 가격은 95센트에서 90센트로, 그 다음에는 85센트로 떨어졌다. 그리고 각각의 포트폴리오가 도화선에 닿으면서 은행은 공식적으로 추가 증거금을 청구하거나, 자금 투입을 요구했다. 그런 상황에서 자금 추가에 필요한 자원과 담력을 지닌 투자자들은 거의 없었고, 따라서 은행들은 포트폴리오를 인수한 후 이를 매각했다. 이런 경우 "Bid Wanted In Competition(경쟁 관계에 있는 매수 요청을 말한다. 증권을 매도할 용의가 있음을 나타내는 증권 보유자의 공시 행위로, BW는 구매자의 탐색에 필요한 첫 번째 조치다—옮긴이)"의 머리글자로 '비윅(BWIC)'이라고 불리는 조치가 흔히 이용되고 있다. 투자자들은 오후에 비윅에 대해 알게 되고, 다음 날 아침 열리는 경매에서 매수 요청(BW)이 있을 것이라는 얘기를 들었다. 매수가 가능한 소수의 사람들이 정말로 싼 자산을 매입할 수 있기를 바라며 매수가를 낮게 불렀다(매수 주문가가 너무 낮은 것은 아닌지 누구도 걱정할 필요가 없었다. 이어서 또 다른 매수 요청이 있을 것이 확실했기 때문이다). 그리고 은행들은 공정가로 매입하는 것에는 관심이 없었다. 이들에게 필요한 것이라고는 대출을 회수하는 것이었다(대략 달러당 75센트 내지 80센트). 초과액이 발생하면 투자자에게 갈 것이었지만, 은행들은 투자자를 위해 초과액을 창출하는 데에는 관심이 없었다.

이 대출채권은 결국 60센트대로 떨어졌고, 추가 자금을 조달할 수 없었던 모든 단기 신용(즉 상환 기간이 짧은) 보유자들은 파산할 것처럼 보였다. 매수가는 상상을 초월했다. 2008년 선순위 대출채권 지수의 하락은 후순위 고수익채권 지수의 하락을 추월했으며, 이는 비효율성을 나타내는 것임에 틀림없었다. 채권 발행 기업의 실제 가치가 바이아웃펀드(기업인수를 목적으로 하는 펀드)가 그 기업을 인수하기 위해 1, 2년 전에 지불한 금액의 20~40퍼센트밖에 못 미친다는 것이 드러났다면, 당신은 선순위채권(first lien debt : 발행 기업 파산 시 우선적으로 원리금 지급이 가능한 채권—옮긴이)을 손익분기점이 되는 가격으로 매입할 수 있었을 것이다. 이들 채권의 약정수익률이 매우 컸을 뿐만 아니라, 사실상 2009년에 대다수 바이아웃펀드의 가치가 극적으로 상승했다.

그 당시가 인내심을 가지고 기다리던 기회주의자들이 한 걸음 앞으로 나아갈 시기였다. 이들은 기본적으로 2006년과 2007년의 리스크에 대해 인지하고 있었고, 만일의 사태에 대비하고 있었다(즉 기회를 기다리고 있었다).

위기가 진행되는 동안 중요한 것은, 매각을 하게 만드는 영향으로부터 완전히 벗어나서, 매수할 수 있는 위치에 있는 것이다. 그러한 기준을 충족시키려면 가치에 대한 확고한 신뢰, 레버리지를 거의 또는 전혀 이용하지 않는 것, 장기적으로 투자할 수 있는 자본, 강한 배짱 등이 투자자에게 필요하다. 역투자가다운 태도와 튼튼한 대차대조표가 기반이 되는 인내심 있는 기회주의는 위기 상황에서도 놀라운 수익을 낼 수 있다.

내가 아는 한 가지는
내가 모른다는 것이다

> 세상에는 두 가지 부류의 예측자가 있다. 모르는 사람들과,
> 자신이 모른다는 사실조차 모르는 사람들이다. ●존 케네스 갤브레이스
>
> 무엇인가를 모를 수도 있다는 생각은 우리를 두렵게 만든다.
> 하지만 그보다 더 두려운 것은 세상이 어떻게 돌아가고 있는지 자신이 정확히 알고 있다고
> 믿는 사람들에 의해 세상이 움직인다는 것이다. ●아모스 트버스키, 심리학자
>
> 금전적 손실을 입는 사람들에는 두 부류가 있다. 아무것도 모르는 사람들과,
> 모든 것을 아는 사람들이다. ●헨리 코프먼, 경제학자 겸 투자가

14장을 시작하면서 인용문 세 개를 골라보았는데, 사실 이 장의 주제와 관련된 인용문을 고르라면 백만 개도 고를 수 있을 정도다. 우리가 미래를 알 수 있는 정도에는 한계가 있음을 인식하는 것은 나의 투자 전략을 이루는 필수 요소이다.

확신하건대 거시적 미래가 무엇을 쥐고 있는지 알기 어렵고, 그와 관련된 문제들을 투자를 하며 계속해서 유리한 조건으로 바꿀 수 있는 뛰어난 지혜를 가진 사람은 매우 드물다. 이와 관련해 두 가지 주의할 점이 있다.

- 우리가 작은 그림에 집중할수록 그것에 대해 더 많이 알게 된다. 부단한 노력과 기술로 우리는 각각의 기업과 증권에 대해 다른 사람들보다 더 많이 지속적으로 알 수 있지만, 시장과 경제에 대해서는 노력과 기술이 그만큼 빛을 발하지 못한다. 이에 나는 사람들에게 '알 수 있는 것을 알려고' 노력하라고 제안한다.

- 다음 장에서 이에 대한 예외의 경우를 자세히 설명할 것인데, 투자자들은 자신이 현재 주기와 시계추의 어디쯤 서 있는지 파악하기 위한 노력을 해야 한다는 것이다. 그런 노력이 미래를 바꾸거나 미래에 대해 알 수 있도록 만들지는 않을 것이나, 예상되는 상황에 준비할 수 있도록 도와줄 것이다.

미래는 알 수 없는 것이라는 나의 주장을 입증하려고 노력하지는 않겠다. 이런 식의 부정 명제는 입증할 수가 없기 때문이다. 나는 아직까지 거시적인 미래에 무엇이 놓여 있을지 지속적으로 알고 있는 누군가를, 그리고 이에 대해 잘 아는 누군가를 만나지 못했다. 당신이 추종하는 경제학자들과 투자전략가(strategist : 거시경제, 미시경제 등 다양한 정보를 토대로 가장 효율적인 투자 전략을 세워 투자가나 펀드매니저 등을 대상으로 제안하는 전문가—옮긴이)들을 통틀어 거의 항상 정확한 예측을 하는 사람이 있는가?

▶ ▶ ▶

이 주제에 대한 나의 '연구(research : 연구에 인용 부호를 쓴 이유는 이 주제에 대한 나의 노력이 너무 제한적이고, 학술적인 연구라고 하기에는 내 경험을 기반으로 하기 때문이다)'는 예측을 읽고 거기에 부족한 실용성을 관찰하는 것으로 주로 구성된다. 연구 결과, 나는 두 개의 메모를 썼고 각각 '예측의 가치, 이 비는 모두 어디에서 오는가?(1993년 2월 15일)'와 '예측의 가치 Ⅱ, 그 남자에게 시가 한 대를 주어라(1996년 8월 22일)'라는 제목을 붙였다. 그중 두 번째 메모는 일 년에 두 차례 실시되는 〈월스트리트 저널〉의 경제 여론조사 3회분의 데이터를 이용해 예측의 유용성을 조사했다. 이에 관한 내용은 다음과 같다.

첫째, 예측은 대체로 정확했는가? 이에 대한 답은 단연 "아니다"였다. 평균적으로 만기가 90일인 국채 수익률, 30년 만기 국채 수익률, 엔/달러 환율에 대한 예측이 6개월과 12개월 후 15퍼센트까지 빗나갔다. 그리고 장기채권 이자율에 대한 평균 예측이 6개월 후 96BP씩이나 빗나갔다. 이 정도면 1000달러 가치를 120달러 가치로 바꿀 수 있을 정도의 큰 차이다.

둘째, 예측은 유용했는가? 예측은 변화를 정확히 예상했을 때 가장 유용하다. 당신이 어떤 것이 변하지 않을 것이라고 예측했는데, 실제로 변하지 않는다면 그 예측은 당신에게 큰 금전적 손실을 입히지 않을 것이다. 그러나 변화를 정확히 예측하면 수익성이 매우 높아질 수 있다. 〈월스트리트 저널〉 여론조사를 분석하다가 경제 예측 전문가들이 몇 가지 중요한 변화를 완전히 놓쳤다는 것을 알게 되었다(이를 정확하게 예측했더라면 사람들이 돈을 벌거나 손실을 피할 수 있었을 것이다). 가령 1994년과 1996년의 금리 상승, 1995년의 금리 하락, 달러/엔 관계의 대규모 선회(1995년의 달러/엔 환율이 유례없는 달러저/엔고 상황이 됨—옮긴이)가 있다. 요컨대 예측했던 변화와 실제 변화 사이에 큰 연관성이 없었다.

셋째, 예측의 원천은 무엇이었는가? 답은 간단하다. 대부분의 예측은 추정을 기반으로 했다. 평균적으로 예측을 할 때는 그 당시 만연한 수준의 5퍼센트 내에서 이루어진다. 예측 전문가들처럼 경제학자들 역시 백미러에 시선을 고정시킨 채 운전함으로써 당시의 상황이 어떤지는 알았지만, 앞으로 어떻게 전개될 것인가를 알려주지는 못했다. 이는 "정확한 예측을 하기는 어렵다. 특히 미래에 관해서는 그렇다"라는 속담이 옳음을 증명해준다. 한편 이 속담으로부터 과거를 예측하기는 쉽다는 결론을 도출할 수도 있다.

넷째, 예측에 성공한 전문가들도 있었는가? 물론 그렇다. 예를 들어 연 2회 나오는 예측에서 매번 누군가는 금리 변동이 아무리 심해도 30년 만기 국채에 대한 수익률 오차 범위가 10BP 내지 20BP를 넘지 않았다. 이렇듯 성공적인 예측은 70BP에서 130BP 정도 예측이 빗나간 다수의 예측보다 훨씬 더 정확했다.

다섯째, 예측 전문가들이 가끔씩 옳았다면(그리고 감탄스러울 정도로 옳았다면) 예측에 대해 나는 왜 그토록 부정적인가? 예측에서 중요한 것은 한 번이 아니라 지속적으로 옳은 것이다. 1996년 메모에 포함된 '성공적이었던 예측 전문가의 의견에 주의를 기울여야 할까'를 재차 생각해보도록 만들어줄 두 가지 사항을 소개하겠다. 첫째, 성공적인 예측을 한 번밖에 하지 못했다. 둘째, 이들의 실패 확률은 반반이었는데 (조사가 연 2회 실시됐으므로), 실패했을 당시 이들의 예측은 부정확한 다수의 의견보다 오차 범위가 훨씬 컸다. 물론 가장 중요한 것은 데이터가 아니라 결론(자신들이 옳고 일반화될 수 있다고 추정하는 것)이고 그로 인한 영향이다.

가끔씩 옳은 예측을 할 수 있는 한 가지 방법은 언제나 낙관적이거나 언제나 비관적이 되는 것이다. 한 가지 고정된 견해를 충분히 오래 유지하면 머지않아 그 견해가 맞을 수 있기 때문이다. 그리고 만약 당신이 늘 아웃라이어라면, 다른 누구도 하지 못하는 매우 색다른 예측으로 언젠가는 인정받을 것이다. 그렇다고 해서 당신의 예측이 계속해서 가치가 있을 것이라는 말은 아니다.

거시적인 미래에 대해 옳은 예측을 하는 것이 어쩌다 한 번은 가능하지만, 꾸준히 하기는 불가능하다. 몇 가지만 정확한 64개의 예측은 아무 소용이 없다. 그중에서 대체 어떤 것이 맞는 것인지 알아야 하기 때문이다. 그리고 6개월에 한 번씩 다른 경제학자들에 의해 정확한 예측이 나온다면 종합 예측에 큰 가치가 있다고 보기 어렵다.

'예측의 가치 II. 그 남자에게 시가 한 대를 주어라', 1996년 8월 22일 메모

▶ ▶ ▶

예측에 대한 논쟁에는 딜레마가 있다. 투자 결과는 전적으로 미래에 어떤 일이 일어나느냐에 따라 결정될 것이고, '정상적'인 상황에서는 대체로 무슨 일이 일어날지 알 수 있다는 점이다. 하지만 아는 것이 결정적인 차이를 만들 수 있는 상황에서는 무슨 일이 일어날지 잘 모른다는 점이다.

- 대개 사람들은 최근의 과거와 매우 유사한 미래를 예상한다.
- 이런 예측이 꼭 틀리지는 않는 것이, 미래에 최근의 과거가 재연되

는 경우가 많다는 점이다.

- 위의 두 가지를 근거로 예측이 대체로 정확할 것이라는 결론을 내릴 수 있다. 즉 예측은 최근의 과거를 추정할 것이고, 그렇게 나온 예측은 옳을 것이다.

- 그러나 과거의 경험을 기반으로 추론하는 예측은 별로 가치가 없다. 예측 전문가들이 주로 과거와 유사한 미래를 추정하는 것처럼, 시장도 그러하기 때문에 대체로 최근의 시세가 지속된다. 따라서 미래가 과거와 비슷하게 나타나면 그럴 것이라고 정확히 예측한 사람들도 큰 수익을 올리지는 못할 것이다.

- 그러나 가끔씩 미래가 과거와 매우 다르게 나타날 때가 있다.

- 예측 전문가들의 역량이 빛을 발하는 것은 바로 이때이다.

- 예측 전문가들이 틀릴 가능성이 가장 큰 것도 바로 이때이다.

- 일부 전문가들은 위와 같이 중요한 시기에 자신의 예측이 옳았음을 입증할 수도 있다. 단, 주요 사건들을 정확히 예측하는 것은 가능하지만 같은 사람들이 계속해서 그러지는 못할 것이다.

- 위의 논점들을 종합해보면, 결국 예측은 거의 가치가 없다고 봐야 한다.

이에 대한 증거가 필요하다면 서브프라임 문제, 글로벌 신용 위기, 2007년과 2008년의 대규모 금융위기를 정확히 예측한 전문가가 몇 명이나 되는지를 생각해보라. 물론 머릿속에 몇 명이 떠오르면서 그들의 예측이 유용했다고 생각할 수도 있다. 그러나 그 사람들 중에 2009년부터 차차 진행된 경기회복과, 같은 해 시장의 대규모 반등을 예상한 이가 몇 명이나 되는지 다시 한 번 생각해보라. 있다 해도 극소수일 것이다.

그리고 우연히 그렇게 된 것이 아니다. 2007년과 2008년의 상황을 맞게 예측한 사람들이 그렇게 할 수 있었던 데에는, 그들에게 있는 상황을 부정적으로 보는 성향이 어느 정도 작용했을 것이다. 그리고 그런 성향이 있었기 때문에 2009년에도 부정적인 견해를 유지했을 것이다. 따라서 전반적으로 이런 식의 예측은 별로 유용하지 못하다. 아무리 이들이 지난 80년 동안 일어났던 가장 중대한 금융 사건에 대해 일부 옳았다고 하더라도 말이다.

꼭 해야 할 질문은 '예측 전문가들이 가끔은 옳은가?'가 아니라, '전체 예측(아니면 어느 한 명의 예측)이 지속적으로 유용한가?'이다. 즉 누구도 긍정적인 대답을 해서도 그 대답에 의지해서도 안 된다.

2007~2008년 글로벌 금융위기에 대한 예측은 매우 중요한 잠재적 가치를 가졌을 수 있다. 그러나 그 예측이 지속적으로 맞지는 않는 누군가로부터, 또는 눈에 띄게 부정적인 선입견을 가진 누군가로부터 나왔음을 알았다면, 당신은 과연 행동으로 옮겼을까? 이것이 결과가 일관적이지 못한 예측 전문가들의 문제다. 맞는 경우가 한 번도 없어서가 아니라, 가끔 떠오르는 이들의 영감에 따라 행동하도록 격려하기에는 성공 확률이 높지 못하기 때문이다.

▶ ▶ ▶

나는 예측 전문가들이나 그들을 철석같이 믿는 사람들에 대해서는 별로 할 말이 없다. 솔직히 말하자면, 나는 이런 사람들에게 다음과 같은 별명을 붙였다.

지난 몇 년간 내가 만난 대부분의 투자자들이 '나는 안다(I know)' 유파에 속하는 사람들이었다. 이들을 알아보기란 어렵지 않다.

- 이들은 경제, 금리, 시장이 앞으로 어떤 방향으로 나아갈지를 아는 것과, 유행하는 메인스트림 주식이 투자 성공에 필수라고 생각한다.
- 이들은 미래를 아는 것이 가능하다고 믿는다.
- 자신이 예측할 수 있다는 것을 안다.
- 이들은 다른 많은 사람들도 예측을 시도한다는 것을 알지만, 모두가 동시에 성공하거나, 소수만이 성공할 수 있다고 생각한다. 물론 자신들은 성공하는 소수에 속한다.
- 미래에 대한 자신의 의견을 바탕으로 투자하는 것에 거리낌이 없다.
- 이들은 다른 사람들과 자신의 견해를 기꺼이 나누고자 한다. 정확한 예측은 대단히 가치 있어서, 이를 대가 없이 나누지 않아야 함에도 말이다.
- 예측 전문가로서 후일 자신의 기록을 엄격한 잣대로 평가하려 하지 않는다.

'확신'은 이들 유파의 일원들을 묘사하는 데 핵심적인 단어이다. 반면 '나는 모른다(I don't know)' 유파의 입장에서 '확신'이란 단어는, 특히 거시적 미래와 관련하여 입에 올리기 조심스럽다. '나는 모른다' 지지자들은 일반적으로 우리는 미래를 알 수 없으며, 미래에 대해 알 필요도 없고, 미래를 모르는 상황에서 투자에 최선을 다하는 것이 적절한 목표라고 믿는다.

그러나 당신이 '나는 안다' 유파의 일원이라면, 미래에 대한 당신의 의견을 개진할 것이다. 뿐만 아니라 당신의 의견을 구하는 사람들이 생겨날 것이며, 만찬 섭외 리스트에 이름이 오를 수도 있을 것이다… 특히 주식시장이 상승세에 있다면 말이다.

'나는 모른다' 유파에 속하면 상황은 좀 더 복잡하다. 친구들이나 일면식도 없는 사람들에게 "저는 잘 모르겠습니다"라는 말을 되풀이하다가, 당신은 이내 지칠 것이다. 그러나 얼마 후면 사람들이 시장이 어느 쪽을 향해 가고 있는지 더 이상 묻지 않을 것이다. 따라서 당신의 예측이 현실로 나타나 〈월스트리트 저널〉에 당신의 사진이 실리는, 매우 드물지만 감격적인 순간을 만끽할 일도 전혀 없을 것이다. 그 대신 예측이 빗나가는 일도 없을 것이고, 장밋빛 미래를 생각하며 투자하는 바람에 손실이 발생하는 일도 없을 것이다.

'우리 그리고 그들', 2004년 5월 7일 메모

미래는 대체로 알 수 없는 것이라는 가정하에 미래에 투자하는 것을 좋아할 사람은 없다. 그것과는 별개로 미래를 알 수 없다면, 우리는 그 사실을 직시하고 예측보다 나은 대안을 찾아야 한다. 투자 세계에서는 어떤 한계가 주어지더라도, 이를 인정하고 수용하는 것이 부인하고 맞서는 것보다 훨씬 낫다.

아, 한 가지 더 있다. 투자자들이 가능성과 결과가 다를 수 있다는 것을 망각하는 순간 가장 큰 문제가 발생한다는 것이다. 미리 아는 것에는 다음과 같은 한계가 있음을 잊으면 안 된다.

- 투자자들이 확률분포의 모양을 확실히 알 수 있다고, 그리고 안다고 믿을 때
- 가능성이 가장 큰 결과가 나타날 것이라고 추정할 때
- 예상 결과가 정확히 실제 결과를 나타낸다고 추정할 때
- 아마도 가장 중요한 것으로, 뜻밖의 결과가 발생할 수도 있다는 가능성을 무시할 때

이러한 한계를 대수롭지 않게 생각하는 경솔한 투자자들은 포트폴리오 단계에서부터 실수를 하는 경향이 있고, 가끔 커다란 손실을 입는다. 2004년에서 2007년까지가 그랬다. 많은 사람들이 결과를 알 수 있고 제어할 수 있다고 과대평가했기 때문에, 자신들이 하고 있는 투자에 존재하는 리스크를 과소평가했다.

▶ ▶ ▶

미래를 예측하려는 시도가 성공할 것인가, 실패할 것인가에 대한 문제는 쓸데없는 호기심이나 학문적인 사색의 문제가 아니다. 투자자가 하는 행동에 상당한 영향을 미치기 때문이다. 예를 들어 당신이 미래의 결과를 예측하는 결정을 한다고 가정해보자. 당신은 미래를 예측할 수 있다고 생각한다면 한 가지 가능성에 따라 단정적으로 행동할 것이고, 미래를 예측할 수 없다고 생각한다면 한 가지 가능성에 얽매

이지 않고 매우 다양한 방식으로 행동할 것이다.

투자자들은 미래를 알 수 있는 것으로 보느냐, 아니면 알 수 없는 것으로 보느냐 하는 중요한 질문에 답할 수 있어야 한다. 미래가 무엇을 쥐고 있는지 자신이 안다고 느끼는 투자자들은 그에 따라 단정적으로 행동할 것이다. 종목을 정하고, 포지션에 집중하고, 보유 자산에 레버리지를 투입하고, 앞으로의 성장에 의지할 것이다. 다시 말해, 미래를 모르는 상황에서 이런 행동을 하는 것은 리스크를 증가시킬 것이다. 반면에, 미래가 무엇을 쥐고 있는지 모른다고 느끼는 사람들은 매우 다르게 행동할 것이다. 분산투자를 하고, 리스크에 대비하고, 레버리지 사용을 줄이거나 아예 하지 않고, 미래가치보다는 현재가치를 중요시하고, 자본구조를 탄탄히 하고, 가능성 있는 여러 결과에 단단히 대비할 것이다.
위에서 말한 미래를 알 수 있는 것으로 본 투자자들은 위기가 발생하기 직전 몇 년 동안은 훨씬 좋은 성과를 올렸다. 그러나 미래를 알 수 없는 것으로 본 투자자들은 위기가 발생했을 때 이에 훨씬 잘 대비되어 있었고, 쓸 수 있는 자금도 더 많아서 이 자금을 가지고 최악의 상황에서 매입함으로써 수익을 올릴 수 있었다(이들은 정신 상태가 더 온전하다).

'시금석', 2009년 11월 10일 메모

당신이 미래를 안다면 방어적 투자를 하는 것은 어리석다. 공격적으로 행동하고, 가장 유망한 자산을 목표로 삼아야 한다. 그리 걱정할만한 손실은 생기지 않을 것이다. 분산투자는 불필요하고 레버리지를 최대한 이용해도 된다. 사실, 자신이 아는 것에 대해 지나치게 겸손하다 보면 기회비용을 발생시킬 수 있다(기정 수익). 반면 미래가 무엇을 쥐고 있는지 모르면서 아는 것처럼 행동하는 것은 무모하다. 이 장의 첫 부분에 인용된 아모스 트버스키의 명언에 주의를 기울여보면 결론은 확실하다. 불가지론자(사물의 본질이나 궁극적 실재의 참모습은 인간의 경험으로는 인식할 수 없다고 믿는 것)로서 알 수 없는 미래에 투자하는 것은 가능성이 낮은 일이지만, 미래를 알기 어려운 상황에서 마치 미래를 아는 것처럼 투자하는 것은 미친 짓이나 다름없다. 마크 트웨인이 이 상황에 딱 맞는 말을 했다. "몰라서 문제가 되는 것이 아니다. 확실히 알고 있는 것이 사실이 아니라는 것이 문제다."

알 수 있는 것, 또는 할 수 있는 것을 과대평가하는 것은 대단히 위험할 수 있다. 예컨대 뇌 수술을 할 때, 대양 횡단을 할 때, 투자할 때가 그렇다. 자신이 알 수 있는 것의 한계를 인정하는 것(그리고 그 너머에서 모험하지 않고 그 한계 안에서 움직이는 것)은 상당한 강점이 될 수 있다.

우리가 어디에 있는지
파악하라

우리가 어디로 가고 있는지는 전혀 알 수 없어도,
우리가 지금 어디에 있는지는 잘 알고 있어야 한다.

시장 주기는 투자자에게 힘겨운 도전 대상이다. 이는 다음과 같은 점
에서 그렇다.

- 주기의 상승과 하락을 피할 수 없다.
- 주기는 투자자들이 내는 실적에 상당한 영향을 미친다.
- 주기는 그 규모와 특히 타이밍에 관해서는 예측 불가능하다.

그러므로 우리는 커다란 영향력을 가지고 있지만, 전체적으로 알 수
없는 그 힘에 대처해야 한다. 그러면 주기와 관련해 우리는 무엇을 해
야 할까? 이 질문은 그 중요성에 비해 흔히 그렇듯 확실한 답이 없다.

첫 번째, 우리가 할 수 있는 일은 주기가 예측 불가능하다는 것을 인

정하기보다는, 미래를 예측하기 위한 노력을 두 배로 늘림으로써 예측과의 전투에 추가 자원을 쏟아붓고 자신이 내린 결론에 대해 더 확신하는 것이다. 그러나 많은 양의 정보와 내 모든 경험으로 미루어보건대, 우리가 주기에 대해 예측할 수 있는 단 한 가지는 바로 주기의 불가피성이다. 게다가 투자에서 월등한 결과를 얻으려면 남들보다 많이 알아야 하는데, 많은 사람들이 미래 주기의 타이밍과 규모에 대해 시장이 아는 것보다 많이 안다는 것에 대해 만족스러울 정도로 입증된 바가 없다.

두 번째, 우리가 할 수 있는 일은 미래를 알 수 없음을 인정하고 단념하고서 주기를 그냥 무시하는 것이다. 주기를 예측하려고 노력하는 대신, 우량 투자를 해서 이를 계속 보유하면 된다. 언제 보유량을 늘리고 줄여야 하는지, 또는 언제 태도를 좀 더 공격적으로 하고 좀 더 방어적으로 해야 할지 우리는 알지 못하므로, 주기와 주기의 심원한 효과를 완전히 무시하고 단순하게 투자할 수도 있다. 이를 장기 보유 전략(buy-and-hold approach)이라고 한다.

내가 생각하기에는 세 번째 선택이 가장 옳은 방법처럼 보인다. 바로 각각의 주기에서 우리가 현재 어디쯤 서 있는지, 서 있는 자리에서 어떤 행동을 해야 하는지 파악하고자 노력하는 것이다.

투자 세계에서는 주기만큼 신뢰할 만한 것이 없다. 기본 원칙, 심리, 가격, 수익은 등락을 거듭하며 투자자로 하여금 실수를 하게 만들거나, 다른 이들의 실수로부터 수익을 올릴 수 있는 기회를 제공할 것이다. 이는 기정사실이다. 우리는 추세가 얼마나 멀리 갈지, 언제 변할지, 무엇이 추세를 변하게 만들지, 또는 상황이 반대 방향으로 얼마나 멀리 갈 것인지 알 수 없다. 나는 다만 모든 추세가 그리 오래가지는 않을 것이라고 확신한다. 그 무엇도 영원한 것은 없다.

그렇다면 우리는 주기와 관련해 무엇을 할 수 있을까? 언제 어떻게 변화가 일어날지 미리 알 수 없다면, 어떻게 대처해야 할까? 이에 관해서만큼은 나는 타협의 여지를 두지 않는다. 우리가 어디로 가고 있는지는 전혀 알 수 없어도, 우리가 지금 어디에 있는지는 잘 알고 있어야 한다는 것이다. 다시 말해 주기가 변하는 타이밍과 규모를 예측할 수 없다면, 우리가 현재 주기의 어디쯤 위치하고 있는지 확인하고, 그에 따라 행동하려고 노력하는 것이 절대적으로 필요하다.

'투자의 본질', 2006년 3월 27일 메모

▶ ▶ ▶

추의 움직임을 성공적으로 예측하여 언제나 적절한 방향으로 움직일 수 있다면 더없이 좋겠지만, 이런 기대가 비현실적이라는 것은 분명하다. 따라서 다음과 같은 노력을 기울이는 것이 훨씬 합리적이다. 첫째, 시장이 극단적으로 되는 상황을 경계하고, 둘째 그에 따라 행동을 조절하고, 셋째 무엇보다 수많은 투자자들로 하여금 고점과 저점에서 커다란 실수를 하게 만드는 다수의 행동에 동조하지 않는 것이다.

'1분기 실적', 1991년 4월 11일 메모

우리가 주기의 어디쯤 있는지 알 수 있다 해도, 다음에 무슨 일이 생길지 정확히 알 수 있는 것은 아니다. 그러나 현재 위치를 알면 미래에 일어날 일들과, 그에 대해 무엇을 할 수 있을지에 대해 통찰할 수 있는 값진 기회가 제공될 것이다. 그것이 우리가 바랄 수 있는 전부라고 생각한다.

▶ ▶ ▶

우리의 현재 위치를 알 수 있다는 말이, 가만히 있어도 알 수 있다는 의미는 아니다. 투자와 관련된 대부분의 것처럼 주기를 이해하는 데도 노력이 필요하다. 그러한 노력을 하고자 할 때 필수라고 생각하는 개념 몇 가지를 소개하겠다.

첫째, 무슨 일이 일어나고 있는지 늘 주의를 기울여야 한다. 철학자 산타야나(Santayana)는 이런 말을 했다. "과거를 기억하지 못하는 사람들 때문에 과거가 반복된다." 같은 맥락에서 보면, 주위에서 어떤 일이 일어나고 있는지 모르는 사람들은 그로 인해 타격을 입을 수밖에 없다.

미래를 아는 것은 확실히 어려운 일이지만, 현재를 이해하는 것은 그다지 어렵지만은 않다. '시장 온도를 측정'하기만 하면 된다. 우리가 주의를 기울이고 인지하기만 한다면, 주변 사람들의 행동을 파악하여 그로부터 무엇을 해야 할지 판단할 수 있다.

이때 꼭 필요한 요소는, 내가 제일 좋아하는 단어 중에 하나이기도 한 '추론(inference)'이다. 우리 모두는 매체의 보도를 통해 매일 무슨 일이 일어나고 있는지를 본다. 그러나 그중에서 매일의 사건이 시장 참가자들의 심리나 투자 분위기에 대해 무엇을 암시하고 있는지, 그에 따라 우리는 어떤 행동을 해야 하는지를 알려고 노력하는 사람들은 과연 얼마나 될까?

요컨대 우리는 주변에서 일어나고 있는 일이 무엇을 암시하는지 이해하려고 노력해야 한다. 다른 사람들이 무작정 확신하고 공격적으로 매수할 때 우리는 매우 신중하게 행동해야 한다. 다른 사람들이 공포심에 아무것도 하지 않거나, 패닉 상태에서 매도할 때 우리는 공격적으로 행동해야 한다.

그러므로 주위를 둘러보고 자문해보자. 투자자들이 낙관적인가, 비관적인가? 미디어에 나와 자신의 의견을 말하는 사람들이 시장에 뛰어들라고 하는가, 피하라고 하는가? 새로운 투자 전략들이 쉽게 수용되는가, 아니면 묵살되는가? 증권 상품들과 펀드 개설은 부를 창출할 수 있는 기회로 인식되는가, 아니면 잠재적 위험으로 인식되는가? 신용 주기가 자본 이용을 용이하게 하는가, 불가능하게 하는가? 주가수익비율은 과거 기록과 비교하여 높은가, 낮은가? 수익률 스프레드(격차)가 큰가, 작은가? 이 모든 것들이 중요하지만 이 중 어느 것도 예측을 필요로 하지 않는다. 우리는 미래를 추측할 필요 없이, 현재를 관찰하는 것만으로 훌륭한 투자 결정을 내릴 수 있다.

중요한 것은 이런 사항들을 기록하고, 그 기록을 바탕으로 무엇을 해야 할지 결정하는 것이다. 시장에서 매일 어떤 일이 벌어진다고 해서 그때마다 우리가 행동해야 할 필요는 없다. 그러나 시장이 극단적인 상황에 있고, 따라서 시장의 성명(聲明)이 매우 중요한 시점에서는 필요한 행동을 취할 필요가 있다.

▶ ▶ ▶

2007년에서 2008년까지는 시장과 시장 참가자들에게 매우 고통스러운 시간이 되었거나, 또는 우리 인생에서 가장 커다란 학습 경험이 되었다고 볼 수 있다. 그 시기에 대해 두 가지 모두라고 생각해야지, 단지 그 시기가 고통스러운 시간이었다고만 생각하는 것은 우리에게 큰 도움이 되지 못한다. 차라리 후자였다고 생각해야 더 나은 투자자가 될 수 있다. 현재를 정확히 관찰하는 것의 중요성과 미래를 예측하려는 어리석음을 입증하고자 할 때, 엄청난 파국을 몰고 오는 신용 위기보다 더 좋은 사례는 없다. 따라서 이에 대해 좀 더 깊이 있게 논의해보고자 한다.

돌이켜보면, 2007년 중반 금융위기가 시작된 시기는 제어가 안 되는 리스크를 감당하던 시기 중에 하나였다. 주식과 채권에 냉랭한 분위기였기 때문에 바이아웃펀드 같은 '대안 투자'에 엄청난 손실을 볼 수 있을 정도의 자금이 유입되었다. 또한 주택과 다른 부동산이 확실한 수익과 인플레이션에 대한 대비책을 제공할 것이라는 믿음이 아무 의심 없이 수용되었다. 그리고 낮은 이자율과 까다롭지 않은 조건 덕에 자본 이용이 지나치게 자유로워지면서 과도한 레버리지가 사용되었다.

이미 일이 벌어진 후에 리스크를 인지하는 것은 별로 도움이 되지 않는다. 문제는 조심성과 추론이 2007~2008년 주식시장 침체의 타격을 피할 수 있도록 도왔느냐는 것이다. 다음은 우리가 목격한 과열의 사례들이다.

- 고수익채권과 레버리지가 사용된 투자등급(대개 채권등급 평가기관에 의해 'BBB' 이상으로 평정된 채권) 이하의 증권 발행이 기록적인 수준이 었다.

- 이례적으로 수익률이 높게 발행된 고수익채권이 'CCC'로 평가되었는데, 이 수준에서는 새로운 채권이 대량으로 매각될 수 없었다.

- 채권 보유자에게 배당금을 지급하기 위한 부채 발행이 일상적이었다. 정상적인 시기라면 발행인의 위험을 증가시키고, 채권자에게는 도움이 전혀 안 되는 그런 거래는 성사되기 어렵다.

- 더 많은 부채를 져야 갚을 수 있는 부채가 채권자들을 보호하겠다는 약속이 거의 전무한 채로 이표채(coupon : 액면가로 채권을 발행하지만 표면이자율에 따라 이자를 일정 기간 나누어 지급하는 채권—옮긴이)와 함께 점점 더 많이 발행되었다.

- 이전에 거의 없던 'AAA' 등급이 검증되지 않은 구조화 증권에 수천 건 배정되었다.

- 기업매수가 현금 유동성의 몇 배나 증가하고, 레버리지 비율이 증가한 상태에서 이루어졌다. 기업매수 사모펀드(Buyout Firm)들은 2001년과 비교하여 2007년에 평균 1달러당 50퍼센트 더 많이 지불했다.

- 반도체 제조업과 같은 시황산업(실적이 경기순환에 좌우되는 기본 소재 산업)에서도 기업매수가 있었다. 경제가 좀 더 비관적인 시기에 투자자들은 레버리지와 주기를 결합하는 데 회의적이다.

이 모든 것을 감안했을 때 한 가지 명확한 추론이 가능하다. 자본을 제공하는 기관들이 서로 경쟁하면서 충분한 보호책과 잠재적 보상을 요구하는 대신 조건과 이자율을 완화한 것이다. 신중한 투자자는 그들에게 있어 세상에서 가장 두려운 말, 즉 지나치게 많은 액수의 돈이 소수의 거래에 치중된다는 말로 이런 시장 상황을 적절하게 파악한다.

우리는 언제 지나치게 많은 돈이 우리의 선택을 기다리며 경쟁하는지 알 수 있다. 성사 중에 있는 거래의 수가 증가할수록, 거래가 용이할수록, 자본비용이 감소할수록, 매입 중인 자산가가 연이은 거래마다 오를수록 자금 제공을 위한 경쟁은 늘어난다. 자금이 한데로 몰리면서 이 모든 일이 일어나는 것이다.

당신이 자동차를 만들어 오랜 기간 더 많이 팔고 싶다면, 즉 경쟁업체들로부터 지속적으로 시장점유율을 선점하고 싶다면 제품의 질을 향상시키려고 노력할 것이다. 물건을 팔면서 "우리 제품이 더 좋습니다"라고 광고하는 이유가 바로 이것이다. 그러나 차별화가 불가능한 제품들도 있는데, 경제학자들은 이를 '일반재(commodities)'라고 부른다. 어떤 판매자도 다른 판매자들이 제공하는 것과 크게 다르지 않은 제품을 제공하는 것이 일반재의 특징이다. 일반재 판매자들은 거래를 위해 가격을 이용하고, 각각의 구매자들은 가장 낮은 가격을 제시하는 제품을 선택하는 경향이 있다. 그러므로 일반재를 거래하면서 더 많이 팔고 싶다면, 대체로 방법은 한 가지뿐이다. 즉 가격을 내리는 것이다.

이해를 돕기 위해, 돈을 일반재라고 생각해보자. 모든 사람이 가지고 있는 돈은 서로 다르지 않다. 그러나 대출 금액을 늘리려고 하는 기관들과, 수수료를 높일 수 있는 방법을 찾는 바이아웃펀드와 헤지펀드는 모두 더 많은 자금을 움직일 수 있기를 원한다. 그러므로 더 많은 자금

을 대출하고 싶으면, 이를테면 자금 조달을 필요로 하는 사람들이 경쟁
업체가 아닌 당신에게 오도록 하고 싶으면 당신의 자금을 싸게 만들어
야 한다.

자금을 싸게 만드는 한 가지 방법은 대출 이자율을 낮추는 것이다. 좀
더 복잡한 방법으로는 당신이 매입하는 자산에 좀 더 비싼 가격이 붙는
것에 동의하는 것이다. 가령 보통주에 좀 더 높은 주가수익비율을 지불
하거나, 기업을 인수할 때 좀 더 높은 총매가를 지불하는 것 등이다.
어느 모로 보나 더 낮은 예상 수익에 대비해야 한다.

'출혈 경쟁', 2007년 2월 17일 메모

이렇게 위험한 시기 동안 투자자들이 조심했더라면 관찰할 수 있었
던 하나의 추세가 있다. 앞에서 묘책 또는 '잃을 리 없는' 투자라고 표
현한 것과 관련하여, 사람들이 의심하는 것에서 쉽게 믿는 쪽으로 지
나치게 많이 움직였다는 것이다. 신중한 투자자들이라면 묘책을 바라
는 사람들의 욕심이 너무 커졌으며, 이는 탐욕이 공포를 이겼다는 것
을 의미하고 의심하지 않는(그러므로 위험한) 시장이 등장했다는 신호라
는 것을 알아차렸을 것이다.

헤지펀드는 지난 10년간 확실한 투자상품으로 여겨졌으며 그중에
서도 특히 '절대 수익' 펀드가 그랬다. 이 펀드들은 시장 추세에 따른
'방향성 전략(directional bet : 예상되는 경기변동에 대응할 수 있는 종목 또는 테마
에 포트폴리오 구성을 집중투자하는 것-옮긴이)'을 세움으로써 고수익을 추구
하지 않는 장·단기 또는 차익거래 펀드였다. 좀 더 정확히 말하면, 매
니저들의 기량이나 과학기술을 기반으로 시장이 어느 방향으로 가든

상관없이 8퍼센트에서 11퍼센트대의 꾸준한 수익을 낼 수 있는 펀드들이었다.

그 정도의 수익을 꾸준히 내는 것은 경이적인 성과라고 생각하는 사람들은 극히 소수였다(주의할 점은 월가 최대 금융 사기 사건의 당사자인 버나드 매도프(Bernard Madoff)는 수익이라면 이 정도는 돼야 한다고 주장했다). 소수의 사람들만이 다음과 같은 점에 의문을 제기했다.

첫째, 그러한 기적을 만들 수 있는, 특히 상당한 관리비와 인센티브 비용을 제외하고 나면 충분한 능력을 갖춘 매니저가 얼마나 되는가, 둘째 매니저들이 이를 위해 얼마나 많은 돈을 쓸 수 있는가, 셋째 통계상에서 나오는 약간의 차이를 위해 과다한 레버리지를 투입한 투자가 적대적 환경에서 어떻게 견뎌낼 것인가(위기였던 2008년에 보통의 펀드들이 18퍼센트가량 손실을 입으면서, 절대 수익이라는 표현은 지나치게 자주, 잘못 사용된 것으로 드러났다).

6장에서 자세하게 설명한 것처럼, 우리는 금융 증권화, 트랜칭(tranching : 채권을 다양한 만기와 표면금리로 나누어 발행하는 것. 따라서 위험도와 우선 지급 순위가 상이해진다), 지속적 매각, 탈금융중개화(disintermediation), 디커플링(decoupling : 일정 국가의 경제가 인접한 다른 국가나 보편적인 세계경제의 흐름과는 달리 독자적 흐름을 보이는 현상—옮긴이) 등 새롭게 등장한 경이로운 사건들을 통해 그 당시 리스크가 제거되었다는 말을 들었다.

특히 트랜칭은 중요한 사안이니 만큼 짚고 넘어갈 필요가 있다. 트랜칭은 우선 지급 순위에 따라 채권주에게 포트폴리오의 가치와 현금 유동성을 할당하는 것이다. 지급 순위가 가장 높은 채권주들이 첫 번째로 지급을 요구할 수 있다. 그러므로 이들은 가장 큰 안전성을 누리며, 상대적으로 낮은 수익에 만족한다. 지급 순위가 가장 낮은 채권은 최초의 손실을 입을 수 있는 위치에 있으며, 증가한 리스크를 수용하는 대신 우선순위 채권에 대한 고정 청구액이 지불된 후 잔여 이익으로부터 고수익에 대한 가능성을 누릴 수 있다.

2004년에서 2007년 동안 리스크를 작게 쪼개 이를 최적의 투자자들에게 싼 값에 분할 매각하면 리스크가 사라진다는 개념이 생겨났다. 실로 마법 같은 이야기가 아닐 수 없다. 트란쉐 증권(tranched securitization)으로부터 너무 많은 것을 기대하여 최악의 위기가 여기저기서 발생한 것은 결코 우연이 아니다. 투자에 마법이란 없는 것이다. 절대 수익 펀드, 값싼 레버리지, 리스크 없는 부동산 투자, 계층형 채권 전략 전부 반응이 좋았다. 물론 모든 것에 실수가 있었음은 2007년 8월을 시작으로 명확해졌다. 리스크가 제거되지 않았는데도 투자자들이 리스크가 사라졌다고 철석같이 믿고 충분히 의심하지 않았음이 드러난 것이다.

2004년부터 2007년 중반까지의 기간 동안 투자자들이 무슨 일이 일어나고 있는지 충분히 인식하고 있고 자신감 있게 행동할 수만 있었다면, 리스크 감소를 통해 초과 수익을 올릴 수 있는 가장 좋은 기회를 맞았을 것이다. 시장이 과열되어 있는 동안 실제로 해야 할 일은 시장의 온도를 측정하고, 상황이 지속될 경우 시장에서 나오는 것뿐이었다. 이를 실행에 옮겼던 사람들은 11장에서 얘기한 역투자 원칙의 사례라고 할 수 있다. 자신이 가진 리스크를 줄였거나, 위기를 향해 치닫던 시기 동안 준비한 역투자가들은 2008년 금융위기에서 손실을 적게 입었고, 이때 생긴 다량의 염가 우량 자산으로 이득을 볼 수 있는 가장 좋은 위치에 있었다.

전략과 전술에 관한 결정이 주변 상황에 영향을 받지 않는 새로운 분야가 있다. 가속 페달을 밟을 것인가, 말 것인가에 대한 부담감은 도로가 비어 있는지, 아니면 붐비는지에 따라 다르다. 골프 선수가 클럽을 선택하는 것은 바람에 따라 다르고, 어떤 겉옷을 입을 것인가는 날씨에 따라 다르다. 투자와 관련된 우리의 행동도 똑같이 투자 기후에 따라 영향을 받을 수밖에 없지 않겠는가?

대부분의 사람들은 자신이 생각하는 미래를 기반으로 포트폴리오를 조정하려고 노력한다. 동시에 많은 사람들이 눈앞에 놓인 상황이 그렇게 좋지는 않음을 인정할 것이다. 그런 점에서 나는 미래를 예측하는 것에 반대하며, 현재 상황과 그것이 의미하는 바에 따라 행동할 것을 주장한다.

'투자의 본질', 2006년 3월 27일 메모

▶ ▶ ▶

서민을 위한 주식시장 평가 가이드

미래 시장의 온도를 측정하는 데 도움이 될 만한 간단한 연습을 해보자. 다음에 열거된 수많은 시장의 특징 중에서 각 항마다 현재의 상황을 잘 나타내고 있다고 생각되는 항목에 표시를 해보자. 나처럼 왼쪽 항목에 더 많은 표시를 하게 된다면, 지갑을 열지 말 것을 권한다.

경기	호황	불황
전망	긍정적	부정적
대출기관	방임	통제
자본	풍부	부족
조건	완화	엄격
금리	저금리	고금리
스프레드	좁다	크다
투자자	낙관적 자신감 매수에 적극적	비관적 낙담 매수에 무관심
자산 보유주	보유에 만족함	출구 찾기에 급급함
매각자	소수	다수
시장	활성화	관심 부족
펀드	가입이 어려움 매일 새로운 펀드 GP(General Partner, 사모펀드회사에서 펀드를 운용하는 전문인력)	누구나 가입할 수 있음 최고의 펀드만 기금 조성이 가능함 LP(Limited Partner, 사모펀드에서 자금을 제공하고 운용에는 제한적으로 참가하는 재무적 투자자)
최근 실적	강	약
자산가	고	저
예상 수익	저	고
리스크	고	저
일반적 특징	공격성 다양한 범위	신중과 절제 선별적 범위

'투자의 본질', 2006년 3월 27일 메모

▶ ▶ ▶

시장은 주기를 따라 움직이며 등락을 거듭한다. 시계추는 '중도(happy medium : 어느 한쪽에 치우치지 않음)'에 멈추는 법이 거의 없이 양극을 오간다. 이것은 위험 요소인가, 기회 요소인가? 투자자들은 이와 관련해 무엇을 해야 하는가? 나의 대답은 간단하다. 주위에서 무슨 일이 일어나고 있는지 이해하려고 노력하고, 그에 따라 행동하는 것이다.

행운의 존재를
가볍게 보지 마라

> 가끔씩 누군가가 있을 수 없거나 불확실한 결과에 위험한 내기를 해서
> 천재처럼 보이는 것으로 결말이 날 때가 있다. 그러나 이는 실력이 아니라,
> '운'이나 대담성 때문에 일어난 일이라는 것을 알아야 한다.

투자 세계는 미래를 예측할 수 있고, 특정 행동이 늘 특정 결과를 만
드는 논리 정연한 곳이 아니다. 사실 투자의 많은 부분이 '운'에 좌우
된다. 어떤 사람들은 운을 기회나 임의성이라고 즐겨 표현하기도 하
는데, 이 표현들이 운보다는 좀 더 격식에 맞게 들리기는 한다. 그러
나 결국 같은 표현일 뿐이다. 우리가 투자자로서 누리는 성공의 많은
부분이 주사위를 던져 얻는 것과 마찬가지이기 때문이다.

운이라는 개념을 충분히 분석하기 위해 이 장에서 나는 나심 니콜
라스 탈레브가 《행운에 속지 마라》에서 제시한 의견의 일부를 소개하
고자 한다. 여기서 다루는 개념 중 일부는 탈레브의 책을 읽기 전에 나
도 생각했던 것이지만, 탈레브의 책이 이런 개념을 종합적으로, 그리
고 내용을 좀 더 추가적으로 다루고 있다. 나는 이 책이 투자자들이 꼭

읽어봐야 할 책 중에 하나라고 생각한다. 나는 '수익과 수익 달성 방법' 이라는 제목의 2002년도 메모에서 탈레브가 그 책에서 제시한 의견의 일부를 차용했는데, 여기서 그 부분은 큰따옴표로 묶어 표기했다.

임의성 또는 운은 우리 삶 속에서 결과에 커다란 영향을 미치기에, 임의의 사건들에 좌우되는 결과들은, 그렇지 않은 결과들과 차별되어야 한다. 그러므로 투자 실적이 반복될 가능성이 있는지를 고려할 때, 매니저의 실적에서 임의성이 미치는 영향과, 그 실적이 기술에서 나오는 것인지, 아니면 단순히 운 때문인지 생각해봐야 한다.

"러시안 룰렛으로 1000만 달러를 버는 것과, 성실하고 솜씨 좋은 치과 치료로 1000만 달러를 버는 것은 다른 가치를 지닌다. 똑같은 1000만 달러이고 그 돈으로 똑같은 물건을 살 수 있지만, 다른 점은 한쪽이 임의성에 의존하는 정도가 다른 쪽에 비해 훨씬 크다는 것이다. 회계사에게 이 돈은 똑같은 1000만 달러이겠지만, 나로서는 각각의 1000만 달러가 질적으로 다르다고 생각할 수밖에 없다."

모든 실적을 고려할 때는 이미 일어난 '눈에 보이는 역사'처럼, 필시 일어날 수도 있었을 다른 결과와 비교해야 한다. 탈레브는 이 다른 결과를 '대체 역사'라고 부른다.

"확실히 내가 문제를 판단하는 방식은 확률론적인 성질을 띠고 있다. 즉 '확률적으로 어떤 일이 일어날 수 있었을까?' 하는 관념에 의존한다. 역사의 위대한 장군들과 발명가들에 대해 들어본 적이 있다면, 수천 명이나 되는 다른 사람들과 마찬가지로 그들은 상당한 위험을 감수하고 결국 위험을 이겨내는 성과를 이루었다는 점이다. 그들은 현명하고, 용감하고, 고결하고, 자신들이 살던 시대에서 가장 발달한 문명을 가지고 있었다. 그러나 역사책의 곰팡내나는 각주 속에서나 살고 있는 다른 수천 명들 또한 마찬가지다."

가끔씩 누군가가 있을 수 없거나 불확실한 결과에 위험한 내기를 해서 천재처럼 보이는 것으로 결말이 날 때가 있다. 그러나 이는 실력이 아니라, 운이나 대담성 때문에 일어난 일이라는 것을 알아야 한다.
주사위 두 개를 동시에 던져 두 개 다 6이 나와야 우승하는 36분의 1의 확률을 가지고 백개먼(backgammon) 게임에 공격적으로 참여하고 있는 사람이 있다고 가정해보자. 게임 참가자가 주사위를 받아들고(판돈을 두 배로 걸고) 박스카(boxcar : 주사위 두 개를 던져 둘 다 6이 나옴)에 성공한다. 어리석은 내기였는지는 몰라도, 일단 성공한 이상 모두가 이 참가자를 천재라고 생각하게 된다. 우리는 주사위 두 개를 던져 동시에 6이 나오지 않는 확률이 얼마나 높은지, 그러므로 그 참가자가 게임에서 우승한 것이 얼마나 행운이었는지에 대해 생각해봐야 한다. 그러면 이 참가자가 또 한 번 우승할 확률이 얼마나 되는지에 대해 많은 것을 알게 된다. 단기적으로 봤을 때, 많은 투자 성공이 운이 맞아떨어진 데서 나온 것일 수 있다. 나는 언제나 수익의 핵심은 공격성, 타이밍, 기술에 있으며, 적당한 시기에 충분히 공격적인 사람에게는 많은 기술이 필요하지 않다고 말한다.

"시장에서 일정 시간에 가장 수익성이 좋은 거래인들은 최근의 시
장 주기에 가장 잘 어울릴 것이다. 그러나 이는 임의적이라는 특
성 때문에 치과의사들이나 피아니스트들에게는 자주 일어나지 않
는다."

경기가 호황일 때 가장 큰 수익이 종종 가장 많은 리스크를 감수한 사
람들에게 간다는 것에서 이를 쉽게 확인할 수 있다. 그러나 이들이 최
고의 투자자들이라는 증거는 어디에도 없다.
《현명한 투자자》 4차 개정판에 실린 워렌 버핏의 부록에는 2억 2500
만 명의 미국인들이 각각 1달러로 시작해 하루에 한 번씩 동전 던지
기를 하는 대회에 관해 묘사되어 있다. 첫째 날 동전을 던져 앞뒷면
을 맞춘 사람들은 실패한 사람들로부터 1달러를 받는다. 둘째 날도
마찬가지로 동전을 던지고, 이를 계속 반복하다 보면 열흘 후에는 22
만 명의 사람들이 10번 연속으로 동전의 앞뒷면을 맞추는 데 성공해
서 1000달러를 획득하게 된다. "그들은 겸손한 척하려고 할 수도 있
지만, 가끔 칵테일 파티에서 만난 매력적인 이성에게 자신만의 비
법과 동전 던지기 분야에서 발휘한 놀라운 통찰력을 슬쩍 자랑할지
도 모른다." 그리고 또 열흘이 지나고 나면, 이번에는 215명만이 20일
연속으로 동전의 앞뒷면을 맞추는 데 성공해서 100만 달러를 획득
하게 된다. 그러면 이들은 아마 "나는 어떻게 단돈 1달러로 매일 아침
30초 일하고, 20일 만에 100만 달러를 만들었는가?"라는 제목의 책을

쓸 테고, 자신이 강연하는 세미나의 입장권을 팔 것이다.

그러므로 임의성은 소수의 사람들만 제대로 평가할 수 있는 정도로 투자 실적에 기여한다(또는 실적을 형편없게 만든다). 그 결과 훨씬 성공적인 전략 안에 숨어 있는 위험들이 종종 과소평가된다.

탈레브의 견해를 쉽게 이해할 수 있도록 그의 책에 있는 표 하나를 인용해보겠다. 왼쪽 칸에 있는 것들이 오해를 받으면 오른쪽 칸에 있는 것들이 된다.

운	실력
임의성	결정론(모든 것에는 인과관계가 있음)
개연성	확실성
믿음, 추측	지식, 확신
이론	현실
일화, 우연	인과관계, 법칙
생존 편향(Survivorship bias : 생존한 펀드만 인덱스에 넣기 때문에 퇴출된 펀드가 포함되지 않아 왜곡된 수익률—옮긴이)	시장을 능가하는 실적
운 좋은 바보	실력 있는 투자자

나는 이런 이분화가 매우 재기 넘친다고 생각한다. 우리 모두 상황이 잘 풀릴 때는 운이 실력처럼 보인다는 것을 안다. 우연이 인과관계처럼 보이고 '운 좋은 바보'는 실력 있는 투자자처럼 보인다. 물론 임의성이 이런 영향을 미칠 수 있음을 안다고 해서 운 좋은 투자자와 실력 있는 투자자를 구분하기가 쉬워지는 것은 아니다. 그러나 우리는 계속 노력해야 한다. 나는 탈레브가 제시하는 모든 요점에 기본적으로 동의한다.

- 투자자들은 언제나 '잘못된 이유'로 옳다(또는 틀리다). 가령 어떤 사람이 확실한 성장을 예상하기 때문에 어떤 주식을 산다. 그러나 그 주식은 그가 바란 대로 성장하지 않는다. 그러나 시장이 주가를 올려놓는다. 투자자는 멋있어 보이고, 으레 인정을 받는다.

- 투자 결정의 적절성은 결과로 판단해서는 안 된다. 그러나 사람들은 결과로 결정이 적절했는지를 평가한다. 미래를 알 수 없는 상황에서 좋은 결정을 내리려면 그 순간 가장 적절한 선택을 하면 된다. 그러므로 적절한 결정이 종종 실패하기도 하고, 적절하지 못한 결정이 성공하기도 한다.

- 임의성 하나만으로 단기적으로는 그 어떤 결과도 나올 수 있다. 임의성을 충분히 반영하도록 허용된 포트폴리오에서 시가 변동은 매니저의 숙련된 실력(또는 부족한 실력)을 쉽게 집어삼킬 수 있다. 그러나 확실히 시가 변동이 매니저의 공이라고 말할 수는 없다. 매니저가 계속해서 시가 변동을 제대로 이해하는 보기 드문 마켓 타이머(market timer : 언제 사고 언제 팔아야 돈이 되는지 아는 사람-옮긴이)가 아니라면 말이다.

- 이러한 이유로 투자자들은 종종 있지도 않은 공적을 인정받는다. 한 번의 대성공으로도 명성을 쌓기는 충분하지만, 한 번의 성공은 확실히 임의성만으로도 가능하다. 이러한 '천재들' 중에 연달아 한두 번 이상 옳은 사람은 몇 안 된다.

- 그러므로 특정 매니저의 능력을 판단하기 전에 매니저에 대한 충분한 관찰(즉 다년간의 데이터)이 필요하다.

'수익과 수익 달성 방법', 2002년 11월 11일 메모

▶ ▶ ▶

탈레브가 제기한 '대체 역사(일어날 수도 있었던 다른 사건들)'는 아주 매력적인 개념이며 특히 투자와도 관련 있다. 대부분의 사람들이 미래를 둘러싼 불확실성을 인정하는 반면, 적어도 과거만큼은 잘 알고 있고 바꿀 수 없다고 느낀다. 결국 과거는 역사이고 절대적이며 변하지 않는 것이다. 그러나 탈레브는 이미 일어난 사건이 일어날 가능성이 있었던 사건들의 일부에 지나지 않는 것임을 지적한다. 따라서 어떤 전략이나 행동이 효과적이었다는 사실이, 이미 드러난 상황에서 그 배후의 결정이 현명했다는 것을 꼭 입증하는 것은 아니다.

궁극적으로 결정을 성공적으로 만들었던 것은 어쩌면 전혀 일어날 것 같지 않은 사건, 즉 단지 운의 문제였을 수도 있다는 것이다. 그런 경우 그 결정(결과적으로 성공적인 것으로 드러난 결정)은 어리석은 것이었을 수도 있고, 일어날 수도 있었던 많은 다른 역사들이 그 결정이 잘못된 것임을 증명할 수도 있었을 것이다.

그렇다면 운 좋게 끝은 났지만 매우 불확실했던 결과에 내기를 한 것에 대해 결정의 당사자는 얼마큼의 공로를 인정받아야 하는 걸까? 이는 더할 나위 없이 좋은 질문이며 깊이 있게 다룰 만한 가치가 있다.

1963년 와튼스쿨 입학 후, 처음 내가 배웠던 것 중에 하나는 의사결정의 질이 결과에 의해 판가름되지 않는다는 것이었다. 결정을 하고 난 다음에 일어난 사건들에 의해 결정은 성공 또는 실패가 되는 것이고, 그런 사건들은 종종 예상을 훨씬 벗어나기 마련이다. 탈레브의 책을 읽으면서 이 생각은 더욱 확고해졌다. 그는 어리석은 결정에는 상을 주고, 현명한 결정에는 벌을 주는 우발적인 사건의 능력에 대해 강조했다.

과연 좋은 결정이란 무엇인가? 어떤 사람이 마이애미에 스키 리조트를 건설하겠다는 결정을 내리고, 그로부터 석 달 후 매서운 눈보라가 플로리다 남부를 강타해 3미터가 훨씬 넘는 눈이 쌓였다고 가정해보자. 첫 시즌에 스키장이 있는 지역은 엄청난 수익을 올린다. 그렇다면 이 건설 계획 자체가 좋은 결정이라고 할 수 있는가? 이에 대한 답은 "그렇지 않다"는 것이다. 좋은 결정이란 논리적이고, 현명하며, 상황을 충분히 인지한 사람이 미래를 알 수 없는 상황에서 그 순간의 상황에 맞게 하는 것이다. 그런 기준에서 마이애미에 건설한 스키 리조트는 판단력 부족으로 볼 수 있다.

손실 위험과 마찬가지로 의사결정의 적절성과 관련이 있게 될 많은 부분을 우리는 미리 알 수 없거나, 수량화할 수 없다. 심지어 일이 벌어지고 난 후에도, 누가 확실한 분석을 바탕으로 좋은 결정을 내렸으나 생각지도 못한 사건으로 불이익을 당했는지, 그리고 누가 무모한 시도로부터 이익을 얻었는지 확실히 하기 어려울 수 있다. 그러므로 누가 최고의 결정을 내렸는지 또한 알기 어렵다. 반면에 누가 가장 수익성 있는 결정을 내렸는지 알기 쉽게 만들면 과거의 결과는 쉽게 평가할 수 있다. 이 두 가지를 혼동하기 쉽지만 통찰력 있는 투자자들이라면 그 차이에 대해 틀림없이 잘 알고 있을 것이다.

장기적으로 봤을 때 좋은 결정이 수익을 창출해줄 것이라는 믿음에 대해 마땅한 대안이 없다. 그러나 단기적으로는 다른 사람들이 냉정하지 못할 때 우리는 냉정해야 한다.

▶ ▶ ▶

14장에서 언급했듯이, '나는 안다' 유파의 투자자들은 미래를 아는 것이 가능하다고 생각한다. 이에 그들은 가장 그럴듯한 미래를 예상한 다음, 나머지 가능성들은 무시한 채 예상되는 하나의 시나리오상에서 수익을 최대화할 수 있는 포트폴리오를 설계한다. 반면 '나는 모른다' 유파인 주어진 상태에서 최선을 다하는 투자자들은 자신들이 가능성 있다고 생각하는 시나리오상에서 좋은 결과가 나올 수 있고, 여타의 상황에서도 그렇게 나쁜 결과를 내지는 않을 정도의 포트폴리오를 설계하는 데 역점을 둔다.

'나는 안다' 유파의 투자자들은 주사위가 어떻게 나올지를 예측하고, 자신의 성공이 미래를 예견하는 자신의 뛰어난 감각 때문이라고 생각한다. 그래서 상황이 뜻대로 되지 않을 때면 불운을 탓한다. 그들의 예측이 맞을 때 우리는 이런 질문을 꼭 해야 한다. "그들이 진짜로 미래를 알 수 있었던 것일까, 그렇지 않은 것일까?" 확률론적으로 접근하는 '나는 모른다' 유파의 투자자들은 결과가 대체로 신의 뜻에 달려 있다고 생각하기 때문에, 투자자들에게 돌아가는 공이나 책임이 적당히 제한되어야 한다(특히 단기적으로 봤을 때)고 생각한다.

'나는 안다' 유파에서는 주사위를 한두 번 던져서 나온 결과를 토대로, 구성원을 승자와 패자로 신속하고 단호하게 나눈다. '나는 모른다' 유파는 구성원들의 실력을 판단하기 위해서는 주사위를 단 한 번이 아니라 충분히 많이 던져야 한다고 믿는다. 그러므로 이들은 신중하고 주어진 상황에서 최선을 다하는 자신들의 방식이 한동안은 눈에 띄지 않는 결과를 낼 수 있음을 인정한다. 그러나 자신이 실력이 출중한 투자자라면, 장기적으로는 그 사실이 명백해질 것이라고 확신한다.

단기 수익과 단기 손실은 둘 다 실제 투자 능력을 보여주지는 않는다는 점에서 이는 사기일 가능성이 있다. 믿기 어려울 정도로 좋은 결과와 나쁜 결과는 단지 동전의 앞뒷면일 뿐이다. 1년 동안의 탁월한 실적만을 가지고는 매니저의 실력을 과대평가할 수도 있고, 그가 감수했던 리스크를 보지 못할 수도 있다. 그러나 사람들은 좋았던 1년이 가고, 끔찍한 1년이 뒤따르면 아연실색하고 만다. 투자자들은 단기 수익과 단기 손실이 속임수가 될 수 있다는 사실과, 무엇이 그런 수익의 기저를 이루는지 이해하기 위해 깊이 파고드는 것이 중요하다는 사실을 늘 잊는다.

어떠한 사건들이 발생했을 때 포트폴리오에 어떤 영향을 미치는지에 따라 투자 성과가 결정된다. 사람들은 결과로서 나온 성과에 대단한 주의를 기울이지만, 진짜 궁금하게 생각해야 하는 것은 이런 것들이다. 일어난 사건들(일어나지 않은 다른 가능성들도)이 실제로 포트폴리오 매니저의 시야 안에 있었던 것일까? 다른 사건이 대신 일어났다면 성과는 어땠을까? 그 다른 사건들이 바로 탈레브의 '대체 역사'이다.

'잡초(pigweed)', 2006년 12월 7일 메모

▶ ▶ ▶

나는 탈레브의 의견이 새롭고, 매우 흥미롭다고 생각한다. 임의성

이 투자 결과에 얼마나 지대한 영향을 끼치는지를 깨닫고 나면, 당신은 모든 것을 매우 다른 시각으로 볼 수 있을 것이다.

'나는 안다' 유파의 행동은 미래는 하나이며, 그 미래를 알 수 있고 정복할 수 있다는 견해를 기반으로 한다. 반면 내가 속한 '나는 모른다' 유파는 확률분포의 측면에서 미래의 사건을 생각한다. 이것이 큰 차이점이다. 후자의 경우 우리는 하나의 결과가 일어날 가능성이 가장 크지만, 그 외에도 다른 많은 가능성이 있고, 그로 인해 다른 결과들이 우리가 예상하는 결과보다 일어날 가능성이 훨씬 높다고 생각할 것이다.

분명한 것은 불확실한 세상에 대한 탈레브의 관점이 나의 관점과 매우 일치한다는 것이다. 투자에 관해 내가 믿고 권하는 모든 것들이 그 관점에서 나온다.

- 우리는 알기 어려운 거시경제와 광범위한 시장 성과로부터 예상할 수 있는 것을 기반으로 결정을 내리기보다는, 알 수 있는 것(예를 들면 산업, 기업, 증권) 중에서 가치를 찾고자 노력하며 시간을 보내야 한다.
- 정확히 미래가 어떤 모습일지 모른다는 것을 감안하면, 우리는 가치를 확고히 하며, 분석을 통해 얻은 의견을 가지는 한편, 기회가 스스로 찾아왔을 때 자산을 가치보다 더 싸게 매수함으로써 가치가 우리 편이 되도록 만들어야 한다.
- 많은 결과들이 우리에게 불리할 가능성이 크므로 우리는 방어적 투자를 해야 한다. 유리한 결과 아래서 최대한의 수익을 보장하는 것보다 불리한 결과 아래서 확실히 살아남는 것이 더 중요하다.

- 성공 기회를 늘리려면 시장이 극단적인 상황에 있을 때 다수와 반대로 행동하는 것, 즉 약세장에서는 공격적으로 강세장에서는 신중하게 행동해야 한다.
- 결과의 매우 불확실한 특성을 감안하여 우리는 여러 전략들과 그에 따르는 결과들이 좋든, 나쁘든 많은 시도를 통해 효력이 입증될 때까지 의심의 눈으로 봐야 한다.

세상이 불확실한 곳이라고 생각하는 사람들과 어울리는 몇 가지 사항이 있다. 그것은 리스크를 합리적인 선에서 존중하기, 미래가 무엇을 쥐고 있을지 모른다는 것을 인식하기, 우리가 할 수 있는 최선은 미래를 확률분포로 보고 그에 따라 투자하는 것임을 이해하기, 함정을 피하는 데 역점을 두기 등이다. 내게는 이런 것들이 신중한 투자에서 가장 중요한 요소이다.

방어적으로 투자하라

세상에는 나이 든 투자자도 있고 대담한 투자자도 있지만,
나이 들고 대담한 투자자는 없다.

친구들이 내게 개인적으로 투자 자문을 구하면, 내가 첫 번째로 하는
일은 리스크와 수익에 대한 친구들의 태도를 파악하는 것이다. 이를
분명히 하지 않고서 투자 자문을 구하는 것은 어디가 아픈지 의사에
게 말도 하지 않고 좋은 약을 바라는 것과 같다. 그래서 나는 이런 질
문을 한다. "돈을 버는 것과 손실을 피하는 것 중에 무엇이 더 중요한
가?" 그러면 늘 같은 대답이 이어진다. "그야 둘 다지."

문제는 수익 창출과 손실 회피 두 마리 토끼를 동시에 잡을 수 없다
는 것이다. 모든 투자자들이 이 두 가지 목표와 관련해 입장을 취해야
하는데, 그러기 위해서는 일반적으로 둘 사이에 적당한 균형을 이루는
것이 필요하다. 그리고 이에 대한 결정은 의식적이고 합리적으로 해야
한다. 이 장은 이에 관한 선택과 나의 권고에 대한 내용이다.

이 결정을 균형 잡힌 시각으로 보는 최고의 방법은, 이 문제를 '공격 대 방어'의 개념으로 생각하는 것이다. 그리고 이를 위한 최고의 방법 중 하나는 스포츠에 비유하여 생각해보는 것이다.

나는 먼저 이 논의에 대한 기초를 위해 투자관리 전문가 찰스 엘리스가 1975년 〈파이낸셜 애널리스트 저널〉에 기고한 '패자의 게임'이라는 제목의 훌륭한 기사를 언급하고자 한다. 내가 투자를 스포츠에 직접적으로 비유하는 것은 이번이 처음인데, 이 비유는 내가 늘 강조하는 방어적 투자를 설명하는 데 매우 유효하다.

자동차 부품 생산과 신용평가 보고 서비스를 제공하던 TRW의 사이먼 라모(Simon Ramo) 박사는 자신의 저서 《평범한 테니스 선수를 위한 비범한 테니스(Extraordinary Tennis for the Ordinary Tennis Player)》에서 테니스에 대해 통찰력 있는 분석을 하고 있다. 라모 박사는 프로 테니스는 '승자의 게임'으로 가장 많은 득점을 하는 선수가 경기에서 우승한다는 점을 지적했다. 빠른 속도로 좋은 위치에 공을 꽂으면 상대방은 받아치지 못한다는 것이다. 상대를 이기고 완전한 승자가 되는 것이 가장 중요한 프로 테니스 선수들은, 언제나 자신이 원하는 공을 칠 수 있다. 강하게 또는 약하게, 길게 또는 짧게, 왼쪽 또는 오른쪽으로, 공에 스핀을 넣어서 또는 빼서 공을 칠 수 있다.

아마추어 테니스 경기에서 문제가 되는 것들이 프로 테니스 선수들에게는 문제가 되지 않는다. 공이 불규칙하게 튀지 않고, 햇빛 때문에 눈이 부시지 않으며, 스피드, 체력, 실력이 쉽게 한계에 다다르지도 않고, 상대 선수가 빈 공간에 공을 내리꽂으려 해도 쉽게 당하지는 않는다. 프로 선수들은 상대 선수의 공을 대부분 받아치며, 공을 가지고 거의 항상 자신이 원하는 대로 한다. 실제로 프로 선수들은 매우 일관성 있게 이렇게 경기하기 때문에 테니스 통계학자들은 상대적으로 드문 예외의 경우를 '범실(unforced error : 평범한 실수)' 항목에 기록한다.

그러나 프로 테니스 경기를 제외한 아마추어 테니스 경기는 '패자의 게임'으로 이 경기의 승자는 가장 적은 실수를 하는 사람이며, 상대의 공이 네트에 걸리거나 코트 밖으로 나갈 때까지 어떻게든 공을 받아넘기기만 하면 된다. 다시 말해, 아마추어 테니스 경기에서는 상대방의 실수로 득점하여 경기에서 이긴다. 나는 라모 박사의 손실 회피 전략이야말로 바로 내가 구사하고자 하는 게임의 전략이다.

찰스 엘리스는 라모 박사의 생각을 한 단계 진전시켜 이를 투자에 적용했다. 시장 효율성과 높은 거래비용에 대한 엘리스의 견해는, 그로 하여금 메인스트림 주식시장에서 공격적으로 득점을 추구하는 투자자는 수익을 올리지 못할 것이라는 결론에 이르게 했다. 대신 점수를 잃지 않으려는 노력을 해야 한다는 것이다. 투자에 대한 그의 이런 관점이 내게는 대단히 설득력 있게 들렸다.

공격 투자와 방어 투자 중에 어느 것을 선택할 것인가는 투자자의 신념이 얼마나 제어될 수 있는가를 기반으로 해야 한다. 투자는 제어되지 않는 것들이 많이 따르기 때문이다.

프로 테니스 선수들은 자신이 발, 몸, 팔, 라켓으로 A, B, C, D 하면 그때마다 공이 E 할 것이라고 매우 확신할 수 있다. 확률 변수가 상대적으로 거의 작용하지 않는 것이다. 그러나 투자는 불규칙하게 튀어 오르는 공들과 예상 못한 상황으로 가득하며, 코트의 크기와 네트의 높이가 항상 변한다. 경제와 시장이 작동하는 방식이 매우 부정확하고, 변동이 심하며, 다른 참가자들의 생각과 행동이 끊임없이 환경을 변화시킨다. 당신이 아무리 모든 것을 잘하고 있어도, 다른 투자자들이 당신이 가장 아끼는 주식을 무시할 수 있다. 경영진이 회사의 기회를 날려버릴 수도 있고, 정부가 방침을 바꿀 수도 있다. 또는 자연재해가 일어날 수도 있다.

프로 테니스 선수들은 많은 것을 제어할 수 있으므로 이를 활용해 득점할 수 있는 공을 쳐야 한다. 그렇지 않고 쉬운 공을 주면 상대 선수가 이를 받아쳐서 득점을 올릴 것이기 때문이다. 반면에 투자자들은 투자 결과에 대해 부분적인 제어만 할 수 있고, 상대가 받아넘기기 힘든 공을 굳이 치지 않더라도 큰 수익을 올릴 수 있다. 그리고 경쟁자들보다 오래 살아남을 수 있다.

중요한 것은 매우 실력 있는 투자자들이라 하더라도 공을 놓칠 수 있고, 지나치게 공격적인 스매싱 때문에 경기에서 패할 수도 있다는 것이다. 그러므로 방어는 일이 잘못되지 않도록 상당한 주의를 기울이는 실력이 출중한 모든 투자자들의 경기에서 중요한 일부분이다.

▶ ▶ ▶

투자의 특징들 중에는 내가 좋아하는 점들이 많은데, 그 대부분이 스포츠에도 적용된다.

• 경쟁적이다 : 누군가는 성공하고 누군가는 실패하듯이, 성공과 실패의 차이가 명백하다.

- 숫자로 표현할 수 있다 : 그러므로 결과를 확실히 알 수 있다.

- 실력 위주다 : 장기적으로 뛰어난 투자자들이 더 나은 수익을 낸다.

- 단체 지향적이다 : 효율적인 단체가 한 명의 개인보다 더 많은 것을 성취한다.

- 만족스러울 수 있고 즐길 수 있다 : 다만 경쟁에서 이겨야 더 그럴 수 있다.

이러한 긍정적인 면들로 인해 투자는 해서 보람 있는 행동이 될 수 있지만, 스포츠와 마찬가지로 다음과 같은 부정적인 면들도 있다.

- 공격성에 대한 프리미엄이 있을 수 있지만, 장기적으로는 별로 도움이 안 된다.

- 운 나쁘게 공이 원치 않는 방향으로 튀면 좌절할 수 있다.

- 단기간의 성공이 기록(실적)의 지속성과 일관성에 대한 충분한 확인을 거치지 않고 실력으로 인식될 수 있다.

전반적으로 나는 투자와 스포츠가 매우 비슷하며, 그에 요구되는 결정들도 매우 비슷하다고 생각한다.

미식축구 경기를 생각해보라. 공격 팀이 공을 가지고 10야드를 가기 위해 네 차례의 시도를 한다. 성공하지 못하면 주심이 휘슬을 불고 전광판의 시계가 멈춘다. 공수의 전환이 이루어지고, 수비 팀은 이번에도 상대 팀이 공을 가지고 전진하지 못하도록 막는다.

미식축구와 당신이 생각하는 투자가 좋은 비교 대상이 되는가? 솔직히 내 생각에는 그렇지 않다. 투자에서는 누구도 휘슬을 불지 않기 때문에, 언제 공격에서 수비로 전환해야 하는지 알기 어렵고, 일단 투자가 시작되고 나면 타임아웃을 요구할 수도 없다.

그런 면에서 나는 투자가 미국 외의 나라들이 하는 '축구'와 좀 더 비슷하다고 생각한다. 축구에서도 똑같이 11명의 선수들이 경기가 끝날 때까지 뛴다. 그러나 공격과 수비로 팀을 나누지 않는다. 양 팀은 공격과 수비를 동시에 해야 하고, 모든 만일의 사태에 대처할 수 있어야 한다. 또한 11명의 선수 모두가 잠재적으로 골을 넣을 수 있어야 하며, 상대 팀이 득점하지 못하도록 해야 한다.

감독은 자기 팀이 공격적인 경기를 할 것인지(득점수에서 앞선 후 상대 팀이 따라잡지 못하도록 점수 차를 유지), 방어적인 경기를 할 것인지(상대 팀이 점수를 내지 못하도록 묶어 놓은 다음 득점), 아니면 공격과 방어를 균형 있게 할 것인지 결정해야 한다. 감독들은 경기 도중에 선수를 교체할 수 있는 기회가 많지 않다는 것을 알기 때문에 이길 수 있는 라인업을 갖추고 큰 변화 없이 경기를 운영한다.

이것이 투자에 대한 나의 견해다. 그때그때 시장 상황에 맞게 작전을 바꿀 능력이 있는 사람은 많지 않기 때문에, 투자자들은 되도록 다양한 시나리오에 적용할 수 있는 전략 한 가지에 전념해야 한다. 이들은 상승 종목(winner)으로 큰 수익을 올리되 하락 종목(loser)으로 이를 다시 잃지 않기를 희망하며 공격적인 투자를 할 수도 있다. 또 호황에는 평균을 따라잡고, 불황에는 다른 사람들보다 손실을 적게 보는 것으로 초과 수익을 내기를 희망하며 방어적인 투자에 역점을 둘 수도 있다. 또는 전략적인 타이밍을 포기하는 대신, 상승장과 하락장 모두에서 탁월한 종목 선택을 하는 것으로 공격과 방어에 균형을 맞출 수도 있다.

오크트리가 방어 투자를 선호하는 것은 확실하다. 경기가 좋을 때 지수에 뒤처지지 않는다면 그것으로 괜찮다고 생각한다(경기가 매우 좋을 때는 뒤처질 때도 있다). 그러나 평범한 투자자들도 호황기에는 큰 수익을 올리기 때문에, 상승장에서 평균 실적을 낸다는 이유로 많은 매니저들이 해고당하지는 않는지 의심스럽다. 오크트리에서는 포트폴리오들을 불황기에 초과 수익을 낼 수 있도록 설계하는 데 어려운 때야말로 초과 수익이 꼭 필요한 시기라고 생각하기 때문이다. 호황기에 뒤처지지 않고, 불황기에 남보다 더 나은 성과를 낼 수 있다면, 우리는 전체 주기를 통틀어 평균 이하의 변동성으로 평균 이상의 성과를 낼 것이고, 다른 사람들이 괴로워할 때 우리 고객들은 미소 지을 수 있을 것이다.

'당신의 전략은 무엇인가?', 2003년 9월 5일 메모

당신에게는 무엇이 더 중요한가? 많은 득점을 하는 것인가, 상대 팀이 득점하지 못하도록 막는 것인가? 투자로 치면 상승 종목을 노리는 것인가, 하락 종목을 피하는 것인가? 아니면 둘 사이의 균형을 어떻게 이룰 것인가를 묻는 것이 좀 더 적절할지 모르겠다. 이러한 문제를 깊이 생각해보지 않고 행동하면 커다란 위험이 따른다.

어쨌거나 공격과 방어 중에 올바른 선택이란 없다. 성공으로 가는 길에는 다양한 방법이 있을 수 있고, 자신의 성격과 성향, 자신의 능력을 믿는 정도, 자신이 몸담고 있는 시장과 자신에게 일을 맡긴 고객들의 특징을 모두 고려하여 결정해야 할 문제다.

▶ ▶ ▶

투자에서는 무엇이 공격이고, 무엇이 방어인가? 여기서 공격은 정의 내리기 쉽다. 공격적인 전술과 평균 이상의 수익을 추구하기 위해 높은 리스크를 채택하는 것이다. 그러나 방어란 무엇인가? 방어적인 투자자가 중점을 두는 것은 잘못된 일을 하지 않는 것이다.

옳은 일을 하는 것과 잘못된 일을 하지 않는 것 사이에 차이가 있는가? 표면상으로는 매우 비슷해 보인다. 그러나 깊이 들어가면 각각에 요구되는 사고방식에 큰 차이가 있으며, 그에 따르는 전술 간에도 큰 차이가 있다.

방어가 나쁜 결과를 피하는 것 정도로만 들릴 수도 있지만, 사실 그 정도로 부정적이거나 소극적이지 않다. 방어는 플러스 요소를 포함하기보다는 마이너스 요소를 배제하고, 간헐적인 기지의 번뜩임보다는 일관되지만 적당한 프로세스를 통해 더 큰 수익에 도전하는 것으로 볼 수 있다.

공격적 투자에는 두 가지 중요한 요소가 있다. 첫 번째는 포트폴리오에서 하락 종목을 제외하는 것이다. 이를 위해 가장 좋은 방법은 광범위한 기업 실사를 실시하고, 포트폴리오에 높은 기준을 적용하고, 낮은 가격과 높은 안전마진을 요구하고, 지속적인 활황과 장밋빛 예측, 불확실한 사건들에 대해 확신하지 않는 것이다.

두 번째 요소는 상황이 안 좋은 해, 특히 붕괴 위기에 노출되는 것을 피하는 것이다. 위에서 말한 개인이 포트폴리오로부터 투자금을 잃지 않게 해줄 수 있는 요소들 외에, 상황이 안 좋은 해에는 신중한 포트폴리오 분산, 전체적인 위험도 제한, 안전에 대한 일반적인 선호가 필요하다.

집중투자(분산투자의 반대)와 레버리지 이용은 공격적인 투자의 두 가지 예로, 이것들이 있을 때는 수익을 증가시켜주지만, 효과가 없을 때는 손실을 입힐 수 있음이 드러날 것이다. 다시 말해, 공격적인 전략을 사용하면 결과가 좋을 때는 더 좋고, 나쁠 때는 더 나쁠 수 있다. 그러나 이런 전략을 과하게 사용했을 때 상황이 예측을 벗어난다면 투자를 위태롭게 할 수도 있다. 반면에 방어는 힘든 시기를 극복할 수 있는 가능성을 높여주고, 시장에서 오랫동안 살아남아 현명한 투자로부터 최종적인 수익을 만끽할 수 있도록 해준다.

투자자들은 뜻밖의 상황에도 대비해야 한다. 금융 활동에는 많은 형태가 있고, 이 활동들은 당연히 평균적으로 작용할 것으로 예상되지만, 이런 활동들이 불안정한 구조나 초과 레버리지로 인해 당신이 위기에 처하는 궂은 날을 만들 수도 있다. 그러나 이것이 말처럼 간단한 문제일까? 궂은 날에 대비해야 한다는 말을 하기는 쉽다. 그러나 대체 얼마나 나쁘다는 것일까? 최악의 경우는 무엇이고, 이에 우리는 매일 만반의 대비를 해야 하는 것일까?

투자의 다른 모든 것들과 마찬가지로, 이는 간단하게 답할 수 있는 문제가 아니다. 당신이 감수해야 할 리스크의 양은 당신이 얼마만큼의 수익을 추구할 것인가에 달려있다. 당신이 포트폴리오에 포함시킨 안전도는 당신이 얼마나 큰 잠재 수익을 기꺼이 포기할 수 있는가가 바탕이 되어야 한다. 여기에는 정답은 없고 균형이 있을 뿐이다.

그래서 나는 2007년 12월에 이 메모에 다음의 결론을 덧붙였다. "불리한 환경에서 살아남을 수 있는 능력을 확실히 하는 것과 유리한 환경에서 수익을 극대화하는 것은 양립될 수 없기 때문에, 투자자들은 이 두 가지 사이에서 하나를 선택해야 한다."

'새장(The Aviary)', 2008년 5월 16일 메모

▶ ▶ ▶

방어적인 투자에서 대단히 중요한 것 중에, 워렌 버핏이 '안전마진(margin of safety : 내재가치와 시장 가격 간의 차이)' 또는 '오차 범위(margin for error)'라고 부르는 것이 있다(버핏은 이 두 용어에 차이를 두지 않고 상황에 따라 골라 썼다). 이는 중요한 주제이므로 충분한 논의가 필요하다.

미래가 예상한 대로만 펼쳐진다면 성공적인 투자를 하기란 어렵지 않을 것이다. 경제가 어떤 방향으로 움직일지, 그리고 특정 산업과 기업이 다른 산업, 기업들보다 좋은 성과를 낼 것이라는 추정 아래서는, 어떻게 하면 수익을 낼 수 있을지 확실해진다. 대상을 확실히 정한 투자는 당신이 희망한 대로 미래가 펼쳐질 경우에 매우 성공적일 수 있다.

그러나 미래가 희망한 대로 펼쳐지지 않는다면, 어떻게 상황을 잘 헤쳐 나갈지에 대해 생각해봐야 한다. 요컨대, 미래가 기대에 못 미치는 경우에도 결과가 웬만하려면 무엇이 필요할까? 정답은 오차 범위다.

금융기관이 대출을 해줄 때 무슨 일이 일어나는지 생각해보자. 상황이 그대로 유지된다면 대출을 해주는 것은 어렵지 않다. 가령 경기

가 나빠지지 않고 대출자가 실직을 하지 않는다면 말이다. 그러나 상황이 악화된다면 대출금 상환을 가능하게 해주는 것은 무엇인가? 이번에도 오차 범위다. 대출자가 실직하게 되었을 때, 만약 대출자에게 저축한 돈이 있거나, 매각할 수 있는 자산이 있거나, 의지할 수 있는 다른 수입원이 있을 때 대출금 상환 확률은 높아진다. 이러한 것들이 대출기관에 오차 범위를 제공한다.

반대의 경우도 간단하다. 오차 범위를 고집하고, 재정 상태가 튼튼한 사람에게만 대출을 실행해주는 금융기관은 대손액(credit loss : 회수되지 않는 대출액)으로 인한 피해를 입을 일이 거의 없다. 그러나 이 금융기관의 높은 기준은 대출자들로 하여금 대출을 포기하게 만들고, 이렇게 해서 생긴 기회는 신용 기준이 좀 더 유연한 다른 금융기관으로 가게 될 것이다. 상황이 나쁘지 않은 동안에는 공격적인 금융기관이 신중한 금융기관보다 사업을 더 잘하고 있는 것으로 보인다. 신중한 금융기관은 상황이 어려울 때만 '대손액의 감소' 형태로 보상을 받는다. 오차 범위를 고집한 대출기관은 경기가 좋을 때 평균 이상의 성과를 내지는 못해도, 경기가 나쁠 때 평균 이하의 손실을 볼 것이다. 이것이 방어를 강조하는 투자자들에게 일어나는 일이다.

오차 범위를 설명할 수 있는 또 한 가지 방법이 있다. 당신이 100달러 가치가 있을 것으로 추정되는 자산을 발견한다. 이것을 90달러에 산다면, 당신의 추정이 너무 낙관적임이 드러난다 하더라도 손실 가능성이 크지 않을 뿐 아니라, 수익을 낼 수 있는 좋은 기회를 잡은 것이라 할 수 있다. 그러나 90달러 대신 70달러에 산다면 손실 가능성은 더 줄어든다. 20달러 더 싸게 자산을 매입함으로써, 자산의 실제 가치가 당신의 예상보다 낮더라도 괜찮을 수 있는 여지를 더 만들어준 것이다. 이렇듯 낮은 가격은 오차 범위에 가장 중요한 원천이다.

따라서 선택은 간단하다. 공격적인 전략을 통해 수익을 극대화하고, 오차 범위를 통해 보호막을 쌓는 것이다. 그러나 두 가지 모두를 최대한으로 할 수는 없다. 무엇을 선택할 것인가? 공격인가, 방어인가, 아니면 둘 다 인가(두 가지 다라면 어떤 비율로 할 것인가)?

▶ ▶ ▶

투자자가 할 수 있는 두 가지 방법, 즉 이례적인 수익을 달성하는 것과 손실을 회피하는 것 중에서 나는 후자를 더 신뢰한다. 수익을 내는 것은 앞으로 일어날 일에 대해 옳은 판단을 하는 것과 대체로 관계가 있는 반면, 손실은 자산가치가 존재하는지, 군중의 기대가 적당한지, 가격이 낮은지를 확인하는 것으로 최소화될 수 있다. 내 경험상 훨씬 더 일관성을 가지고 할 수 있는 일은 후자다.

수익을 위해 애쓰는 것과 리스크를 제한하는 것 사이에, 즉 공격과 방어 사이에 의도적인 균형이 이루어져야 한다. 내가 포트폴리오 매니저로서 처음 일을 시작했을 때 담당했던 채권(fixed income)의 특징은 수익이 제한적이고 매니저의 가장 큰 공이 손실 회피에서 온다는 것이다. 상승세가 실제로 '확정'되어 있기 때문에 유일한 변동성은 하락세에서 나오므로, 이를 피하는 것이 성공의 핵심이다. 따라서 채권 투자자로서 스스로를 차별화하려면 돈이 되는 채권을 보유하고 있는가가 문제가 아니라, 돈이 안 되는 채권을 배제할 수 있는가가 더 중요하다. 그레이엄과 도드에 따르면, 배제에 역점을 두는 것으로 채권 투자를 '배제의 기술(negative art)'로 만들 수 있다.

한편으로는 주식이나 좀 더 수익을 지향하는 다른 분야에서도 손실을 회피하는 것만으로는 충분하지 않다. 수익 가능성 또한 존재해야 한다. 채권 투자자가 오로지 방어 투자만 할 수 있다면, 채권 이외의 것(특히 수익률이 높은 것)에서는 공격과 방어의 균형을 이루어야 할 것이다.

핵심은 바로 '균형'이다. 투자자들에게 방어뿐만 아니라 공격도 필요하다는 사실은, 이들이 그 두 가지를 섞은 것에 무관심해야 한다는 의미가 아니다. 투자자들은 더 큰 수익을 바란다면, 일반적으로 더 많은 불확실성을, 즉 더 많은 리스크를 감수해야 한다. 그리고 이들이 채권에서 가능한 더 높은 수익을 올리기를 열망한다면 손실 회피만으로 목적을 달성하기는 어렵다. 여기에는 어느 정도의 공격이 필요하고, 공격은 불확실성을 증가시킨다. 그 길을 가기 위해서는 의도적이고 현명한 결정을 해야 한다.

▶ ▶ ▶

다른 무엇보다 오크트리의 투자 활동은 방어를 기반으로 한다. 그러나 공격을 배제하지는 않는다. 우리가 관여하는 모든 것들은 배제의 기술과 관련이 없다. 상승세와 하락세 모두를 충분히 고려하지 않는다면 전환사채나 부실채권, 부동산에 성공적으로 투자할 수 없다.

투자는 남성 호르몬인 테스토스테론으로 가득한 세계로, 자신이 얼마나 대단한지, 자신이 홈런을 치거나 안타를 치면 얼마나 벌어들일 수 있는지에 대해 생각하는 사람들로 넘쳐난다. '나는 안다' 유파의 투자자들에게 그들이 왜 훌륭한지 말해달라고 요청해보라. 그러면 그들이 과거에 쳤던 홈런과 자신의 포트폴리오를 통해 현재 치고 있는 홈런에 대해 장황하게 늘어놓는 이야기를 들을 수 있을 것이다. 그러나 일관성, 또는 자신의 최악의 해가 그렇게 나쁘지 않았다는 사실에 대해 말하는 이는 몇 명이나 될까?

내가 지난 35년 동안 알게 된 가장 놀라운 사실 중에 하나는, 가장 돋보이는 투자 경력들이 매우 짧다는 것이다. 프로 운동선수의 경력만큼 짧지는 않아도, 투자가 육체를 파괴하지 않는 직업이라는 점을 감안하면 생각보다 짧다.

25년 내지 30년 전, 내가 고수익채권을 처음으로 관리하던 그 시절에 잘나가던 경쟁자들은 지금 모두 어디에 있는가? 지금은 거의 남아 있지 않다. 놀랍게도 15년이나 20년 전에 부실채권을 관리하던 유망했던 경쟁자들이 지금은 한 명도 기업의 대표로 남아 있지 않다. 그들은 모두 어디로 갔는가? 많은 이들이 조직적인 결함으로 자신이 세운 계획이 지속 불가능해지면서 사라졌다. 그리고 그 외의 사람들은 홈런을 치기는 했으나 삼진을 당하는 바람에 사라졌다. 이와 관련해 기막힌 패러독스가 떠오른다. 나는 많은 투자매니저들의 경력이 홈런을 치는 데 실패해서 끝났다고 생각하지 않는다. 그보다는 삼진을 너무 많이 당해서 경기에서 제외된 것이다. 이를테면 상승 종목이 충분하지 않았기 때문이 아니라, 하락 종목이 너무 많았던 것이다. 그럼에도 불구하고 많은 매니저들이 계속해서 홈런을 치기 위해 노력한다.

- 그들은 자신에게 성공할 수 있는 아이디어가 있거나, 미래를 정확히 맞힐 수 있다고 생각하면 포트폴리오를 분산하기보다 집중하는 방식으로 너무 많은 금액을 투자한다.
- 그들은 보유 자산을 너무 자주 바꾸거나, 마켓 타이밍 전략을 구사함으로써 과도한 거래비용을 초래한다.
- 피할 수 없는 판단 착오나 불운의 습격으로부터 살아남을 수 있는 능력을 확실히 하기보다는 유리한 시나리오와 원하는 결과로 포트폴리오를 구성한다.

반면에 오크트리에서 우리는 '하락 종목을 피한다면 상승 종목은 알아서 잘할 것'이라는 확고한 믿음을 가지고 있다. 시작부터 이것이 우리의 모토였고, 언제나 그럴 것이다. 우리는 홈런이 아니라, 타율을 중요시한다. 우리는 다른 이들이 큰 승리나 훌륭한 시즌으로 유명세를 얻을 것임을 안다. 그러나 우리가 바라는 것은 고객들이 만족할 수 있는 지속적인 좋은 실적으로 시장을 끝까지 지키는 것이다.

'당신의 전략은 무엇인가?', 2003년 9월 5일 메모

앞서의 [그림 5.1]과 [그림 5.2]는 리스크 추정으로 얻게 되는 수익이 있음을 시사한다. 두 그림 사이의 차이점은 [그림 5.1]은 늘어난 리스크를 감수하는 데 수반되는 커다란 불확실성을 보여주지 못하는 반면, [그림 5.2]는 보여준다는 것이다. [그림 5.2]가 확실히 보여주듯, 리스크가 큰 투자일수록 원하는 수익 대신 손실 가능성이 포함되는 결과의 범위가 넓어진다.

공격적인 투자 전술을 쓰는 것(즉 리스크 감수를 통해 승자를 찾는 것)은 매우 대담한 행동이라 할 수 있다. 그로 인해 당신이 추구하는 수익을 올릴 수도 있고, 어쩌면 크게 실망할 수도 있다. 또 하나 생각해볼 것이 있는데, 당신이 낚시를 하기에 열악하고 물고기가 잡힐 가능성이 적다고 생각하는 물일수록 솜씨 좋은 낚시꾼들에게는 매력적인 장소라는 것이다. 그러므로 경쟁하는 데 필요한 충분한 기술이 없다면, 당신은 승자보다는 먹잇감이 될 가능성이 크다. 그러므로 공격적인 전술, 리스크 감수, 기술적으로 어려운 분야에서의 활동은 그에 필요한 능력 없이 시도해서는 안 되는 행동들이다.

전문적인 기술 외에도 공격적인 투자는 결단력, 인내심 있는 고객(당신이 다른 사람의 자금을 관리한다면), 신뢰할 수 있는 자본을 필요로 한다. 난관에 부딪혔을 때 이를 극복하려면 이런 요소들이 필요할 것이다. 당신의 판단 자체는 장기적으로나 평균적으로 잘 풀릴 가능성이 있다 해도, 조금 전에 말한 요소들이 없는 상황에서 공격적인 투자자들은 장기전으로 갈 수 없을 것이다.

리스크가 큰 포트폴리오를 운용하는 것은 안전망 없이 높은 줄 위에서 줄타기를 하는 것과 마찬가지다. 성공에 대한 이익이 크고 주변의 감탄이 뒤따를지 모르나 실수하면 죽을 것이다.

탁월한 성과를 위한 노력과 관련하여 핵심은 최고가 되기를 망설이지 않아야 한다는 것이다. 투자자가 내려야 할 가장 근본적인 결정 중에는 포트폴리오를 가지고 얼마나 멀리 모험을 할 것인가의 문제가 포함되어야 한다. 다시 말해 분산투자, 손실 회피, 실적 부진 예방에 얼마나 큰 비중을 둘 것이며, 더 좋은 실적을 내기 위해서 이런 것들을 얼마나 희생하느냐 하는 것이다.

내가 제일 좋아하는 포춘 쿠키로부터 나는 많은 것을 알게 되었다. 신중한 사람들은 실수를 하는 일도, 훌륭한 시를 쓸 일도 드물다는 것이다. 이 말은 두 가지 관점으로 볼 수 있으며 생각해볼 여지가 있다. 신중함은 우리를 실수로부터 멀어지도록 해주지만, 대단한 성과로부터도 멀어지게 할 수 있다.

개인적으로 나는 자금을 관리하는 사람들은 신중한 것이 좋다. 사람들은 대체로 손실을 피하는 것과 실적 나쁜 한 해를 보내지 않는 것이 뛰어난 실적을 반복하는 것보다 쉽다고 생각하는 것 같다. 그런 점에서 나는 리스크를 제어하면 장기적으로 뛰어난 실적을 낼 수 있는 탄탄한 기초가 될 것이라고 생각한다. 조심스럽게 투자하고, 좋은 가치와 상당한 안전마진을 고수하며, 자신이 모르는 것과 제어할 수 없는 것을 늘 의식하는 것은 내가 아는 최고의 투자자들이 가진 특징이다.

'최고의 투자자가 되기를 망설이지 마라', 2006년 9월 7일 메모

공격과 방어 사이의 선택은 이 책의 다른 모든 것들과 마찬가지로 쉽게 대답할 수 있는 것이 아니다. 예컨대 다음의 난제를 생각해보자. 많은 사람들이 무슨 일이든 충분히 하는 것을 꺼려 하는 경우(예를 들면 주식 매입, 한 가지 자산군에 전념하는 것, 투자매니저 고용) 일이 잘 풀리지 않으면 심각한 피해를 입을 수 있다. 그러나 어떤 일이 성공할 경우 그 일이 당신의 결과에 대단히 큰 도움이 될 수 있으려면, 그 일이 실패할 경우 대단히 큰 피해를 입을 수 있을 정도로 그 일을 충분히 했어야 하

는 것이다.

투자에서는 거의 모든 것들이 양날의 검이다. 이는 더 큰 리스크를 감수하는 것이나 분산투자 대신 집중투자를 하는 것, 수익을 확대하기 위해 레버리지를 사용하는 것 등에도 해당된다. 유일한 예외는 개인의 진짜 실력이다. 그 외의 모든 것에서는 상황이 잘 풀리면 도움이 될 것이고, 잘 풀리지 않으면 해가 될 것이다. 이 때문에 공격과 방어 사이의 선택은 중요하고도 어렵다.

많은 사람들이 공격과 방어 사이의 결정을 더 많은 수익을 바라는 것과, 더 적은 수익에 만족하는 것 두 가지 중에 하나를 선택하는 것이라고 생각한다. 그러나 신중한 투자자들의 생각은 다르다. 그들은 공격이 종종 충족되지 않는 목표들로 채워지는 반면, 방어는 좋은 성과를 지속적으로 제공한다고 생각한다. 나 역시 방어가 최선의 선택이라고 생각한다.

방어적으로 투자를 하다 보면 점점 열기가 더해지는 것들을 놓칠 수 있게 되고, 방망이를 휘둘러보지도 못한 채 몇 이닝이고 계속해서 타자석에 서 있게 될 수도 있다. 다른 투자자들보다 홈런을 적게 때릴 수도 있다… 하지만 삼진 아웃을 당할 가능성도 적고, 병살타로 이닝을 마무리하는 일도 더 적을 것이다.

'방어 투자'라는 말이 상당히 전문적으로 들릴지 모르지만, 이를 쉽게 표현해보면 다음과 같다. 두려움을 가지고 투자하라! 손실 가능성에 대해 걱정하라! 당신이 모르는 무언가가 있음을 걱정하라! 당신이 수준 높은 결정을 내릴 수는 있으나 불운이나 깜짝 놀랄 사건들 때문에 큰 타격을 입을 수도 있음을 걱정하라! 두려움을 가지고 하는 투자에는 자만심이 생기지 않을 것이고, 지속적인 경계심과 심리적인 아드레날린이 계속 작용할 것이며, 충분한 안전마진을 고집할 수 있게 될 것이고, 당신의 포트폴리오가 뜻밖의 상황에 대비할 수 있는 가능성을 높여줄 것이다. 그리고 상황이 순조롭다면 상승 종목들은 가만 놔두어도 알아서 잘할 것이다.

'가장 중요한 것', 2003년 7월 1일 메모

보이지 않는 함정을 피하라

투자자는 큰 실수를 피하기만 하면, 몇 가지만 제대로 하면 된다. ● 워렌 버핏

이 책의 중요한 메시지 중 하나는 손실을 회피하려는 노력이, 무리하여 좋은 실적을 올리려는 노력보다 중요하다는 것이다. 무리하게 실적을 위해 노력하는 것은 단기적으로는 성공할 수 있겠지만, 가끔 시도해서 실패할 경우 영영 회복이 불가능할 수도 있다. 반면 손실 회피의 노력은 좀 더 자주 성공할 수 있고, 결과를 더 신뢰할 수 있으며, 실패해도 무리한 실적을 추구하다 실패했을 때보다는 훨씬 견딜 만한 결과로 나타날 것이다. 당신이 리스크가 큰 포트폴리오를 운용한다면, 하향 변동 추세가 당신의 의지를 꺾을 수 있고, 저점에서 모두 매각 처분하도록 만들 수 있다. 반면 리스크가 너무 적은 포트폴리오로는 강세장에서 평균 성과에도 못 미칠 수 있지만, 누구도 그 정도로 빈털터리가 된 적은 없다. 그보다 더한 불운은 얼마든지 있기 때문이다.

▶ ▶ ▶

　손실을 피하려면 무엇보다 손실을 유발시키는 함정들을 이해하고 그로부터 멀어질 필요가 있다. 이 장에서는 이미 앞에서 논의했던 몇 가지 중요한 문제들을 모아 다시 강조하려고 한다. 투자자들이 문제의 소지가 다분한 요소들을 좀 더 경계할 수 있기를 바라는 마음에서다. 우선 투자의 함정에는 많은 종류가 존재한다는 것, 그리고 그 함정들이 대체 어떻게 생겼는지 살펴보는 것으로 이 장을 시작하겠다.

　나는 실수의 원천이 주로 분석적·지능적이거나, 심리적·감정적이 되는 데 있다고 생각한다. 전자의 실수는 간단하다. 정보의 양이 너무 부족하거나, 정확하지 않은 정보를 수집한 것이다. 그 밖에도 잘못된 분석 프로세스를 적용하거나, 계산에서 실수를 하거나, 했어야 하는 일을 하지 않고 넘어간 것 등이 있을 수 있다. 일일이 열거하기에는 이런 종류의 실수들이 너무나도 많은 데다, 분석 프로세스보다는 투자의 철학과 사고방식을 다루기로 한 책이므로 이 정도로만 언급하겠다.

　그러나 분석상의 실수 중에서 좀 더 시간을 들여 언급하고 싶은 유형이 하나 있는데, 나는 이를 '상상력 부족(failure of imagination)'이라고 부른다. 즉 발생 가능한 결과의 범위를 전체적으로 그려보지 못하거나, 좀 더 극단적으로 발생하는 결과에 대해 충분히 이해하지 못하는 것이다. 여기에 대해서는 다음 단락에서 좀 더 자세하게 다뤄보겠다.

　실수를 유발하는 심리적이거나 감정적인 요인들은 이미 앞에서 살펴보았다. 탐욕과 공포, 불신의 유예(기꺼이 속아주려는 태도)와 의심, 자아와 시기심, 리스크 감수를 통해 고수익을 올리고 싶은 욕구, 자신의 예지를 과대평가하는 경향이 그것이다. 이러한 요소들은 호황과 불황의 발생에 기여하고, 이 두 시기에 대부분의 투자자들은 너 나 할 것 없이 누가 봐도 잘못된 행동들을 한다.

또 하나의 중요한 함정은 시장 주기와 열기를 인지하지 못하고, 이와 반대 방향으로 움직이는 것이다(이 역시 심리적인 요소이지만 워낙 중요해서 이를 위해 하나의 범주를 따로 두어도 될 정도다). 주기와 추세가 극단적인 상황이 자주 발생하는 것은 아니기 때문에, 이것이 실수의 잦은 원인이 되는 것은 아니지만 한 번 발생하면 가장 큰 실수를 초래한다. 군중 심리가 가진 영향력은 실로 대단해서 군중을 이루는 구성원들을 어쩔 수 없이 순응하고, 굴복하게 만들고, 거의 저항할 수 없게 만든다. 그렇기 때문에 더더욱 투자자들은 이에 반드시 저항해야 한다.

▶ ▶ ▶

위에서 얘기한 대로 '상상력 부족(즉 발생 가능한 결과의 범위를 전체적으로 그려보지 못하는 것)'은 특히 흥미롭고, 여러 가지 면에서 적용 가능하다.

투자는 대체로 미래를 상대하는 것이라고 했다. 그렇기 때문에 투자를 하려면, 우리는 미래의 상황이 어떨 것 같은지에 대한 견해를 가지고 있어야 한다. 그런데 우리에게는 미래가 과거와 매우 비슷할 것이라고 추정하는 것 외에는 별다른 선택의 여지가 없다. 이를테면 "미국 평균 주가수익비율은 지난 50년 동안 15배였고, 나는 향후 몇 년 동안 10배(또는 20배)가 될 것이라고 예측한다"라고 말할 사람은 별로 없을 것이다.

그런 점에서 대부분의 투자자들은 과거를 토대로 (특히 최근) 미래를 추론한다. 왜 최근이냐고 묻는다면 첫째, 중요한 금융 현상들은 대체로 긴 주기를 따르기 때문에, 극단적인 사건을 경험한 사람들은 종종 다음번 사건이 일어나기 전에 은퇴하거나 사망하는 일이 많다. 둘째, 존 케네스 갤브레이스의 말처럼 금융과 관련한 기억들의 수명은 극단적으로 짧다. 셋째, 설사 기억한다고 해도 저금리 대출을 약속받는 순간 과거의 악몽은 연기처럼 사라져 버린다. 아니나 다를까, 최근의 투자 추세에서도 금융기관의 저금리 대출 약속은 빠지지 않는다.

대부분의 경우 미래는 과거와 흡사하기 때문에 추론이 해가 될 것은 없다. 그러나 미래가 과거와 달라지는 터닝 포인트에서 추론은 실패하고, 거액의 손실액이 발생하거나, 역시 거액의 수익 창출 기회가 사라진다.

그런 의미에서 가능성과 결과 사이에 존재하는 커다란 차이를 함축적으로 표현한 브루스 뉴버그의 말을 상기해보자. 즉 뜻밖의 상황들이 발생하고, 단기간의 결과는 장기간의 가능성에서 빗나갈 수 있으며, 사건이란 원래 줄지어 발생한다. 예를 들면 주사위 두 개를 던져 둘 다 6이 나올 확률은 36분의 1이어야 한다. 그러나 둘 다 6인 경우가 5번 연속으로 일어날 수도 있는데, 그 이후로 175번을 모두 실패한다 해도 결국에는 36분의 1이라는 확률로 끝날 가능성이 매우 크다.

무슨 일이 '일어날 것'이라고 지나치게 의지했다가는, 예측이 실패했을 경우 큰 낭패를 볼 수 있다. 기본적인 확률분포를 제대로 이해한다면, 일이 예상대로 일어날 것이라고 너무 믿어서는 안 된다. 또한 당신이 하는 투자의 성공 여부를 판단함에 있어 주위에서 흔히 볼 수 있는 정상적인 결과에 너무 의지해서는 안 된다. 아웃라이어, 즉 드물게 발생하는 결과도 감안해야 한다.

투자자들은 성공할 것으로 예상될 때만 투자를 하며, 가능성 있는 시나리오를 집중적으로 분석할 것이다. 그러나 다른 가능성을 배제한 채 예상되는 시나리오만 고집하거나, 부정적인 결과가 발생했을 때 큰 피해를 입을 수 있을 정도로까지 시나리오를 리스크와 레버리지를 가득 채워서도 안 된다. 최근 신용 위기에서 대부분의 위기 상황은 무언가가 예상대로 일어나지 않아서 발생한 것이다.

금융위기는 대체로 이전에는 한 번도 일어난 적 없었던 사건들이 이를 견디지 못하도록 설계된 리스크가 크고 부채가 많은 구조와 충돌하기 때문에 발생한다. 가령 모기지 파생상품은 주택가격이 전국적으로 하락한 적이 이전에는 한 번도 없었기 때문에(적어도 현대 통계상에서는 없다), 앞으로도 그럴 리 없다는 것을 전제로 설계되고 등급이 평가되었다. 그러나 이런 예상 때문에 우리는 직격탄을 맞았고, '그런 일은 일어날 수 없다'는 것을 전제로 설계된 구조들은 사장되었다.

한 가지 덧붙이자면, 어떤 일이 일어날 리 없다는 추정에 그 어떤 일이 일어날 가능성이 있다면 그 추정은 소용없는 것이 된다. 그 일이 일어날 리 없다고 믿는 사람들이 마음 놓고 위험한 행동을 함으로써 결국 상황이 바뀌기 때문이다. 20년 또는 그보다 더 오래전에, 모기지 대출이라는 용어는 '보수적'이라는 단어와 불가분의 관계에 있었다. 주택 구입자들은 구입가의 20퍼센트에서 30퍼센트의 선금을 지불했고, 상환금은 관례대로 월수입의 25퍼센트 내로 제한되었다. 주택은 신중하게 평가되었고, 대출자의 수입과 재무 상태는 서류로 제출되어야 했다. 그러나 모기지 담보부 증권에 대한 수요가 지난 10년간 증가하면서(모기지는 언제나 신뢰할 수 있었기 때문이기도 하고, 모기지 디폴트가 전국적으로 급등할 리 없다는 인식이 지배적이기도 했다) 많은 전통적인 기준들이 용도 폐기되었다. 그 결과는 충격적이었다.

이와 관련해 우리가 해결해야 하는 딜레마가 있다. 투자자는 일어날 가능성이 없어 보이는 불행으로부터 스스로를 보호하기 위해 얼마나 많은 시간과 자본을 쏟아야 하는가? 우리는 디플레이션과 극심한 인플레이션 같은 모든 극단적인 결과를 대비해 보험을 들 수 있다. 그러나 많은 비용이 추가로 들 것이고, 그런 보호책이 필요 없었음이 밝혀지면 보험료로 들어간 비용이 투자수익을 감소시킬 것이다. 그리고 이런 일이 다반사일 것이다. 2008년과 같은 상황에서라면 포트폴리오가 좋은 성과를 내기를 바랄 수 있다. 그럼에도 재무부 채권이나 현금, 금만을 보유한다면 이는 성공적인 전략이라 할 수 있는가? 아마 아닐 것이다. 그런 의미에서 함정을 피하는 것이 중요하기는 하지만, 피하는 정도에도 한계는 있어야 할 것이다. 그리고 그 기준은 투자자마다 다르다.

상상력 부족에는 또 다른 중요한 측면이 있다. 자산에는 예상되는 수익과 리스크가 있으며, 이를 짐작하는 것이 가능하다는 것을 모두가 알고 있다. 그러나 자산의 상관관계를 이해하는 사람은 드물다. 즉 하나의 자산이 다른 자산의 변화에 어떻게 반응할 것인가, 또는 그 두 자산이 제3의 자산 변화에 비슷하게 반응할 것인가 등이다. 이러한 상관관계의 영향력(따라서 포트폴리오 리스크 분산이 제한된다는 점)을 이해하고 예측하는 것은 리스크 제어와 포트폴리오 관리의 중요한 측면이지만, 이를 성공적으로 수행하기는 매우 어렵다. 포트폴리오 내의 자산 동조화를 정확히 예측하지 못하는 것은 실수의 주요 원인이 된다.

투자자들은 종종 포트폴리오 곳곳에 존재하는 공통분모를 제대로 인식하지 못한다. 자동차회사 한 곳의 주가가 하락하면, 이들 주식이 공통적으로 가지고 있는 요소들이 작용하여 모든 자동차회사의 주가가 동시에 하락할 수 있다는 것은 모두가 안다. 그러나 이를 계기로 미국의 모든 주가, 선진국의 모든 주가, 전 세계의 모든 주가, 어쩌면 모든 주식과 채권 가격이 하락할 수 있는 연결고리를 이해하는 사람은 그렇게 많지 않다.

그러므로 상상력 부족은 미래에 발생 가능한 극단적인 사건들을 예상하지 못하는 것에 첫 번째 원인이 있고, 그런 극단적인 사건들 때문에 연쇄적으로 발생하게 될 결과에 대해 이해하지 못하는 것에 두 번째 원인이 있다. 최근의 신용 위기에서 일부 회의론자들은 대규모의 서브프라임 모기지 디폴트가 발생할지도 모른다는 의심을 했을 수 있다. 하지만 그 영향이 모기지 시장을 벗어나 대대적인 규모로 이어질 것이라는 의심까지는 안 했을 수 있다. 모기지 붕괴까지 예상한 사람은 얼마 되지 않았으며, 그로 인해 기업어음과 MMF(단기 금융상품에 집중투자하여 수익을 얻는 초단기 금융상품―옮긴이)까지 위태로워질 것이라고 예측한 사람은 거의 없었다. 리먼브라더스, 베어스턴스, 메릴린치가 더 이상 독립적인 기업으로 존재하지 못할 것이라거나, 제너럴모터스와 크라이슬러가 파산신고를 하고 구제금융을 받을 것이라고 예측한 사람도 역시 드물었다.

▶ ▶ ▶

많은 면에서 심리적 영향은 투자 실수를 유발하는 가장 흥미로운 요소에 속하며, 증권 가격에 지대한 영향을 끼칠 수 있다. 심리적 요인 때문에 일부 투자자들이 다른 이들의 영향을 받아 균형을 잃고 극단적인 견해를 갖게 되면, 이런 심리가 자산 가격을 너무 높거나 너무 낮게 만들 수 있다. 이렇게 해서 거품과 붕괴가 생겨난다.

그렇다면 투자자들은 어떻게 해서 심리적 영향의 피해를 입을까?

- 심리에 굴복함으로써 피해를 입는다.
- 다른 이들의 굴복으로 왜곡된 시장에 상황을 모르는 채로 참가함으로써 피해를 입는다.
- 그런 왜곡이 존재하는 시기를 기회로 삼지 못함으로써 피해를 입는다.

위의 세 가지가 모두 같은 것일까? 그렇지 않다. 이 세 가지 실수를 가장 서서히 퍼지게 하는 투자자 심리 중에 하나인 탐욕의 맥락에서 분석해보자.

탐욕이 과도해지면 증권 가격은 지나치게 오르는 경향이 있고, 따라서 예상 수익은 낮아지고 리스크는 높아진다. 이렇게 해서 문제의 자산은 투자 실수로 드러나고 손실이 나기를 기다리거나, 이를 기회로 삼을 다른 사람의 매입을 기다리게 된다.

이때 위에서 언급한 세 가지 실수 중 첫 번째인 심리에 굴복하는 것은, 다른 이들의 탐욕에 동참하여 매입하는 것을 의미한다. 어떤 자산의 가치가 계속해서 오를 것이라거나, 투자 전략이 계속해서 효과가 있을 것이라는 희망을 가지고, 수익을 내고 싶은 욕심에서 그 자산을 높은 가격임에도 불구하고 매입했다면 실망할 일만 남게 된다. 만약 자산 가격이 내재가치를 초과할 때 매입한다면, 수익을 내기보다는 손실을 피하기 위해 상당한 운이 따라야 할 것이다. 자산이 고평가된 상태에서 더욱 고평가될 상황으로 이어져야만 이익을 기대할 수 있다. 높은 매입가는 수익 가능성보다 손실 가능성을 높이는 요인이다.

두 번째 실수는 모르고 한 실수라고 할 수 있다. 예컨대 당신의 401(k) 플랜이 인덱스펀드를 통해 꾸준히 수동적으로 주식시장에 투자하고 있을 수 있다. 그러나 다른 이들이 무분별하게 매수하여 주가가 상승한 시장에 자기도 모르게 참가하는 것은 심각한 영향을 미친다.

이렇듯 부정적인 영향을 미치는 다양한 심리와 여러 종류의 '문제가 있는' 시장은 실수를 범하는 대신 혜택을 받을 수 있는 방법을 제시하기도 한다. 따라서 세 번째 형태의 실수는 잘못된 것을 해서가 아니라, 옳은 것을 하지 않음으로써 발생한다. 보통의 투자자들은 함정을 피할 수 있다면 운이 좋은 것인 반면, 실력 있는 투자자들은 함정을 이용하려고 한다. 대부분의 투자자들은 탐욕으로 인해 주가가 너무 비싸면 매수는 물론이고, 매도조차 하지 않으려 들 것이다. 그러나 실력 있는 투자자들은 가격이 하락한 경우 수익을 내기 위해 공매도할 수도 있다. 세 번째 형태의 실수, 예를 들어 과대평가된 주식을 공매도하지 않는 것은 누락의 실수로, 다소 다른 종류의 실수이지만 아마 대부분의 투자자들은 이런 실수라면 기꺼이 감수할 것이다.

▶ ▶ ▶

앞에서 언급했듯이, 대체로 '이번엔 달라'라는 믿음으로 투자자들이 종종 거품과 붕괴의 원인이 되는 새로운 원인들을 기꺼이 수용하는 것은 심리에 기인하는 함정에 속한다. 강세장에서 충분히 의심하지 않고 다음의 개념들을 받아들이면 이런 일이 자주 발생한다.

- 최근의 상황들이 세상을 바꿀 것이다.
- 과거에는 규칙이었던 패턴들(경제 주기의 등락 등)이 더 이상 발생하지 않을 것이다.
- 규칙이 변했다(기업을 신뢰할 수 있는지, 기업의 부채를 보유하는 것이 가치 있는 일인지를 결정하는 기준 등).
- 전통적인 가치 규범이 더 이상 의미가 없다(주식의 주가수익비율, 채권 수익률 스프레드, 부동산의 자본환원율 등).

시계추가 움직이는 방식 때문에(9장 참조) 투자자들이 너무 믿고 필요한 행동을 하지 않음으로써 충분한 의심을 하지 않게 되면, 이러한 실수들이 한꺼번에 자주 발생한다.

세계 7대 불가사의에 이은 8번째 불가사의(복리)가 왜 투자자에게 유리하게 작용할 것인지에 대한 타당한 이유는 늘 있다(아인슈타인은 "복리는 인간이 만든 가장 위대한 발명으로 세계 8번째 불가사의"라고 말했다—옮긴이). 그러나 그 이유를 설명하는 사람들은, 첫째 새로운 현상은 역사로부터의 일탈을 의미하고, 둘째 그 불가사의가 투자자들에게 유리하게 작용하려면 상황이 잘 풀려야 하며, 셋째 유리하게 작용하는 대신 다른 많은 일들이 일어날 수 있고, 넷째 그중 많은 경우가 재난에 가까울 수 있다고 언급하는 것을 종종 빼먹는다.

▶ ▶ ▶

함정을 피하고자 할 때 꼭 필요한 첫 번째 단계는 함정을 찾는 것이다. 탐욕과 낙관주의가 합쳐지면 사람들은 계속해서 큰 리스크 없이 큰 수익을 내기 위한 전략을 추구하고, 인기 있는 증권에 높은 가격을 지불하며, 이런 증권이 매우 비싸진 후에도 좀 더 가치가 상승할 것을 기대하며 계속 보유한다. 나중에 돌이켜보면 무엇이 잘못되었는지를 모두가 알게 된다. 그런 기대가 현실적이지 못했고, 리스크를 무시한 처사였음을 말이다. 그러나 뼈아픈 경험을 통해 함정에 대해 알게 되면 큰 도움은 되지 않는다. 중요한 것은 함정을 예측하려고 노력하는 것이다. 설명을 돕기 위해 최근의 신용 위기를 예로 들어 설명해보겠다.

시장은 매일매일 수업이 이루어지는 교실과 같아서 성공적인 투자를 하려면 관찰과 학습이 중요하다. 2007년 12월, 서브프라임 문제가 한창 진행 중이고, 다른 시장으로 전이될 가능성이 확실해졌을 당시, 나는 이 문제로부터 어떤 교훈을 얻을 수 있는지 일일이 열거해보았다. 이 작업을 마쳤을 때쯤, 나는 열거된 교훈들이 다만 최근의 위기에서 얻을 수 있는 것들이 아니라, 시대를 초월한 중요한 교훈들임을 깨달았다. 다른 곳에서는 간단히 언급하고 마는 이 교훈들을 이 책의 독자들은 한곳에 모아서 볼 수 있는 혜택을 누리기 바란다.

위기로부터 우리가 배우는 것, 또는 배워야 하는 것

- 과도한 자본 가용성(자본 조달 능력)은 자본을 가지 말아야 할 곳으로 흘러 들어가게 한다. 자본은 부족하고 수요가 많은 경우, 투자자들은 자신의 자본을 최대한으로 활용하기 위해 자본을 배분하는 선택에 직면하게 되고, 그런 선택을 함에 있어 인내심과 자제심을 가지고 결정한다. 그러나 너무 많은 자본이 너무 적은 아이디어를 좇다 보면, 그럴 가치가 없는 곳에까지 투자가 이루어진다.

- 자본이 가지 말아야 할 곳으로 가게 되면 안 좋은 일이 생긴다. 자본 시장의 상황이 어려울 때는 자격이 있는 대출자들까지 외면당한다. 그러나 자본이 넘치는 시기에는 자격이 없는 대출자들도 별로 힘들이지 않고 돈을 빌릴 수 있다. 따라서 체납, 파산, 손실과 같은 결과를 피할 수 없다.

- 자본이 과잉 공급되면 투자자들은 낮은 수익과 좁은 오차 범위를 허용하는 것으로 거래를 위한 경쟁을 한다. 어떤 자산을 매입하고자 사람들이 서로 경쟁할 때, 대개 그 경쟁은 더 높은 가격을 계속해서 제시하는 경매의 형태를 띤다. 그러나 생각해보면, 무엇인가에 더 높은 금액을 제시할수록 수중에 있는 돈은 줄어든다. 그러므로 투자를 위한 입찰(매수자들이 각자의 희망가를 기입한 신청서-옮긴이)은 투자자들이 얼마나 낮은 수익을 요구하고, 얼마나 큰 리스크를 기꺼이 허용할 것인지를 표시한 신청서로 볼 수 있다.

- 만연한 리스크 경시로 커다란 리스크가 발생한다. "다 잘될 거야", "얼마를 줘도 아깝지 않아", "나보다 비싸게 살 사람이 언제나 있을

거야", "내가 빨리 사지 않으면 누군가가 사겠지?" 이런 표현들은 리스크가 대수롭지 않게 여겨지고 있음을 보여준다. 이런 식의 주기에서 사람들은 자신이 더 좋은 기업(주식)을 매수하고 있기 때문에, 다른 말로 하면 대출자에게 좀 더 우호적인 부채에 자금을 공급하고 있기 때문에, 바이아웃 거래가 점점 늘어나는 레버리지를 감당해줄 수 있을 것이라고 생각한다. 결국 뜻밖의 사건으로 인한 리스크나 과다 차입 자본구조에 내재된 위험을 무시하게 된다.

- 기업실사가 충분하지 않으면 투자 손실을 가져온다. 손실을 피할 수 있는 최고의 방어는 통찰력 있는 분석과 워렌 버핏이 말한 '오차 범위'를 강조하는 것이다. 그러나 경쟁이 치열한 시장에서 사람들은 돈을 잃는 것에 대한 걱정이 아니라, 기회를 놓치는 것에 대해 걱정한다. 또한 시간 소모가 큰 회의적 분석은 시대에 뒤처진 사람들이나 하는 것이다.

- 경기가 좋을 때에는 자본이 혁신적인 투자에 몰리는데, 많은 경우 오래 견디지 못하고 사라진다. 낙관적인 투자자들은 무엇이 잘못될까가 아니라, 무엇이 효과가 있을까에 초점을 맞춘다. 열기가 신중함을 밀어내고, 사람들은 이해되지 않는 새로운 투자상품을 받아들이게 된다. 그리고 나중에 대체 무슨 생각을 했던 것일까 궁금해 한다.

- 포트폴리오에 퍼져 있는 숨은 폴트라인(fault line : 서로 충돌하여 문제를 일으키는 구조적 요소들)으로 인해 서로 관련 없어 보이는 자산 가격이 같은 방향으로 움직이도록 할 수 있다. 개별적인 투자 대상에 대한 수익과 리스크를 평가하는 것은, 그것이 다른 대상들과 관련하여 어떻게 움직일 것인지를 이해하는 것보다 쉽다. 이런 상관관계는 특히 위기에서 그것이 증가하는 정도 때문에 종종 과소평가된다. 포트

폴리오는 평소에는 자산군, 산업, 지역과 관련해 분산된 것으로 보일 수 있지만, 위기에는 마진콜이나 시장 냉각과 같은 비(非)펀더멘털 요인과 리스크의 일반적인 증가가 지배적일 수 있기 때문에 모든 자산에 비슷하게 영향을 미친다.

- 심리적, 기술적 요인들이 펀더멘털을 압도할 수 있다. 장기적으로 가치의 창출과 파괴는 경제 추세, 기업 소득, 제품 수요, 관리 능숙도 같은 펀더멘털에 의해 결정된다. 그러나 단기적으로 시장은 자산의 공급과 수요에 영향을 미치는 투자자 심리와 기술적 요인(가격, 거래량 등 각종 통계)에 즉각 반응한다. 사실, 나는 단기적으로 봤을 때 확신이 다른 어떤 요인보다 문제가 된다고 생각한다. 확신 하나로 예측할 수 없고, 비합리적인 결과가 얼마든지 발생할 수 있기 때문이다.

- 시장은 변하면서 각종 모델들이 틀렸음을 입증한다. 퀀트펀드(quant fund : 수학적 모델을 이용한 계량 분석 기법으로 투자 대상을 찾는 펀드—옮긴이)가 어려움을 겪는 이유는 컴퓨터 모델의 실패와 퀀트펀드의 기본 전제에 문제가 있기 때문이다. 포트폴리오를 관리하는 컴퓨터는 과거 시장에서 유효했던 패턴에 따라 수익을 추구한다. 그러나 컴퓨터는 패턴의 변화와 미래에 있을지도 모를 비정상적인 시기를 예측할 수 없다. 따라서 과거 기준에 대한 신뢰도를 대체로 과대평가한다.

- 레버리지는 결과를 확대할 뿐 부가가치를 창출하지는 않는다. 약정 수익이 높거나, 리스크 프리미엄이 큰 저가의 자산에 투자하기 위해 레버리지를 이용하는 것은 좋은 생각일 수 있다. 반대로 약정 수익이 낮거나, 리스크 프리미엄이 적은 자산, 다시 말해 제 값을 다 주거나 심지어 가치보다 비싼 가격을 주어야 하는 자산을 추가 매입하고자 레버

리지를 이용하는 것은 위험할 수 있다. 부족한 수익을 충분한 수익으로 바꾸기 위해 레버리지를 이용한다는 것은 납득이 되지 않는다.

• 과잉은 바로잡힌다. 투자자 심리가 극단적으로 장밋빛이고, 시세가 이상적인 상태를 가정하여 책정되면 상황이 늘 좋을 것이라는 추정을 기반으로, 이미 상황은 자본 파괴를 향해 가고 있는 것이다. 투자자들의 추정이 너무 낙관적임이 드러날 때, 부정적인 사건이 일어날 때, 아니면 단지 너무 비싼 가격이 제 무게를 감당 못해 폭락할 때도 자본 파괴가 일어날 수 있다.

위의 11가지 교훈을 하나의 교훈으로 집약해보면 다음과 같다. 즉 "투자 가능한 자금에 대한 수요 · 공급 균형과, 그 자금을 이용하고 싶은 열망과 관련하여 주변에서 무슨 일이 있어나고 있는지 촉각을 곤두세워야 한다"는 것이다. 쓸 수 있는 자금이 거의 없을 때, 그 자금을 쓰려면 얼마나 많이 망설이게 되는지 우리는 알고 있다. 또한 충분히 가치 있는 투자 대상이 임자 없이 방치될 수 있고, 영업 실적이 경제 전반에 걸쳐 부진할 수 있다는 것을 안다. 이를 신용경색이라고 한다. 그리고 이와 반대의 상황에도 주목할 필요가 있는데, 이를 지칭하는 정식 용어가 없으니 "너무 많은 자본이 너무 적은 아이디어를 좇는다"쯤으로 해야 할 것 같다. 이를 뭐라고 부르든 자본 공급 과잉으로 신중함이 결여되면, 2004~2007년에 보았듯이(결과가 얼마나 치명적일 수 있는지) 당신의 투자 건전성이 위험해질 수 있으므로 이를 꼭 인식하고 대처해야 한다.

'이번에도 다르지 않다', 2007년 12월 17일 메모

▶ ▶ ▶

글로벌 금융위기가 심각한 과오를 수없이 초래하고, 2007년 12월 메모에서 내가 열거한 교훈들을 제공하면서 많은 것을 배울 수 있는 최고의 기회가 우리에게 주어졌다. 함정은 어디에나 있었다. 투자자들은 그로부터도 몇 년 동안 태평하고, 사기 양양하기까지 했다. 사람들은 위험이 사라졌다고 믿었기 때문에 금전적인 손실에 대해서가 아니라 투자 기회를 놓치는 것과, 이를 만회하지 못하는 것만 걱정하면 되었다. 위험하고 검증되지 않은 혁신적인 투자 기법들이 불확실한 추정을 기반으로 채택되었고, 불분명한 모델, 블랙박스(어떤 과정을 거쳐 수익을 내는지 그 내용은 모른 채 결과에 치중함-옮긴이), 퀀트(즉 금융공학자), 건전한 시기 동안 수집된 실적에 대한 기록에 과도한 무게가 부과되었다. 그리고 레버리지 위에 레버리지가 쌓였다.

그로 인해 어떤 결과가 나타날지 아는 사람은 거의 없었지만, 모두가 무모한 행동을 하고 있었다는 것만큼은 짐작할 수 있었다. 몇몇 함정들은 인지하거나 피하는 것이 불가능했을 수도 있다. 하지만 많은 함정들이 곳곳에 숨어 있다는 것을 깨닫고, 따라서 좀 더 방어적인 태도를 취하기에 완벽한 타이밍이었다. 그렇게 하지 못한 것이 대단히 큰 실수였다.

위기를 앞두고 투자자들은 무엇을 할 수 있었을까? 이에 대한 답은 다음과 같다.

- 다른 이들의 경솔하고 조심성 없는 행동에 주의를 기울인다.

- 불황에 심리적으로 대비한다.

- 자산을 매각한다(리스크가 큰 것만이라도 매각한다).

- 레버리지를 줄인다.

- 현금을 보유한다(직업 투자자라면 고객에게 현금을 돌려준다).

- 포트폴리오의 방어성을 높인다.

위기에 직면해서 위의 한 가지라도 실행했다면 도움이 됐을 것이다. 2008년 경제위기 상황에서 좋은 성과를 낸 것이 거의 없었음에도 불구하고, 신중하게 행동한 사람들은 다른 이들보다 손실과 근심을 줄이는 것이 가능했다. 시세 하락을 온전히 피하는 것은 거의 불가능했지만, 남들보다 손실을 적게 보는 형태로 상대적인 초과 성과를 올림으로써 하락장에서 좀 더 좋은 실적을 내고, 시세가 반등할 때 훨씬 더 유리한 상황에 놓일 수 있었다.

위기는 잠재적인 함정들이 나타나면서 고조되었다. 무엇보다 손절매(손해를 보고 매각하는 것)의 가능성이 있었고, 그로 인해 지갑을 닫고 투자 기회를 놓치게 될 가능성이 있었다. 상대적으로 손실이 없는 시기에 사람들은 리스크를 변동성 정도로 생각하고, 그 정도는 감수할 수 있다고 확신하는 경향이 있다. 그러나 이것이 사실이라면, 이들은 시세가 하락하는 것을 보고 하락세에서 투자하여, 가격이 오르는 것을 기쁜 마음으로 지켜보다가, 결국에는 차익을 누릴 수 있어야 했다. 그러나 변동성을 감수할 수 있는 능력과 평정심을 유지할 수 있는 능력이 과대평가된 것이라면, 시세가 최악일 때 그것이 실수였음이 밝혀진다. 그리하여 확신과 결의가 사라지면, 투자자들은 저점에서 매도함으로써 하향 변동성을 영구 손실로 바꾸어 버리고, 경기가 회복되고 나서도 적극적인 시장 참여는 불가능해진다. 말 그대로 영구적이고 포트폴리오에 커다란 영향을 미친다는 이유로 영구 손실은 투자에서 가장 큰 실수가 된다. 특히 경제 주기와 같은 방향으로 움직였을 때 발생할 수 있는 가장 운 나쁜 상황이다.

주기와 반대로 움직이는 행동은 최근 경제위기로부터 온전히 영향을 받지 않기 위해 꼭 필요한 요소였기 때문에, 주기와 같은 방향으로 움직인 것이 가장 큰 잠재적 함정을 만들었다. 시세가 올랐을 때 낙관적인 입장을 유지했던 투자자들은 불황과 뒤이은 반등에 가장 준비가 안 되어 있었다.

- 시세 하락은 심리적으로 가장 큰 영향을 미쳤다.
- 마진콜(추가 증거금 청구)과 담보물 압수는 부채가 들어간 증권에 치명적이었다.
- 문제가 있는 보유 자산에 대한 해결책을 마련하느라 매니저들은 고심해야 했다.
- 늘 그렇듯 많은 사람들이 자신감 상실로 적기에 하면 좋을 일을 하지 못했다.

상대적으로 얻을 수 있는 초과 성과의 기회를 놓쳐서는 안 되는 것이 사실이지만, 인간 본성은 방어적인 성향의 전문 투자자들과 정신적 충격이 덜한 그들의 고객으로 하여금 하락장에서 다른 이들보다 손실이 적을 때 그 사실에 위안을 얻게 한다. 이때의 인간 본성에는 매우 중요한 효과가 두 가지 있다. 첫째, 평정심을 유지할 수 있게 해주고, 종종 사람들로 하여금 저가 매도를 하게 만드는 심리적 압박감에 저항할 수 있게 해준다. 둘째, 정신 상태와 재정 상태가 다른 사람들보다 좀 더 낫기 때문에 폭락장에서 저가 매수를 통해 보다 큰 수익을 올릴 수 있게 해준다. 따라서 회복장에서도 더 좋은 성과를 낸다.

확실히 이것은 지난 몇 년 동안 일어났던 일이다. 신용 시장은 2007~2008년에 특히 힘든 상황이었다. 혁신, 리스크 감수, 레버리지 이용에 중점을 둔 결과였다. 상대적으로 2009년 시장 수익은 역사상 최고였다. 하락장에서 살아남아 그로 인해 생긴 저가 매수의 기회는 성공을 위한, 특히 상대적인 성공을 위한 '최고의 공식'이었다. 하지만 그러기 위해서는 함정을 피하는 것이 먼저였다. 실수를 위한 공식은 간단하지만, 그 공식을 표현하는 방법은 무한대다(너무 많아서 열거하기조차 힘들다). 다음은 실수에 필요한 일반적인 요소들이다.

- 분석 과정에서 정보, 또는 계산에 실수가 생기면 가치평가는 정확하지 않게 된다.
- 가능한 모든 상황, 또는 그로 인한 결과가 과소평가된다.
- 탐욕, 공포, 시기, 자아, 불신의 유예(현실에서라면 절대로 받아들이지 않을 전제를 수용하는 태도), 순응 및 굴복, 또는 이 모든 것들의 결합은 극단을 향해 움직인다.
- 결과적으로 리스크 감수나 리스크 회피가 과도해진다.
- 가격과 가치 사이에 상당한 차이가 생긴다.
- 그리고 투자자들은 이 차이를 알아차리지 못한다. 어쩌면 더 큰 차

이가 나는 데 한몫한다.

원칙적으로 현명하고 신중한 2차적 사고를 하는 사람들은 상황에 적절하게 대처하기 위해 다른 투자자들의 실수뿐만 아니라, 분석 실수에도 주의를 기울인다. 그들은 시장이 지나치게 과열되었거나, 냉각된 상황에서 가치에 비해 너무 저가이거나, 고가인 자산을 알아본다. 또한 다른 사람들이 하는 실수를 피하기로 방침을 세우고, 이를 충분히 기회로 삼는다. 투자 실수로 인한 결과는 간단히 정의할 수 있다. 바로 내재가치와 다른 가격이다. 그러나 실제 결과를 감지하고, 그에 대해 조치를 취하는 것은 그렇게 간단하지 않다.

흥미로운 점은 실수가 이리저리 옮겨 다닌다는 것이다. 어떨 때는 가격이 너무 비싸고, 어떨 때는 가격이 너무 싸다. 어떨 때는 가치와 가격 간의 차이가 개인의 증권이나 자산에 영향을 미치고, 어떨 때는 시장 전체에(가끔은 이 시장 저 시장에) 영향을 미친다. 어떤 행동을 해서 실수가 생길 수도 있고, 어떤 행동을 하지 않아서 실수가 생길 수도 있으며, 낙관적이어서 생길 때도 있고, 비관적이어서 생길 때도 있다.

물론 대부분의 사람들이 실수를 인정한다. 실수를 인정하지 않으면 실수 자체가 존재할 수 없다. 다른 이들과 반대로 행동하려면 반대 의견을 가지고 있어야 한다. 외로운 느낌과 잘못하고 있는 건 아닌가 하는 느낌을 오랫동안 받을 수도 있다.

이 책에서 논의하고 있는 나머지 요소들과 마찬가지로 함정을 피하는 것과, 실수를 인지하여 필요한 조치를 취하는 것은 원칙, 알고리즘(문제를 풀기 위한 절차나 방법), 로드맵에 영향을 받지 않는다. 내가 강조하고 싶은 것은 늘 상황을 의식하고, 유연하게 행동하고, 환경에 적응하고, 환경으로부터 필요한 힌트를 얻는 데 집중하는 사고방식을 가져야 한다는 것이다.

투자 결과를 향상시킬 수 있는 한 가지 방법(즉 우리가 오크트리에 적용하려고 부단히 노력하는 방법)은, 무엇이 '오늘의 실수'가 될 수 있을지에 대해 생각해보고, 그 실수를 하지 않기 위해 노력하는 것이다.
투자에서는 다음과 같은 행동으로 인해 실수가 발생할 때가 있다.

- 매수하지 않아서
- 충분히 매수하지 않아서
- 경매에서 한 번 더 입찰하지 않아서
- 너무 많은 현금을 보유해서
- 충분한 레버리지를 사용하지 않아서
- 리스크를 충분히 감수하지 않아서

나는 위의 내용이 2004년과는 관계가 없다고 생각한다. 심장 수술을 목전에 둔 사람이 "회사를 좀 더 다녔어야 하는데"라고 불평하는 것을 나는 들어본 적이 없다. 마찬가지로 몇 년 후에, 과거를 돌아보며 "2004년에 투자를 좀 더 했어야 해"라고 말할 사람은 없을 것이라고 생각한다. 그보다 나는 올해의 실수가 다음과 같이 판명날 것이라고 본다.

- 너무 많이 매수한 것

- 너무 공격적으로 매수한 것

- 입찰을 너무 많이 한 것

- 너무 많은 레버리지를 이용한 것

- 더 큰 수익을 위해 너무 많은 리스크를 감수한 것

투자 실수가 행동의 누락에서 비롯되는 경우도 있다. 꼭 했어야 하는 일을 하지 않는 것이다. 그러나 나는 오늘날 실수가 행동을 하는 데서 비롯된다고 생각한다. 하지 말았어야 할 일을 하는 것이다. 공격적인 것이 효과적일 때도 있다. 그러나 지금은 조심해야 할 때라고 생각한다.

'오늘날의 리스크와 수익', 2004년 10월 27일 메모

마지막으로, 어떤 행동을 해서(매수하는 것처럼) 실수가 생길 때도 있고, 어떤 행동을 하지 않아서(매수를 하지 않는 것처럼) 실수가 생길 때도 있지만, 눈에 띄는 실수가 없을 때도 있다는 것을 유념해야 한다. 투자자 심리가 평정 상태에 있을 때 공포와 탐욕은 균형을 이루고, 자산 가격은 가치에 비례하여 공정할 것이다. 이 경우 꼭 해야 하는 행동이 없을 수도 있다는 것을 알아야 한다. 특별히 영리한 행동이라고 할 만한 것이 없는데도 영리한 행동을 고집하는 것은 잠재적인 위험의 소지가 있다.

부가가치를 창출하라

부가가치를 창출한 투자자의 성과는 비대칭적이다. 그들이 내는 시장수익률은
그들이 입는 손실률보다 높다. 불리한 환경에서 손해를 보기보다, 유리한 환경에서 수익을
늘리려면 믿을 수 있는 것은 기술밖에 없다. 이것이 우리가 추구하는 투자의 비대칭이다.

리스크와 수익 면에서 시장과 비슷한 성과를 내는 것은 그리 어렵지
않다. 어려운 것은 시장보다 잘하는 것, 부가가치를 창출하는 것이다.
그러기 위해서는 뛰어난 투자 기술과 탁월한 통찰력이 필요하다. 그
래서 책이 거의 끝나가는 시점에서, 다시 1장으로 돌아가 2차적 사고
라는 특출한 기술을 가진 사람들에 대해 이야기해보겠다.

이 장의 목적은 실력 있는 투자자들에게 부가가치를 창출한다는 것
이 어떤 의미가 있는지 설명하는 것이다. 이를 위해 투자 이론에서 쓰
는 용어 두 가지를 소개하려고 한다. 하나는 '베타(beta)'로 시장 추세
에 대한 포트폴리오의 상대적 민감도를 측정하는 것이다. 다른 하나는
'알파(alpha)'로 나는 이를 개인의 투자 기술이나, 또는 시장 추세와 상
관없이 성과를 올리는 능력이라고 정의한다.

▶ ▶ ▶

앞서 언급했듯이 시장 수익을 달성하기는 쉽다. 가령 소극적 투자라고 할 수 있는 인덱스펀드로 자기자본 환원율에 준하여 특정 시장지수의 모든 주식을 보유함으로써 시장지수만큼의 수익을 낼 수 있을 것이다. 그러므로 선택한 지수의 특징들, 예를 들면 상승 잠재력, 하락 위험, 베타 즉 변동성, 성장성, 고평가 또는 저평가, 시장의 건전성을 그대로 반영하면서 수익을 내게 해준다. 이는 부가가치가 배제된 투자를 전형적으로 보여준다.

모든 주식 투자자들이 투자를 시작할 때 백지상태로 하는 것이 아니라, 하나의 지수를 모방하는 것으로 시작한다고 가정해보자. 지수의 종목별 비중에 따라 소극적으로 매입하다 보면 지수와 동일한 성과를 내게 될 것이다. 그렇지 않다면 소극적 투자보다는 적극적 투자를 통해 초과 성과를 시도할 수도 있다.

적극적인 투자자들은 수없이 많은 선택을 할 수 있다. 첫째, 자신의 포트폴리오를 시장지수보다 공격적으로 할지 방어적으로 구성할지 결정할 수 있고, 포지션(매매)을 계속 유지할 것인지, 아니면 마켓 타이밍에 맞출 것인지를 결정할 수 있다. 가령 투자자들이 공격적인 투자를 선택하면, 다른 주식보다 전형적으로 지수의 변동이 큰 주식에 집중하거나 레버리지를 이용함으로써 포트폴리오의 시장 민감도를 증가시킬 수 있다. 이런 방법으로 포트폴리오의 '체계적' 리스크, 즉 베타를 높일 수 있다(이론상 이런 방법이 포트폴리오의 수익을 증가시킬 수 있을지 모르지만, 수익 격차는 그로 인해 생긴 체계적 리스크 증가에 의해서만 충분히 설명될 것이다. 따라서 포트폴리오의 위험 조정 수익률을 증가시키지는 못할 것이다).

둘째, 적극적인 투자자들이라면 종목 선택 능력을 개발하기 위해 지수로부터 멀어지기로 결정하고 지수의 일부 종목을 추가 매입하고, 다른 종목들은 비중을 줄이거나 배제한 다음, 지수에 해당되지 않는 종목을 일부 추가 매입할 수 있다. 그렇게 함으로써 그들은 자신의 포트폴리오가 개별 기업들에 일어나는 특정 사건에 노출되도록, 따라서 전체 지수가 아닌 특정 종목에만 영향을 미치는 주가 동향에 노출되도록 할 것이다. 그들의 포트폴리오 구성이 비체계적인 이유로 지수와 달라지면서 그들의 수익 역시 지수와 달라진다. 결국에는 투자자들에게 탁월한 통찰력이 없다면, 이러한 지수로부터의 일탈은 무의미한 결과를 낳을 것이다. 그리고 이들의 위험 조정 성과는 지수의 위험 조정 성과와 같을 것이다.

1장에서 묘사한 탁월한 통찰력이 없는 적극적인 투자자들은 소극적인 투자자들보다 나을 것이 없고, 그들의 포트폴리오는 소극적 포트폴리오보다 나은 성과를 기대해서도 안 된다. 이들은 열심히 노력하고, 공격이나 방어에 중점을 두고, 대량으로 매매할 수도 있지만, 이들의 위험 조정 성과가 소극적 포트폴리오보다 낮기를 기대해서는 안 된다 (포트폴리오에 내재된 비체계적 위험이나 성과 없이 지불한 거래비용 때문에 더 나쁠 수도 있다).

또한 시장지수가 15퍼센트 상승한다고 해서 가치를 창출하지 못하는 모든 적극적 투자자들 또한 15퍼센트 증가한 수익을 달성하리라고 예상해야 한다는 의미도 아니다. 이들은 모두 서로 다른 적극적인 포트폴리오를 보유할 것이고, 일부 포트폴리오는 다른 것들보다 더 좋은 성과를 낼 것이다. 일관되거나 신뢰할 수는 없겠지만, 이들의 포트폴리오는 종합적으로는 시장 구성을 반영하지만 개별적으로는 각각의 특성을 지니고 있을 것이다.

예를 들면 리스크를 환영하는 공격적인 투자자들은 활황에는 시장 지수보다 높은 수익을 올리지만, 불황에는 더 큰 손실을 감수할 것을 예상해야 한다. 이것이 베타의 출발점이다. 베타는 이론상으로 상대적 변동성이나, 시장 수익에 대한 포트폴리오 수익의 상대적 민감도를 의미한다. 시장 포트폴리오의 베타계수를 1이라고 했을 때, 베타계수가 1 이상인 포트폴리오는 시장보다 변동성이 크고 베타계수가 1 이하인 포트폴리오는 시장보다 변동성이 적을 것이 예상된다. 시장 수익률에 베타를 곱하면 특정 포트폴리오가 달성할 것으로 기대되는 수익을 올림으로써 비체계적 위험의 원천을 제거할 수 있다. 가령 시장 수익률이 15퍼센트 이상이라고 했을 때, 베타계수가 1.2인 포트폴리오는 18퍼센트(거기에 플러스, 마이너스 알파)의 수익을 올려야 한다.

이론에 의하면, 위의 상황에서 수익이 증가한 것은 베타, 즉 체계적 위험(시장 전체에 똑같이 작용하는 위험)이 증가했기 때문이다. 또한 수익은 체계적 위험 외의 위험을 보상하기 위해서는 증가하지 않는다고 한다. 왜 그럴까? 이론에 따르면, 시장이 보상하는 위험은 투자에서 내재적이고 불가피한(체계적이지 않고, 분산 불가능한) 위험이다. 나머지 위험은 시장과 상관없이 어떤 종목을 보유하느냐 하는 결정에서 나온다. 즉 비체계적 위험이다. 따라서 이런 위험은 분산투자로 제거될 수 있기 때문에, 투자자들이 이를 감수하는 데 대해 추가 수익으로 보상받아야 할 이유는 없다.

다음은 이론상 포트폴리오 성과를 설명하는 공식이다.

$$y = \alpha + \beta x$$

여기서 'α'는 알파를 상징하고, 'β'는 베타를 나타내며, 'x'는 시장 수익률이다. 포트폴리오의 베타계수에 시장 수익률을 곱하면 시장 대비 포트폴리오 수익률이 나오는데, 거기에 알파(기술로 생기는 수익)를 더하면 포트폴리오의 총수익(물론 이론상으로는 알파 같은 것은 없다)이 나온다.

나는 위험과 변동성이 엄연히 다른 것이라고 생각하기는 하지만, 앞서 말한 것처럼 포트폴리오의 전체 위험도에 비추어 수익률을 고려해야 한다고 믿는다. 그런 의미에서 위험도가 높은 포트폴리오로 수익률 18퍼센트를 올린 매니저가, 그보다 위험도가 낮은 포트폴리오로 수익률 15퍼센트를 올린 매니저보다 꼭 뛰어난 것은 아니다. 나는 과학적 계산이 아니라 판단에 근거했을 때 리스크를 가장 잘 평가할 수 있다는 생각을 하는 한편, 위험 조정 수익률이 (변동성 이외의 위험은 수치로 나타낼 수 없으므로) 리스크 평가의 열쇠를 쥐고 있다고도 생각한다.

또한 나는 위의 등식에서 알파가 '0'이어야 한다는 의견도 받아들일 수 없다. 투자 기술은 누구나가 갖고 있지는 못해도 존재하기 때문이다. 위험 조정 수익률을 통해서만 우리는 투자자가 탁월한 통찰력이나 투자 기술, 즉 알파를 가졌는지 결정할 수 있을 것이다. 즉 투자자가 부가가치를 창출하는지 아닌지를 말이다.

알파 · 베타 모델은 포트폴리오, 포트폴리오 관리자, 투자 전략, 자산 배분 전략을 평가할 수 있는 탁월한 방법이다. 또한 주어진 환경과 매니저의 부가가치로부터 얼마나 큰 수익이 창출되는지 생각해볼 때 상당히 체계적인 방법이기도 하다. 예컨대 아래의 매니저는 아무런 기술이 없음이 분명하다.

연차	벤치마크 수익률	포트폴리오 수익률
1	10	10
2	6	6
3	0	0
4	−10	−10
5	20	20

*벤치마크 수익률 : 펀드의 수익률을 비교하는 '기준 수익률'로 펀드매니저의 운용 능력을 평가하는 잣대로 사용된다–옮긴이

기술이 없기는 다음의 매니저도 마찬가지다. 수익도, 손실도 벤치마크의 딱 절반을 기록했다.

연차	벤치마크 수익률	포트폴리오 수익률
1	10	5
2	6	3
3	0	0
4	−10	−5
5	20	10

그리고 다음의 매니저도 마찬가지다. 이 매니저는 수익도, 손실도 정확히 두 배다.

연차	벤치마크 수익률	포트폴리오 수익률
1	10	20
2	6	12
3	0	0
4	−10	−20
5	20	40

다음 매니저는 조금 낫다.

연차	벤치마크 수익률	포트폴리오 수익률
1	10	11
2	6	8
3	0	−1
4	−10	−9
5	20	21

다음 매니저는 훌륭한 기술을 가졌다.

연차	벤치마크 수익률	포트폴리오 수익률
1	10	12
2	6	10
3	0	3
4	−10	2
5	20	30

마지막으로 당신이 변동성만 감수할 수 있다면, 다음 매니저는 엄청난 기술의 소유자다.

연차	벤치마크 수익률	포트폴리오 수익률
1	10	25
2	6	20
3	0	−5
4	−10	−20
5	20	25

위의 표들을 통해 확실히 알 수 있는 것은 '시장을 이기는 것'과 '성공적인 투자'는 서로 별개일 수 있다는 것이다. 세 번째 표에서 매니저가 달성한 1년차와 2년차 기록을 보라(2년차에도 시장을 이기긴 했지만, 1년차에 비해 수익률이 크게 하락했음을 알 수 있다―옮긴이). 중요한 것은 다만 수익이 아니라, 수익을 올리기 위해 얼마큼의 리스크를 감수했느냐 하는 것이다.

'수익과 수익 달성 방법', 2002년 11월 11일 메모

▶ ▶ ▶

투자자의 기술을 평가할 때, 방어적인 투자자와 공격적인 투자자의 기록을 비교할 때 위의 사항을 유념하는 것은 중요하다. 이 프로세스를 '스타일 조정(style adjusting)'이라고 부르기도 한다. 불황인 해에는 방어적인 투자자들이 공격적인 투자자들보다 손실을 적게 입는다. 이들

이 부가가치를 창출해서일까? 꼭 그렇지만은 않다. 활황인 해에는 공격적인 투자자들이 방어적인 투자자들보다 실적이 좋다. 이들이 투자를 더 잘해서일까? 더 조사해보지 않고 그렇다고 대답할 사람은 거의 없을 것이다.

한 해의 실적만으로는 기술에 대해 알 수 있는 것이 없다. 투자자 스타일을 바탕으로 예상했던 바와 같은 결과가 나올 때는 더욱 그렇다. 그렇다고 리스크를 감수한 적극적인 투자자가 상승장에서 고수익을 달성하거나, 보수적인 투자자가 하락장에서 손실을 최소화할 수 있다는 의미로 보기도 어렵다. 진짜 문제는 장기적으로, 그리고 자신의 투자 스타일과 맞지 않는 환경에서 투자자들이 어떤 성과를 내느냐다. 다음 표는 그 내용에 관한 것이다.

	공격적 투자자	방어적 투자자
기술 없음	시세 상승 – 큰 수익	시세 하락 – 손실이 크지 않음
	시세 하락 – 큰 손실	시세 상승 – 수익도 크지 않음
기술 있음	시세 상승 – 큰 수익	시세 하락 – 손실이 크지 않음
	시세 하락 – 위의 수익에 비해 적은 손실	시세 상승 – 상당한 수익

위 표의 핵심은 실적의 대칭 또는 비대칭이다. 기술이 부족한 투자자들은 단순히 시장 수익을 올리고, 자기 스타일에 따른다. 기술이 없는 경우, 공격적인 투자자들은 양쪽(수익과 손실) 방향으로 많이 움직이고, 방어적인 투자자들은 조금 움직인다. 그러므로 기술이 없는 투자자들은 자신이 선택한 스타일 이상으로는 수익에 아무런 기여도 못한

다. 각각 자신의 스타일이 유리할 때는 좋은 실적을 올리지만, 유리하지 못할 때는 실적도 좋지 못하다.

반면에 부가가치를 창출한 기술이 있는 투자자들의 실적은 비대칭적이다. 이들이 올리는 시장 수익률은 손실률보다 높다. 기술을 가진 공격적인 투자자들은 상승 장세에서는 큰 수익을 내며, 그에 상응하는 하락 장세에서는 수익을 상쇄할 정도로 큰 손실을 입지 않는다.

투자에서는 모든 것이 양날의 검과 같아서 탁월한 기술만을 제외하고는 모든 것이 대칭적으로 작용한다. 불리한 환경에서 손해를 보기보다 유리한 환경에서 더 큰 수익을 창출하려면, 우리가 의지할 수 있는 것은 기술밖에 없다. 이것이 우리가 추구하는 투자의 불균형이다. 탁월한 기술은 이를 위한 필수 조건이다.

▶ ▶ ▶

다음은 오크트리가 염원하는 실적에 대해 설명한 것이다.

경기가 좋은 해에는 평균 수익만으로도 충분하다. 이때는 모두가 수익을 낸다. 이처럼 시장 성과가 좋을 때 시장을 이기는 것이 왜 중요한지 누군가 설득력 있게 설명하는 것을 나는 아직 들어보지 못했다. 다시 한 번 말하지만 호경기에는 평균이면 충분하다.

그러나 시장을 꼭 이겨야 할 때가 있는데, 바로 불황인 해다. 경기가 침체되면 우리 고객들은 자신이 시장이 입는 손실의 선봉에 서기를 바라지 않으며, 우리 또한 그것을 바라지 않는다.

그러므로 시장이 잘할 때는 시장만큼 잘하고, 시장이 못할 때는 시장보다 잘하는 것이 우리의 목표다. 언뜻 대단하지 않은 목표처럼 들릴지 모르겠으나, 사실 굉장히 큰 포부가 아닐까 한다.

시장 성과가 좋을 때 함께 좋으려면, 포트폴리오는 충분한 양의 베타와 시장 포트폴리오와의 상관관계를 포함해야 한다. 그러나 베타와 상관관계가 상승 장세에서 우리를 돕는다면, 하락 장세에서는 해가 될 것이 당연하지 않은가?

우리가 시세가 하락할 때는 평균 이하의 손실을 기록하고, 시세가 상승할 때는 큰 수익을 달성하는 결과를 지속적으로 낼 수 있다면, 이는 단 한 가지 덕분일 것이다. 알파, 즉 기술이다.

이것이 부가가치를 창출한 투자의 예로, 위의 성과가 수십 년 동안 입증된다면 투자자의 기술에서 나온 것이 틀림없다. 비대칭(즉 스타일만으로 투자했을 때 나올 수 있는 성과에 비해 하락세에서보다는 상승세에서 더 좋은 실적을 올리는 것)은 모든 투자자의 목표가 되어야 한다.

모든 원칙을 준수하라

성공적인 투자, 또는 성공적인 투자 경력을 위한 최고의 기반은 가치다. 즉 당신이 매입을 고려하는 자산이 가치가 있는지 잘 알아야 한다. 가치를 구성하는 요소에는 많은 것들이 있으며, 이를 검토하는 방법도 많이 있다. 아주 간단히 말하자면, 기업의 현금 보유량, 보유하고 있는 유형자산의 가치, 기업이나 자산의 현금 창출 능력, 그리고 이런 것들이 증가할 가능성이다.

▶ ▶ ▶

우수한 투자 실적을 달성하려면 자산가치에 대한 통찰력이 탁월해야 한다. 따라서 다른 이들은 모르는 것을 알아야 하고, 투자 대상을 다른 시각으로 보거나, 투자 대상을 분석하는 능력이 남보다 뛰어나야 한다. 세 가지 다 가능하다면 이상적이다.

▶ ▶ ▶

　가치에 대한 견해는 확고한 사실적, 분석적 기반을 바탕으로 해야 하며 흔들림 없이 견지되어야 한다. 그래야만 언제 매매해야 하는지에 대한 확신이 생긴다. 가치에 대한 확실한 이해만이 모두가 끝없이 오르기만 할 것이라고 생각하는 고평가된 자산으로 차익 실현을 할 수 있는 자제심과, 매일 시세가 하락하는 위기에서도 자산을 보유한 채 '물타기'를 할 수 있는 배짱을 갖게 할 것이다.

▶ ▶ ▶

　가격과 가치 사이의 관계는 투자 성공에서 가장 중요한 핵심이다. 가치보다 낮은 가격으로 매입하는 것이 수익을 창출하는 가장 신뢰할 만한 방법이다. 드물기는 하지만 가치보다 높은 가격으로 매입해서 수익을 올리는 경우도 있다.

▶ ▶ ▶

　자산을 가치 이하로 매각하게 하는 원인은 무엇인가? 절호의 매입 기회는 주로 인식이 현실을 과소평가하기 때문에 존재한다. 좋은 자산은 누가 봐도 쉽게 알 수 있지만, 저가의 자산을 찾는 일에는 예리한 통찰력이 필요하다. 이런 이유로 투자자들은 종종 객관적인 우수성을 투자 기회로 오인한다. 최고의 투자자는 자신의 목표가 저가 매입 기회를 찾는 것이지, 좋은 자산을 찾는 것이 아님을 절대로 잊지 않는다.

▶ ▶ ▶

가격이 가치 이하일 때 매입하는 것은 수익 가능성 창출뿐만 아니라, 리스크를 제한하는 데 중요한 요소이기도 하다. 고성장에 대한 비용을 따로 지불하지 않고, 한창 상승 추세를 타느라 과열된 시장에 참여하지 않는 것도 리스크를 제한할 수 있는 방법이다.

▶ ▶ ▶

가격과 가치 사이의 관계는 심리와 기술적 요소, 즉 단기적으로 펀더멘털을 좌우하는 힘에 영향을 받는다. 이 두 가지 요소로 인해 가격 변동이 극심해지는 경우 고수익을 올릴 수도, 커다란 손실을 볼 수도 있다. 이때 큰 손해보다는 큰 수익을 바란다면, 가치의 개념을 고수하고(기본적 분석을 고수하고) 투자자 심리와 기술적 요인을 극복해야 한다.

▶ ▶ ▶

경제와 시장은 등락을 반복하여 순환한다. 현재 어느 방향으로 가고 있든지, 대부분의 사람들은 지금의 상태가 계속될 것이라고 믿는다. 이러한 생각은 시세에 악영향을 미쳐 극단적인 평가가 나오게 한다. 그리고 대부분의 투자자들이 피하기 힘든 거품과 패닉 상태를 야기하기 때문에 커다란 위험의 원인이 된다.

▶ ▶ ▶

마찬가지로 투자를 하는 군중심리는 시계추처럼 규칙적인 패턴으로 움직인다. 낙관하다 비관하고, 곧잘 믿다가 이내 의심하고, 기회를 놓칠 것을 두려워하다 돈을 잃을 것을 두려워하고, 따라서 매입을 열망하던 상황이 매각이 다급한 상황으로 바뀐다. 이들 군중이 비싸게 사서 싸게 파는 이유가 바로 이 시계추의 움직임에 있다. 그러므로 이들의 일부가 되는 것은, 결국 실패의 공식에 스스로를 대입하는 것밖에 안 된다. 반면, 극단적인 상황에서 2차적 사고를 하면 손실을 피하는 데 도움이 되고, 결국 성공에 이르게 된다.

▶ ▶ ▶

특히 투자자들의 위험 회피 수준이 때에 따라 부족하기도, 과하기도 하다(적당한 위험 회피는 합리적 시장에서 필수 요소다). 그 점에 있어서 투자자 심리의 변동은 시세 거품과 폭락을 야기하는 데 커다란 역할을 한다.

▶ ▶ ▶

심리적인 영향력이 결코 과소평가되어서는 안 된다. 탐욕, 공포, 불신의 유예, 순응, 시기심, 자아, 굴복은 모두 인간 본성의 일부이며,

특히 극단적인 상황에서나 군중 사이에 이런 심리가 작용하면 이들은 그에 따라 행동할 수밖에 없다. 그러다 보면 다른 사람들에게도 영향을 미칠 것이고, 신중한 투자자도 느끼게 될 것이다. 우리 누구도 이런 투자자 심리로부터 면역성이 있거나 단절될 수 있기를 기대해서는 안 된다. 그리고 이런 심리를 느끼게 되더라도 굴복해서는 안 된다. 그보다는 그것이 어떤 심리인지 있는 그대로를 인식하고, 그 심리에 저항해야 한다. 이성으로 감정을 극복해야 한다.

▶ ▶ ▶

대부분의 추세는 강세든 약세든, 결국 도를 지나치게 되어 이를 빨리 눈치챈 사람들에게는 이익을 주지만, 마지막에 동참하는 사람들에게는 불이익을 준다. 그런 이유에서 내가 가장 좋아하는 투자 격언은, "현자가 시작한 일을 바보가 마지막에 뛰어들어 마무리한다"이다. 과열된 상황에 저항할 수 있는 흔치 않은 능력은 성공한 대부분의 투자자들이 가지고 있는 중요한 특징이다.

▶ ▶ ▶

과열된 시장 상황이 언제 식을지, 반대로 하락세가 언제 오를지를 아는 것은 불가능하다. 하지만 우리가 어디를 향해 가고 있는지는 모르더라도, 우리가 현재 어디에 있는지는 알아야 한다. 주변 사람들의 행동을 통해 시장이 현재 주기의 어디쯤 와 있는지를 추측할 수 있다.

다른 투자자들이 태평할 때 우리는 주의를 기울여야 하고, 그들이 패닉 상태에 있을 때 우리는 공격적으로 변해야 한다.

▶ ▶ ▶

2차적 투자라고 해서 항상 수익을 창출하는 것은 아니다. 매매에 있어 절호의 기회는 극단적인 평가와 관련 있는데, 말 그대로 극단적인 상황은 자주 발생하지 않는다. 우리들 중에 몇 년에 한 번씩만 기꺼이 투자할 수 있는 사람은 얼마 안 되므로, 우리는 주기상 적절한 시기에 매매해야 한다. 따라서 언제 상황이 우리에게 불리한지를 깨닫고, 그럴 때는 좀 더 신중해져야 한다.

▶ ▶ ▶

확실한 가치, 가치에 비해 낮은 가격, 비관적인 군중심리를 기반으로 매입하면 최고의 결과를 얻을 것이다. 그렇지만 상황이 우리에게 유리하게 되기까지 오랫동안 불리할 수도 있다. 가격이 너무 싸다는 것이 '곧' 오른다는 의미는 아니기 때문이다. 내가 좋아하는 두 번째 격언이 바로 이와 관련 있다. 즉 "시대를 너무 앞서 나가면 오히려 일을 그르칠 수 있다"는 것이다. 자신의 판단이 옳았음이 입증될 때까지 충분히 오랫동안 포지션을 유지하려면 인내심과 배짱이 필요하다.

▶ ▶ ▶

가치를 수량화하여 가격이 적당할 때 이를 추구하는 것 외에도, 성공적인 투자자들은 리스크라는 대상에 대해 믿을 만한 전략을 가지고 있어야 한다. 리스크를 변동성이라는 학술 용어처럼 들리는 단어 하나로 정의하는 것에서 벗어나야 하고, 가장 문제가 큰 리스크는 영구 손실이라는 것을 이해해야 한다. 그리하여 투자 성공의 확실한 공식으로 더 많은 리스크를 감수하는 것을 거부하고, 리스크가 클수록 가능한 결과의 범위도 넓어지고 손실 가능성도 커진다는 것을 알아야 한다. 각각의 투자 대상에 존재하는 손실 가능성에 대해 이해하고, 손실에 대한 보상이 충분하고도 남을 때만 리스크를 감수해야 한다.

▶ ▶ ▶

대부분의 투자자들은 수익의 기회를 지나치게 단순하게 생각하고 그 기회를 잡기 위해 급급해한다. 어떤 투자자들은 좀 더 심오한 통찰력을 갖고서 리스크를 이해하는 것이 수익을 이해하는 것만큼 중요하다는 사실을 깨닫는다. 그러나 포트폴리오의 전반적인 위험도를 제어하는 핵심 요소, 즉 상관관계를 제대로 평가하는 데 필요한 상식과 노력을 기울이는 투자자는 드물다. 포트폴리오마다 상관관계에 차이가 있기 때문에, 절대적 위험도가 같은 개별 종목들이 다른 방식으로 결합되어 포트폴리오를 구성하면 전체 위험도는 매우 다양해질 수 있다. 대부분의 투자자들은 분산투자가 서로 다른 종목을 많이 보유하는 것이라고 생각한다. 그러나 분산투자가 효과적이려면, 포트폴리오 종목들이 특정 사건에 서로 다르게 반응할 수 있어야 한다는 것을 이해하는 사람은 많지 않다.

▶ ▶ ▶

공격적 투자는 잘되면, 특히 경기가 좋을 때 짜릿한 결과를 낼 수 있지만, 방어적 투자만큼 신뢰할 수 있는 수익을 내지는 못할 것이다. 그러므로 손실 발생률이 낮고 손실의 정도 또한 낮아야 가장 뛰어난 투자기록이라 할 수 있다. 그런 점에서 "우리가 하락 종목만 피한다면 상승 종목은 알아서 잘할 것"이라는 오크트리의 모토는 수년간 제 역할을 잘해주었다. 심각한 손실을 낼 가능성이 없는 종목만으로 분산투자하는 포트폴리오는 투자 성공을 위해 더없이 좋은 출발점이다.

▶ ▶ ▶

리스크 제어는 방어 투자의 핵심으로, 방어적인 투자자들은 옳은 일을 하려고 노력하는 것보다 잘못된 일을 하지 않는 것에 큰 비중을 둔다. 어려운 환경에서 살아남는 능력을 확실히 하는 것과, 강세장에서 수익을 극대화하는 것은, 기본적으로 양립할 수 없는 문제이므로 투자자들은 그 두 가지를 놓고 어떤 식으로 균형을 이룰 것인지 결정해야 한다. 방어적인 투자자는 물론 전자에 큰 비중을 둔다.

▶ ▶ ▶

안전마진은 방어 투자에서 매우 중요한 요소이다. 미래가 바라는 대로만 된다면야 대부분의 투자가 성공적일 것이지만, 미래가 뜻대로 되지 않을 때라도 성과가 웬만하려면 안전마진이 필요하다. 투자자는 이론보다는 현실에서 지속적인 유형의 가치를 고집함으로써 안전마진을 획득할 수 있다. 즉 가격이 가치 이하일 때만 매입하거나, 레버리지를 피하거나, 분산투자하는 것이다. 이런 요소들에 치중하다 보면 호황일 때 수익이 제한될 수도 있지만, 상황이 여의치 않을 때는 피해를 입지 않고 살아남을 수 있는 가능성 또한 극대화될 것이다. 그런 의미에서 내가 세 번째로 좋아하는 격언은 "평균 수심 150센티미터의 시냇물을 건너다가 물에 빠져 죽었다는 키가 180센티미터인 남자를 절대로 잊지 마라"이다. 안전마진은 당신에게 버틸 수 있는 힘을 주고, 저점의 상황들을 헤쳐 나갈 수 있게 해준다.

▶ ▶ ▶

리스크 제어와 안전마진은 포트폴리오에 항상 존재하고 있어야 한다. 이 두 가지가 '보이지 않는 자산'임을 꼭 기억하기 바란다. 투자시장은 대부분의 시기에 상황이 좋은 편이지만, 방어의 가치가 명백해지는 시기는 불황일 때뿐이다. 따라서 상황이 좋을 때 방어적인 투자자는 자신의 수익이 비록 최대치보다 낮더라도, 리스크 보호책이 가동 중인 상태에서 달성되었다는 것에 만족해야 한다. 설사 그럴 필요가 없었다 하더라도 말이다.

▶ ▶ ▶

투자 성공에 꼭 필요한 요소 중에 하나는, 따라서 가장 훌륭한 투자자들이 심리적으로 무장하고 있는 요소 중에 하나는, 거시적 미래라는 관점에서 앞으로 무슨 일이 일어날지 우리가 알 수 없다는 사실을 깨닫는 것이다. 경제, 금리, 시가총액에 앞으로 무슨 일이 발생할지에 대해 시장 예측보다 많이 아는 사람은 있다고 해도 많지 않다. 따라서 투자자는 산업, 기업, 증권 등 '알 수 있는 것들'을 앎으로써 경쟁에서 우위를 점할 수 있도록 노력해야 한다. 초점을 좁힐수록 다른 사람들은 모르는 것을 알 수 있는 가능성은 커진다.

▶ ▶ ▶

많은 투자자들이 스스로를 과대평가하여 경제와 시장이 어떤 미래를 향해 가고 있는지 안다고 추정하고 그에 따라 행동한다. 그러나 자신의 예측을 기반으로 공격적인 행동을 하는 이들이 바라는 만큼의 수익을 얻는 경우는 드물다. 틀린 예측을 소신으로 삼는 투자는 심각한 손실을 입히는 원인이 된다.

▶ ▶ ▶

많은 투자자들이 능히 알 수 있고, 예측할 수 있는 체계적인 프로세스에 따라 세상이 움직인다고 가정한다. 그리하여 상황의 임의성이나 미래에 전개될 사건의 근간을 보여주는 확률분포를 대수롭지 않게 생각한다. 따라서 자신이 예측하는 하나의 시나리오를 토대로 행동하기로 한다. 이런 행동이 가끔은 효과가 있을 때도 있지만, 해당 투자자에게 명성을 가져다주는 것과 같은 장기적인 성공이 되기에는 충분히 지속적이지는 못하다. 경제 예측과 투자관리 두 가지 측면에서 대개 정확한 예측을 하는 사람이 있다고는 해도, 동일 인물이 두 번 그렇게 하는 일은 드물다는 점에 주목할 필요가 있다. 가장 성공적인 투자자들은 '대체로 정확한' 예측을 하는데, 이 경우가 나머지보다 훨씬 낫다.

▶ ▶ ▶

성공적인 투자에서 중요한 한 가지는 경기 변동, 기업들이 겪는 진통, 시세의 급격한 등락, 다른 투자자들이 쉽게 잘 믿는 것 등에서 흔히 생기는 함정을 피하는 것이다. 이를 성공적으로 해낼 수 있는 확실한 방법은 없다. 하지만 이러한 잠재적 위험의 희생양이 되지 않기 위한 노력으로 가장 좋은 시작은, 다름 아닌 그런 위험을 인식하는 것이다.

▶ ▶ ▶

하락장에서 자신의 손실을 제한하는 방어적인 투자자들이나, 상승장에서 상당한 수익을 올리는 공격적인 투자자들이나 자신이 기술을 보유하고 있음을 증명하지는 못했다. 이들이 실제로 부가가치를 가지고 있다는 결론을 내리기 위해서는, 자신의 투자 스타일에 맞지 않는 환경에서 이들이 어떤 성과를 내는지 봐야 한다. 가령 공격적인 투자자가 시장이 하향세로 돌아설 때 이미 낸 수익을 도로 잃지 않을 수 있는가? 방어적인 투자자는 시장이 상승세일 때 적극적으로 참여할 것인가? 이런 종류의 비대칭이 진짜 기술을 나타낸다. 투자자가 하락 종목보다 상승 종목을 더 많이 보유하고 있는가? 상승 종목에 대한 수익이 하락 종목에 대한 손실보다 큰가? 경기가 좋을 때 올린 수익이 경기가 나쁠 때 입은 손해보다 큰가? 투자자의 장기 성과가 투자 스타일만으로 올린 성과보다 나은가? 이러한 것들이 탁월한 투자자임을 입증하는 요소이며, 이를 고려하지 않은 수익은 다만 시장의 동향이나 베타로 인한 결과에 지나지 않는다.

▶ ▶ ▶

남다른 통찰력을 가진 투자자들만이 미래의 사건들을 좌우하는 확률분포를 주기적으로 예측할 수 있으며, 잠재 수익이 확률분포도의 좌측 꼬리에 숨어 있는 리스크를 보상하는 때가 언제인지 감지할 수 있다. 성공적인 투자에 필요한 조건을 간략하게 설명한 이 문장(수익 가능성의 범위와 뜻밖의 상황이 전개될 리스크를 이해한다는 가정 아래)은 독자 여러분이 주목해야 마땅한 요소들을 정확히 보여준다. 따라서 이 두 가지 요소를 과업으로 삼기를 권한다. 이는 도전 의식을 북돋고 흥미진진하며 많은 생각을 할 수 있는 여행으로 여러분을 이끌어줄 것이다.

투자에 대한 생각

초판 1쇄 인쇄 ı 2012년 9월 14일
초판 47쇄 발행 ı 2024년 11월 20일

지은이 ı 하워드 막스
옮긴이 ı 김경미

발행인 ı 홍은정

주 소 ı 경기도 파주시 심학산로 12, 4층 401호
전 화 ı 031-839-6800
팩 스 ı 031-839-6828

발행처 ı (주)한올엠앤씨
등 록 ı 2011년 5월 14일
이메일 ı booksonwed@gmail.com

* 책읽는수요일, 라이프맵, 비즈니스맵, 생각연구소, 지식갤러리, 스타일북스는
  ㈜한올엠앤씨의 브랜드입니다.